Walter-Jörg Langbein

TERRA MYSTERIOSA

Monstermauern, Südseegötter und

Luzifer

AF239146

Erich von Däniken

in Dankbarkeit gewidmet -

zu seinem 90. Geburtstag

(14.4.2025)

Walter-Jörg Langbein

TERRA MYSTERIOSA

Monstermauern, Südseegötter und
Luzifer

Impressum

Bibliografische Information der Deutschen Nationalbibliothek: Die Deutsche Nationalbibliothek verzeichnet diese Publikation in der Deutschen Nationalbibliografie; detaillierte bibliografische Daten sind im Internet über http://dnb.dnb.de abrufbar.

© 2025 Walter-Jörg Langbein
www.ein-buch-lesen.com
Das Cover (Symbolbild) wurde von Norma Roth gestaltet.
Textgestaltung: Sylvia Bader Giese
Verlag: BoD · Books on Demand GmbH, Überseering 33, 22297 Hamburg, bod@bod.de
Druck: Libri Plureos GmbH, Friedensallee 273, 22763 Hamburg

ISBN: 978-3-8192-9967-4

Inhaltsverzeichnis

Vorwort

Walter-Jörg Langbein – Pionier und Weltreisender

„Sagenhafte Zeiten" beschäftigt sich seit Jahrzehnten mit der „dänikenschen" Frage: „Waren die Götter Astronauten?" Das weltweit gelesene Blatt ehrte Walter-Jörg Langbein als „Pionier der Paläo-SETI-Forschung" (5/2006), also als Pionier in Sachen „Haben uns in grauer Vorzeit Außerirdische besucht? Wurden die Fremden aus dem All als Götter verehrt?"

Wer ist Walter-Jörg Langbein?

Walter-Jörg Langbein, geboren am 16.08.1954 im oberfränkischen Michelau, studierte nach dem Abitur evangelische Theologie. 1979 wurde Langbein freiberuflicher Schriftsteller und hat seither über 50 national und international erfolgreiche Sachbücher verfasst. Die renommierte „Dr.-A.-Hedri-Stiftung" zeichnete ihn 2000 mit dem „Preis für Exopsychologie" aus. Heute lebt er mit seiner Frau im lippischen Weserbergland.

Seit fünf Jahrzehnten bereist Langbein die Welt. Er legte hunderttausende Kilometer zurück, stets auf der Suche nach den großen Geheimnissen der Geschichte – von Ägypten bis Mikronesien, von der Türkei bis zu den Neuen Hebriden, von Malta bis zur Osterinsel, von Ecuador bis Chile.

Walter-Jörg Langbein hat sich immer wieder kritisch mit theologischen, intensiv mit biblischen Themen beschäftigt. Aufsehen erregten Bestseller wie „Das Sakrileg und die Heiligen Frauen" und der Folgeband „Maria Magdalena". Bei Langen-Müller erschienen seine Standardwerke „Das Sphinx-Syndrom", „Bevor die Sintflut kam", „Das Lexikon der biblischen Irrtümer" und „Das Lexikon der Irrtümer des Neuen Testaments". Mit „Brot und Wein" wendete sich Langbein einem bislang vernachlässigten Aspekt der „Heiligen Schrift" zu. Die Bibel enthält eine Fülle von Hinweisen auf eine gesunde Ernährung und Lebensweise.

2009 erschien, pünktlich zu Langbeins 30-jährigem Autorenjubiläum, sein 30.Buch im Herbig-Verlag: „2012 – Endzeit und Neubeginn/ Die wahre Botschaft der Mayas". Zahllose Sachbücher folgten, als Printausgaben und eBooks.

Auf den Wunsch vieler Leserinnen und Leser hat nun Langbein, Mitbegründer der Autorengemeinschaft „Ein Buch lesen", sein neues Werk vorgelegt: „Terra Mysteriosa/Monstermauern, Südseegötter und Luzifer". Wieder einmal nimmt er Leserinnen und Leser auf eine fantastische Weltreise zu den mysteriösesten Orten von Planet Erde. Wieder einmal bietet er ein unglaublich breites Spektrum von Themen an, die er in einem halben Jahrhundert spannend und unterhaltsam bearbeitet. Er stellt Fragen, schlägt Lösungen vor.

1. Von der fantastischen Realität …

Rund 50 Jahre lang bereiste ich die Welt, um für meine Bücher zu recherchieren und Material zu sammeln. Auf manchen meiner Reisen nahm ich einige wenige Leserinnen und Leser mit, um gemeinsam mit ihnen die rätselhaftesten Stätten unseres Planeten zu besuchen.

Nun lade ich Sie, liebe Leserinnen und Leser, zu einer fantastischen Reise ein. Folgen Sie mir an die vermeintlichen „Grenzen" der „Realität"! Erleben Sie die fantastische Wirklichkeit, für die oftmals in der „wissenschaftlichen" Literatur kein Platz ist! „Wissenschaft" leitet sich von „Wissen schaffen" ab.

Und genau das sehe ich als meine wichtigste Aufgabe an! Ich will Wissen schaffen, ohne Rücksicht auf die einengenden Grenzen der vermeintlichen „Vernunft". In der Wirklichkeit ist nämlich viel Platz für das Fantastische, für das Unmögliche, für das Unerklärliche! Leugnen wir nicht die Existenz der fantastischen Realität!

Vermeintlich „primitive" Steinzeitvölker schufen weltweit mysteriöse Bauten gigantischen Ausmaßes. Hatten sie alle gemeinsame Lehrmeister? Im Wüstensand Südamerikas vergrabene Mumien warten seit Jahrtausenden auf ihre „Wiedergeburt", auf ihre „Auferstehung". In archäologischen Sammlungen schlummern geheimnisvolle Objekte, die es gar nicht geben dürfte. Mysteriöse Kulte geben Rätsel auf. Indische Tempel stellen die fliegenden Vehikel der Götter dar … Die Wirklichkeit hat so viele Facetten, die uns staunen lassen.

So verdanken wir Hans-Joachim Ulbrich eine erstaunliche Erkenntnis: Auf Fuerteventura gibt es eine riesige pistenartige Scharrzeichnung, vergleichbar mit jenen von Nasca, Peru! Siehe Seite 275 bis 277! Quelle: „Ulbrich, Hans-Joachim (2025): Auf den Kanaren waren sie bislang unbekannt – bronzezeitliche Scharrbilder als religiöser Ausdruck. – Almogaren Nr. 56 (Institutum Canarium), Korb (BRD), 39-44 (online)"

2. Kuélap ... eine geheimnisvolle Metropole der ›Chachapoyas‹ (›Wolkenmenschen‹) der Anden

2001 führte ich eine kleine Gruppe ins Reich der Chachapoyas in den nördlichen Anden Perus. Auf der strapaziösen Reise wollten wir gemeinsam das Erbe eines der geheimnisvollsten Völker unseres Planeten kennen lernen. Woher kamen die Chachapoyas? Niemand vermag das zu sagen. Rätselhaft ist auch ihr Verschwinden aus der Geschichte.

Folgen Sie mir auf meinen Forschungsreisen in die entlegensten Regionen unseres Globus – von Europa bis in die Südsee. Den Anfang macht Kuélap, die Ruinenstadt der „Chachapoyas", hoch in den Anden gelegen. Kuélap ist eine echte Sensation. Die Stadt könnte eine Massenattraktion für Touristen sein, wenn sie nicht so abgelegen und nur auf beschwerlichen Wegen zu erreichen wäre! Vielleicht ist das die Chance für Kuélap: Touristenmassen könnten Schäden anrichten, bevor wissenschaftliche Ausgrabungen möglich sind. Dazu fehlt immer noch das Geld.

Von Cuencea in Ecuador fliegen wir nach Piura im Norden Perus. Von der Wüstenmetropole Piura – fast 300.000 Einwohner – bekommen wir nichts zu sehen. Unser Zeitplan ist zu knapp. Die Gluthitze der „Desierto Sechura"-Wüste macht uns zu schaffen. Wir werden in den winzigen „VIP Bereich" des Flughafens geführt. Angenehme Kühle umfängt uns. Freundliche Angestellte erledigen die Passformalitäten. Flüchtig wird unser Gepäck kontrolliert. „Ihr habt Glück!" lacht eine Stewardess. „Im Augenblick vertragen wir uns mit Ecuador ... sonst würde sich die Einreise aus Ecuador höchst kompliziert erweisen ..." Kopfschütteln ernten wir für unsere Reise um den halben Globus in den Norden Perus. Da gibt es doch nur alte Ruinen. Für die Regierenden sind Bodenschätze sehr viel wichtiger. Sie verheißen Reichtum. Und deshalb streiten sich Ecuador und Peru seit vielen Jahren immer wieder um den Grenzverlauf.

Per Bus geht es weiter bis nach Olmos. 168 Kilometer auf der imposanten Pan Americana legen wir in zwei Stunden zurück. In

Olmos warten bereits fünf Geländewagen auf uns. „Nur" 302 Kilometer liegen noch vor uns. Aber die Straßen machen das Weiterkommen mehr als mühsam. Nach acht Stunden (!) kommen wir endlich in „Lagina Pomocochas" an: Um 1.30 nachts stehen wir vor unserem Hotel. Wir sind erschöpft und übermüdet.

Endlich gelingt es uns, auf uns aufmerksam zu machen. Einige Hotelangestellte lassen uns ein. Laguna Pomacochas liegt im Tal des Rio Utcumbamba. Es ist traumhaft schön. Wir haben aber leider keine Zeit, die herrliche Andenlandschaft zu erkunden ... denn am Morgen geht es schon wieder weiter – nach Chillo bei Tingo. Die Fahrt bis nach Magdalena ist abenteuerlich. Die Straße ist wesentlich schlechter als man das in heimischen Gefilden von Feldwegen gewohnt ist. Wir haben März ... und Regenzeit. Gewaltige Schlaglöcher – sie ähneln manchmal eher Kratern – machen die Fahrt zur Tortur. Die Straße schlängelt sich an steil emporragenden Felswänden entlang. Zum Glück sind wir mit geländegängigen Vehikeln unterwegs. Eigentlich hätten es auch drei getan. Wir wollen aber möglichst kein Risiko eingehen. Falls zwei der wendigen Fahrzeuge ausfallen, muss die Reise nicht unterbrochen werden. Tatsächlich haben wir mehrfach Autopannen. Wir fahren mit den fahrtüchtigen Autos weiter, die defekten werden notdürftig repariert ... und holen uns wieder ein!

Mitten in den Anden wartet das spartanische „Hostal el Chillo" auf uns. Es besteht aus zwei Haupthäusern und bungalowartigen kleineren Gebäuden. Mehrere Bungalows teilen sich eine Dusche. Der Chef, Oscar, hat die kleine Anlage mit seiner Familie selbst gebaut. Schon das Heranschaffen der Steine war eine Meisterleistung in der abgelegenen Region. Man sieht es den einzelnen Gebäuden an, wann sie gebaut wurden. Haus Nr.1 ist inzwischen baufällig. Der Frühstücksraum ist noch intakt.

Oscar reicht zur Begrüßung einen selbst gebrannten Zuckerrohrschnaps - ein wahres Feuerwasser! Selbst gebaut ist auch ein Wasserrad, angetrieben von einem eisigen Gebirgsbach. So erzeugt Oscar eigenen Strom. Eiskalt sind auch die Duschen. Aber wir suchen keinen Luxus ... wir möchten Kuélap, eine geheimnisvolle Ruinenstadt, besichtigen. Gebaut wurde sie als gewaltige

Wehranlage von dem Volk der „Chachapoyas". Der Name stammt von den Inkas, den Feinden der Erbauer der Monstermauern hoch in den Anden.

Ob die archäologischen Funde in Oscars Sammlung aus Zeiten der „Chachapoyas" echt sind? Wir wissen es nicht. Echt ist jedenfalls die warmherzige Freundlichkeit, mit der wir von Oscar und seiner Familie behandelt werden. „Fremde kommen selten in unsere Gegend ...", meint ein wenig enttäuscht Oscar. Er hat auf Touristenströme gehofft. Vielleicht wird ja Kuélap eines Tages touristisch erschlossen ... und Oscar weiß nicht, wohin mit den Gästen.

Unser Ziel: Kuélap, der Festung der „Wolkenmenschen". Mit unseren Geländewagen versuchen wir, so weit wie möglich an die mysteriöse Anlage heranzukommen. Fast dreitausend Meter über dem Meeresspiegel wurde die wahrhaft gewaltige Anlage errichtet. Die Luft ist dünn und eiskalt. Die Kameratasche wird zur Qual. Schritt für Schritt kämpfen wir uns voran ... bergan.

Auf einem schmalen Fußweg ächzen wir vorbei an unscheinbaren Mäuerchen. Sie sind Jahrhunderte alt. Wackelige kleine Holzbänkchen laden zur Rast ein. Wir stolpern an ihnen vorbei. Längst frieren wir nicht mehr ... wir schwitzen wie die Bären. Und unser „kleines Gepäck" wird immer schwerer. Merkwürdige Steinmauern mit seltsamen Mustern verraten uns, dass wir auf dem richtigen Weg sind. Irgendwo muss die geheimnisvolle Ruinenstadt sein. Wir schleppen uns weiter über Wurzeln und seltsam behauene Steinbrocken. „Bald sehen wir Kuélap!" macht uns unser Guide Mut. Von der mysteriösen Stadt aber – keine Spur. Plötzlich wird es ungemütlich: „Nebelbänke" tauchen auf, als wollten sie ein Geheimnis vor uns verbergen. Man fühlt sich in den Roman „**Halloween**" – verfasst von Ursula Prem – versetzt. Im Thriller von Ursula Prem spielen Nebelbänke eine ganz zentrale, unheimliche Rolle.

Doch die wattig-weißen wabernden Schwaden verschlingen uns nicht ... so gespenstisch sie auch wirken. Sie stimmen aber nicht gerade optimistisch: Werden wir überhaupt etwas Interessantes zu sehen bekommen?

Plötzlich reißt die alles verbergende Wolkendecke auf, gibt den Blick auf eine fantastisch anmutende Anlage frei. Eine wuchtige Steinmauer taucht aus dem Nichts auf. Sie ist gut zwanzig Meter hoch. Wir staunen. Die Meisterleistung der Baumeister der „Wolkenmenschen" macht uns sprachlos. Bis zu 200 Kilogramm wiegen die Granitblöcke, aus denen die Mauer aufgetürmt wurde. Wir gehen an diesem monumentalen Bauwerk vorbei. Aus den Steinen, so hat man berechnet, hätten leicht mehrere „Cheopspyramiden" gebaut werden können!

1.500 Meter lang ist die Mauer. Sie umschließt das Oval der Stadt „Kuélap". Im Schutz der Mauer lebte ein geheimnisvolles Volk, das der Chachapoyas. Bisher wurden in verschiedenen Regionen von „Kuélap" die Fundamente von rund 400 meist ovalen Gebäuden freigelegt. Von ganz besonderer Bedeutung muss einst ein gewaltiger Turm gewesen sein. Wie groß mag er einst gewesen sein? Wie hoch mag er einst in den Himmel geragt haben? Niemand vermag das zu sagen. Heute ist nur noch ein zwölf Meter hoher Stumpf übriggeblieben. Er erinnert von seiner Form her an ein Tintenfass. Deshalb wird er „El Tintero" (Tintenfass) genannt.

Fiel das Bauwerk einem Angriff von Feinden zum Opfer? Oder verdankt es seinen erbärmlichen Zustand, in dem es sich heute befindet, dem Zahn der Zeit, der schon seit vielen Jahrhunderten an ihm nagt? Ein seltsames Gesicht wurde von den Erbauern von Kuélap sorgsam in einen der Steine geritzt. Wen oder was zeigt es? Einen Wolkenmenschen, vielleicht einen besonders vornehmen oder wichtigen Bewohner der Stadt? Oder ist es eine Gottheit, die uns da stoisch anblickt ... störende Besucher aus dem fernen Europa?

Welchem Zweck diente das kuriose Bauwerk? Angeblich war es einst eine Art Sternobservatorium. Von einem kleinen Raum im Inneren – so heißt es – sollen die Sterne durch einen zum Himmel ausgerichteten Schacht beobachtet worden sein. Waren die „Wolkenmenschen" Anhänger einer Religion, in deren Zentrum die Sterne standen? Wir wissen es nicht. Wir kennen ja nicht einmal den Namen, den sich das geheimnisvolle Volk der Andenbewohner selbst gab.

Weitere Türme standen einst im Inneren der Anlage, an der Nord- und an der Südseite. Es soll sich um Wachtürme gehandelt haben. Von den Türmen aus konnte man offenbar alle weitaus tiefer gelegenen Dörfer beobachten. Fürchtete man Angriffe? Von astronomischer Bedeutung könnte ein anderes Bauwerk gewesen sein, vielleicht eine Art Observatorium? Das „Castillo" hatte, wie Ausgrabungen ergeben haben, einst ein rechteckiges Fundament und bestand aus drei plattformartigen Stockwerken. Oder war das „Castillo" eine Verteidigungsanlage, innerhalb des gewaltigen Mauerwerks? Das macht wenig Sinn: Befindet sich die vermeintliche „Verteidigungsanlage" doch eher im mittleren Bereich von Kuélap. Feinde, die erst einmal so weit in das Innere der Stadt vorgedrungen waren, konnten kaum noch abgewehrt werden, hatten sie doch dann das Zentrum von Kuélap bereits erobert! Die riesige Mauer um den Komplex herum, sie war ein riesiges Bollwerk zur Verteidigung, aber doch keine Gebäude im Zentrum!

Drei „Tore" führen in die Stadt, zwei an der Ostseite und eines an der Westseite. „Tore" … der Begriff führt in die Irre. Es sind eigentlich nur schmale Spalten in der mächtigen Steinmauer. Eine Vorrichtung zum Verschließen dieser Eingänge gab es nicht. Angreifer, die sich einem dieser „Risse" der Mauer näherten, konnten von den Verteidigern mit Steinen bombardiert werden. Hatten sie die schmalen Türen erreicht, mussten sie feststellen, dass sich kein offener Blick auf das Innere der Stadtanlage bot, sobald sie sich durch den schmalen Spalt gezwängt hatten. Vielmehr mussten sie erkennen, dass sie sich einzeln und hintereinandergehend durch einen engen, steinernen Korridor quälen mussten, und zwar eine steinerne Treppe empor. Ein Ende dieses schmalen Gangs, der zudem in einer Kurve verläuft, war nicht auszumachen. Und Krieger, die sich durch diese Enge zwängten, ihre Waffen so gut wie nicht einsetzen konnten, wurden von oben bombardiert. Die Verteidiger von Kuélap konnten den Angreifern hart zusetzen, ohne selbst verwundbar zu sein.

3.000 – 4.000 Menschen sollen einst in „Kuélap" gelebt haben. Wurde die Stadt trotz der gewaltigen und ausgeklügelten Verteidigungsanlage trotzdem von den Inkas eingenommen? Wurden die „Wolkenmenschen" getötet oder als Sklaven verschleppt? Oder wurden sie durch langanhaltende Belagerung ausgehungert? Wir wissen es nicht! So viele Fragen blieben bis heute unbeantwortet!

Im Inneren der Anlage hat man bis heute etwa 420 steinerne Fundamente runder Häuser nachweisen können. Sie sahen wie kleine Miniaturtürmchen aus. War Kuélap also eher ein Dorf als eine Stadt? Die riesenhafte Wehrmauer aber – eine Mammutleistung der Erbauer – scheint aber ganz und gar nicht zu einem Dörfchen eines südamerikanischen Völkchens á la „Asterix und Obelix" zu passen. Siedelten sich vielleicht die Dörfler erst an, als die Metropole der Chachapoyas längst gefallen war?

Vermutlich – aber auch das ist ungewiss – tauchte das rätselhafte Volk der Wolkenmenschen im 9. Jahrhundert im Norden Perus auf. Wir wissen nichts über die Herkunft dieser Menschen, auch nichts über ihre Sprache. Warum bauten sie Kuélap? Als militärische Anlage? Als Verteidigungsbastion gegen Feinde? Bei den gewaltigen Ausmaßen der Mauer um Kuélap herum muss von sehr langer Baudauer ausgegangen werden. Die Monstermauer kann also nicht als Antwort auf eine aktuelle Krisensituation gebaut worden sein. So muss der eigentliche Zweck von Kuélap hinterfragt werden: War Kuélap kein militärisches Objekt, sondern ein religiöses Zentrum? Dienten die drei schmalen Gangkorridore ins Innere von Kuélap nicht der Abwehr von Feinden ... sondern unbekannten religiösen Riten? War Kuélap so etwas wie ein Wallfahrtszentrum eines präinkaischen Volkes? Gehörte es zu mysteriösen Riten, sich mühevoll ins Innere von Kuélap vorzukämpfen, symbolisch für den harten Weg des religiös Suchenden zur Wahrheit?

Über die Religion der „Wolkenmenschen" wissen wir so gut wie nichts. Astronomische Beobachtungen gehörten anscheinend ebenso dazu wie die Verehrung von heiligen Schlangen. Betete man zu Muttergöttinnen? Frauen genossen bei den Chachapoyas großen Respekt. Bei Verhandlungen mit anrückenden feindlichen Truppen wurden stets Frauen zugezogen.

Abb. 2.1 Die Monstermauer von Kuélap

2.3. Autor Langbein im
Reich der Wolkenmenschen
Foto Ingeborg Diekmann

Abb. 2.2 Kuélap – Mauern von Kuélap

3. Sarkophage und Mumien

Kuélap ... manchmal erstrahlt die mächtige Mauer der einstigen Metropole der Wolkenmenschen wie eine edle Krone aus unvergänglichem Stein hoch oben in den Anden. Manchmal leuchtet sie silbern oder kupferfarben ... ganz nach Sonnenstand und Bewölkung. Stolz präsentiert sie sich dann wie ein Denkmal der Überlegenheit einer uralten rätselhaften Kultur, das sowohl die Inkas als auch die Horden der Spanier überdauert hat. Manchmal verschmelzen Wolken- und Nebelbänke mit Erde, Stein und Himmel. Dann fragt sich der Besucher, ob die mysteriöse Mauer mehr zum Himmel als zur Erde gehört.

Kuélap ... die wehrhafte Mauer mit den schmalen Eingängen trotzte nicht nur den Feinden der Chachapoyas, der Wolkenmenschen, sondern auch der Wissenschaft. Denn bis heute wissen wir so gut wie nichts über das geheimnisvolle Volk. Woher kam es? So manche Frage konnte bis heute nicht beantwortet werden - weil die finanziellen Mittel fehlen.

Im Jahr 2000, wenige Monate vor unserer Reise ins Reich der Chachapoyas, wurden 35 Chachapoya-Mumien gefunden. Ihr Alter konnte mithilfe der C-14-Methode (Radiocarbontest) bestimmt werden. Sie stammten aus dem 11. und 12. Jahrhundert. Nur acht der Mumien waren intakt. Es wurde eine genetische Untersuchung durchgeführt. Definitiv konnte festgestellt werden, dass die Chachapoyas keinerlei genetische Übereinstimmung mit den Indios des südamerikanischen Kontinents aufwiesen. Woher stammten sie dann, wenn nicht aus Südamerika?

Die Chachapoyas waren nicht mit den Inkas verwandt. Sie verwendeten auch ganz andere Mumifizierungstechniken als die Inkas. Die Inkas ließen ihre Toten austrocknen. Die Chachapoyas entfernten die Innereien der Toten. Sie waren dabei bemüht, die äußere Hülle der Leichname so unberührt wie nur möglich zu lassen. Sie nutzten die natürlichen Körperöffnungen der Verstorbenen, um die Innereien aus ihnen herauszuholen. Offenbar sollten die Toten im nächsten Leben nach der Wiedergeburt wiederzuerkennen sein. Also stopfte man in die leeren Köpfe – das Gehirn war ja sorgsam entfernt worden – Baumwolle.

Kurios: Die Chachapoyas verwendeten eine Mumifizierungstechnik, die fremd war in Südamerika, aber wohl bekannt im Land der Pharaonen, in Ägypten! Eine Verbindung zwischen Ägypten und dem Reich der Chachapoyas mutet mehr als kühn an. Es gibt keinerlei Belege dafür, dass jemals Kontakte bestanden. Warum mumifizierten aber die Chachapoyas ihre Toten wie die Ägypter?

Wurde das Volk der Chachapoyas, von wo auch immer, von Feinden zur Flucht in die Anden gezwungen? Wohin verschwanden die Wolkenmenschen? Woran glaubten sie? Welche religiösen Ansichten teilten die Erbauer von Kuélap? Wir wissen es nicht. Und wir werden es wohl nie erfahren. Es sei denn, es würden noch schriftliche Zeugnisse der Chachapoyas gefunden, die Antworten auf unsere Fragen bieten.

Aber haben sie überhaupt jemals etwas Schriftliches hinterlassen? Wenn man die mächtige Mauer von Kuélap sieht, ist man höchst beeindruckt. Dieser gewaltige Komplex muss sorgsam geplant worden sein. Es muss Berechnungen und Baupläne oder Skizzen gegeben haben. Nichts dergleichen wurde bislang gefunden!

Kuélap, war das die Metropole der Chachapoyas? Oder ist die eigentliche Hauptstadt des verschwundenen Reiches noch irgendwo in den Bergen Nordperus versteckt? Einheimische wissen von zahllosen Mauern zu berichten, die in nur unter Lebensgefahr zu erreichenden Gefilden längst von Gestrüpp überwuchert und kaum noch zu erkennen sind ... selbst wenn man direkt vor ihnen steht.

Hoch oben an senkrechten Felswänden, gern in Felsspalten, wurden turmähnliche Steinbauten wie Schwalbennester an den Abgrund gesetzt. Wer die Felswände mit einem guten Feldstecher absucht und geduldig bleibt, wird immer wieder fündig. Waren es Totenhäuser? Oder lebten Auserwählte als Wächter bei den Toten? Wir wissen es nicht.

„Ganz in der Nähe von Tingo erbauten wagemutige Wolken-menschen die ›Türme von Macro‹." So hatte ich bei meinen Vor-bereitungen der Expedition ins Reich der Chachapoyas gelesen. Vor Ort zeigte es sich, dass der Begriff „in der Nähe" unterschied-lich interpretiert werden kann. Vor Ort erfahre ich: Die Grabtürme von Macro sind höchst interessant! Sie wurden einst besonders sorgsam gebaut, dienten sie doch Priestern und hohen Würden-trägern als vorerst letzte Ruhestätte. Die einzelnen Steine sind scheinbar fugenlos zusammengefügt. Geometrische Muster aus Stein beeindrucken in ihrer Schlichtheit.

Bis „Magdalena" im Distrikt Tingo fahren wir mit dem Jeep. Seit über drei Jahrzehnten begegnet mir bei meinen Recherchen immer wieder Maria Magdalena ... so auch im Reich der Wolken-menschen ...

Einer uralten Legende zufolge lag einst die kleine Siedlung hoch oben auf dem Berg. Ein prophetischer Priester sah in einer Vision ein Erdbeben das Dorf auslöschen. Er warnte die Men-schen, doch sie hörten nicht auf ihn. Ausgelassen feierten sie – es war der 20. Juli – das Fest der Maria Magdalena. Traurig holte der Priester die Statue der Maria Magdalena aus der Kirche und trug sie den Berg hinab. Auf halber Höhe entdeckte er eine schäbige Hütte. Dort fand der Gottesmann mit der Statue der Maria Magdalena Zuflucht. Kurz darauf schien die Welt unterzugehen. Ein gewaltiges Erdbeben apokalyptischen Ausmaßes brach über die Menschen aus, viele kamen um. Das Dorf wurde vollständig vernichtet. Die kleine Hütte aber blieb unversehrt. Die Überleben-den bauten an der Stelle, wo der Priester die Katastrophe überlebt hatte, eine Kirche zu Ehren der Maria Magdalena. Und rund um die Kirche entstand – der Überlieferung zufolge – das neue „Magdalena".

Von „Magdalena" aus ist es „nicht mehr weit" bis zu den Grab-türmen von Macro ... höre ich immer wieder. Und zu verfehlen sind sie auch nicht. Man muss nur Richtung Utcubamba marschie-ren, dann kommt man sicher ans Ziel. Immer wieder sieht man sie, die geheimnisvollen Bauten. Und so lange man den

Utcubamba-Fluss links liegen lässt ... kann nichts passieren! Voller Optimismus machen wir uns auf den Weg.

Ein sehr anstrengender Marsch von mehreren Stunden bergauf, häufig durch dichtes Gestrüpp, immer wieder an steil abfallenden Klippen vorbei, scheint kein Ende nehmen zu wollen. Das Rauschen des Flusses begleitet uns. Immer wieder sieht man ihn tief unten. Ängstlich drückt man sich dann an die Felswand, um nicht abzustürzen. Rechts geht die steinerne Felswand steil nach oben, links geht es kaum weniger steil senkrecht in die Tiefe. Und weit unten hört man das Tosen des Flusses.

Immer wieder glaubt man, endlich am Ziel zu sein ... doch dann gilt es wieder, einen Steilhang hinab zu klettern, um gleich wieder emporzusteigen. Der schmale Pfad bringt uns schließlich und endlich an die geheimnisvolle Stätte.

Die Totentürme trotzen den Jahrhunderten. Millimetergenau sind die sauber bearbeiteten Steine an- und aufeinandergereiht. Dienten sie nur als Grabstätten? Oder wohnten besondere Würdenträger ganz in der Nähe der Mumien? Man konnte nachts mit den Bewohnern von Kuélap Nachrichten austauschen, heißt es: mit Feuersignalen.

Wir wissen, dass die Chachapoyas mehrere Meter hohe Sarkophage, meist aus Lehm und Astwerk, bauten. Diese „Särge" hatten Menschengestalt. Sie erinnern in ihrer stoischen Ruhe sehr stark an die Steinstatuen der Osterinsel. Die „Sarg-Figuren" der Chachapoyas waren hohl. In ihrem Inneren kauerten in Embryohaltung die Toten. Ich sprach vor Ort mit Menschen, die voller Ehrfurcht der Chachapoyas gedenken. So erfuhr ich, woran die Chachapoyas vielleicht glaubten ...

Nach mehr als fünfzig Jahren intensiver Recherchen bin ich zur Überzeugung gelangt, dass die ältesten Kulturen Matriarchate waren. Die Religionen des Matriarchats handelten von der ewigen Wiederkehr des Lebens, vom zyklischen Ablauf des Weltgeschehens: Werden, Leben, Vergehen und neuerliches Geborenwerden ... das war der endlose Kreislauf des Seins. Dachten die Chachapoyas ähnlich? Tote, die in Embryohaltung im Inneren von mächtigen Sarkophag-Statuen kauern ... sie deuten darauf hin, dass der

Tod als vorübergehendes Stadium angesehen wurde. Der Mensch stirbt, wird wieder zum Embryo, um in ein neues Leben geboren zu werden. Glaubten die Chachapoyas an die Wiedergeburt ihrer mumifizierten Toten: in einer „Geburt" aus den imposanten Sarg-Statuen?

Wir wissen, dass die Chachapoyas auf der Seite der Spanier kämpften. Fühlten sie sich den Christen im Glauben verbunden? Predigten doch auch die Christen die Auferstehung der Toten. Aber glaubten die Chachapoyas wirklich, dass die ausgetrockneten Mumien ohne „Innenleben" wieder auferstehen würden? Vielleicht wird es tatsächlich eines Tages gelingen, die eine oder andere Mumie zu neuem Leben zu erwecken ... allerdings auf andere Art und Weise, als die Chachapoyas bieten. Per Cloning kann womöglich der eine oder andere „Zwilling" der einen oder anderen Mumie neu geboren werden, um wieder zum Erwachsenen zu werden.

Im Verlauf der Jahrhunderte machten die Mumien viel mit ... Die Sarkophage – sie erinnern an die Statuen der Osterinsel – wurden bald gesuchte Objekte von Grabräubern. Die harte Hülle solcher Grabfiguren wurde zerschlagen. Die Mumien wurden herausgezerrt und die Grabtücher, in die sie eingewickelt waren, brutal abgerissen. Die Grabräuber suchten – und fanden – wertvolle Grabbeigaben. Die Mumien ließen sie achtlos liegen. Die Geschichte der Grabräuber ist fast so alt wie die Mumien selbst. Und auch heute noch wird das Gewerbe betrieben. Todesmutig wagen sich die Plünderer in Steilwände, um an die Grabstätten heranzukommen. Wie vor Jahrhunderten werden auch heute noch Mumien zerstört, um an Schätze zu kommen.

Sehr häufig finden Archäologen verwüstete Grabstätten vor. Sie freuen sich, wenn die Diebe etwas übersehen haben. Gelegentlich werden in unseren Tagen Grabräuber auf frischer Tat ertappt oder vertrieben. Vielleicht wollen die Ordnungshüter auch nicht wirklich jemanden verhaften. Viel leicht sind es ja Verwandte oder Bekannte. Nicht immer handeln die Polizeikräfte im Sinne der Archäologen. Manchmal „schaffen sie Ordnung" in der Wüstenei, die die Grabräuber hinterlassen haben ... und zerstören weitere wichtige verwertbare Spuren, die den Archäologen weiterhelfen können.

Abb. 3.1 Mumiensärge der Wolkenmenschen

Abb. 3.2 Verblüffend ist die Ähnlichkeit mit Osterinselstatuen

In Leimembamba lagern zur Zeit unseres Besuchs 200 Mumien in einem angeblich „klimatisierten" Raum. Die vielleicht fast eintausend Jahre alten Mumien sollen nicht den Temperaturveränderungen ausgesetzt sein. Sie wurden im Jahr 1996 oberhalb der Bucht „Laguna de los Condores" („Lagune der Kondore") entdeckt. Die Aufbewahrung der sterblichen Überreste der legendären Chachapoyas kann ganz und gar nicht als pietätvoll bezeichnet werden. In Pappkartons, Kisten aus Sperrholz und in Säcken warten die Mumien darauf, wissenschaftlich untersucht und in einem Museum ausgestellt zu werden.

Einige kurze, kritische Anmerkungen seien gestattet: ob aus Sicht der Chachapoyas der Unterschied zwischen Grabräubern und Wissenschaftlern wirklich so eklatant ist, wie wir uns das vorstellen? Die Toten wurden von wagemutigen Kletterkünstlern oftmals unter Lebensgefahr an möglichst unzugänglichen Steilwänden in Felsspalten zur letzten Ruhe gebettet: in Sarkophagen in Menschengestalt, manchmal auch in Holzsärgen. Bis zu ihrer Wiedergeburt sollten die Toten in Ruhe gelassen werden. Ohne Zweifel sind Grabräuber aus Sicht der Chachapoyas böse Frevler, denen nichts heilig ist.

Ich glaube nicht, dass die Chachapoyas einen Unterschied zwischen Dieben und Wissenschaftlern gemacht hätten. Für sie waren sie alle Plünderer: jene, die wertvolle Schätze finden und verkaufen wollen ... und jene, die die Mumien aus wissenschaftlicher Neugier und mit Pedanterie sezieren. Dabei dürfte es keine Rolle spielen, dass Archäologen meinen, sorgsamer mit den Toten umzugehen. Die Ausstellung eines Verstorbenen im wohl klimatisierten Museum in einer gläsernen Vitrine entspricht mit Sicherheit nicht der Vorstellung der Chachapoyas vom würdevollen Umgang mit Verstorbenen. Und die „Zwischenlagerung" der Toten in einem klimatisierten Depot hätte die Chachapoyas sicher entsetzt.

4. Die Toten von Chauchilla

Einst war die mysteriöse Hochebene von Nasca nur eine trostlose Einöde, in die sich Touristen so gut wie nie verirrten. Die gewaltigen, in den Erdboden gescharrten Zeichnungen und „Landebahnen" interessierten allenfalls einige wenige Experten.

Maria Reiche (geboren am 15. Mai 1903 in Dresden, verstorben
am 8. Juni 1998) hat einen Großteil ihres Lebens in Nasca verbracht. Sie kämpfte wie eine Löwin für die Bewahrung der uralten
Riesenbilder in der Wüste. Ihr ist es zu verdanken, dass sie nicht
schon längst unwiderruflich zerstört worden sind, etwa von
„Sportlern", die in der Wüste von Nasca Autorennen veranstalte-
ten und in zwei Jahren größere Schäden anrichteten als die Unbilden der Natur in zwei Jahrtausenden.

Aber Maria Reiche lenkte nicht die Aufmerksamkeit der Welt
auf das Mysterium von Nasca. Das änderte sich aber anno 1968
schlagartig! Damals erschien das erste Buch eines Schweizers, der
zum erfolgreichsten Sachbuchautor der Welt wurde! Seit Erich
von Dänikens Weltbestseller „Erinnerungen an die Zukunft" ist
die riesige Ebene von Nasca zu einer Touristenattraktion geworden. Unzählige Menschen strömen in das winzige Wüstendorf. Es
gibt Hotels, sogar einen kleinen Flugplatz. In kleinen Propeller-
maschinen kann man das Wunder von Nasca wirklich erleben:
aus der Luft! Mit Begeisterung fliegt man über eines der größten
Geheimnisse, die unsere Erde zu bieten hat.

Nur aus der Vogelperspektive sind gewaltige Scharrzeichnungen auszumachen. Da gibt es welche von Tieren unvorstellbaren
Ausmaßes. Selbst kleinste anatomische Einzelheiten sind zu erkennen ... wie etwa bei einer wirklichen „Riesenspinne". Selbst
aus Weltraumstationen machten Astronauten die imposanten
„Bahnen" aus, die im Nichts beginnen und sich kilometerweit er-
strecken. Sie laufen schnurgerade durch die Wüste und enden
ebenso abrupt, wie sie begonnen haben.

Wer schon einmal das Geheimnis von Nasca vom Flugzeug aus
studiert hat, der kommt nicht umhin zuzugeben, dass Däniken
mit seiner Hypothese recht haben könnte. Vielleicht sollten Linien

und Tierbilder tatsächlich die fliegenden Götter der Vorzeit zur Rückkehr zur Erde bewegen.

Doch während heute zur Freude der Einheimischen zahlreiche Touristen von den Riesenbildern angelockt nach Nasca kommen, gibt es ein anderes, ein düsteres Geheimnis, über das viele Menschen vor Ort allenfalls nur zu flüstern wagen! Nur wenige Kilometer von Nasca entfernt soll es Zombies gegeben haben. Untote sollen die Lebenden in Angst und Schrecken versetzt haben! Wer das Vertrauen alteingesessener Menschen gewinnt, so schwer das auch ist, dem erzählen sie hinter vorgehaltener Hand Geschichten über den „Ort des Schreckens". Heute sind es nur noch sehr wenige Wissende, die die alten Überlieferungen kennen. Oder sind weit mehr Menschen in das Mysterium eingeweiht, von denen aber die meisten schweigen wie das sprichwörtliche Grab?

Morgen oder übermorgen werden die gruseligen Überlieferungen in Vergessenheit geraten sein. Schließlich leben wir doch in einer „aufgeklärten" Zeit. Für alten Aberglauben haben wir doch keine Zeit mehr. Oder verdrängen wir lediglich einen Teil der Wirklichkeit, nur, weil wir manches nicht zu erklären vermögen? Bilden wir uns nur ein, „alles" zu wissen ... und leugnen penetrant eine fremdartige Realität?

Dabei ist der unheimliche Friedhof sehr einfach zu finden. Er liegt nicht verborgen irgendwo im Urwald, sondern offen in der Wüste! Man fährt vom Städtchen Nasca auf der legendären Panamericana Richtung Lima. Vier Kilometer hinter Nasca geht ein Weg ab. Folgt man ihm, dann erreicht man nach knapp fünfzehn Kilometern den „Cementario von Chauchilla", den „Friedhof von Chauchilla". Die Bezeichnung „Friedhof" ist allerdings für Europäer und Amerikaner höchst irreführend. Bei einem „Friedhof" erwartet man Gräber mit steinerner Umrandung und massivem Grabstein. Die Namen der Toten, Geburts- und Sterbedaten sind verzeichnet. Zu Ehren der Toten werden Blumen und Kränze niedergelegt. Dergleichen gibt es in Chauchilla aber nicht.

Wie groß mag das Areal von Chauchilla ursprünglich gewesen sein? Wir wissen es nicht. Die Wüste hat im Laufe der Jahrtausende die Bestattungsfelder wieder verschlungen. Einst wurden hier auf einigen Quadratkilometern Tausende, wahrscheinlich sogar Zehntausende begraben. Wer waren die Toten? Mit Sicherheit vermag das heute niemand mehr zu sagen. Einig sind sich die Archäologen freilich in der Datierung. Sie kamen zu verblüffenden Ergebnissen! Die ersten Toten wurden vor „mehreren Jahrtausenden" beerdigt. Sie wurden also lange vor der Inka-Zeit bestattet. Welcher Kultur gehörten sie an? Wurde die uralte Zivilisation bereits von Vorgängern der Inkas vernichtet? Oder gab es sie noch zu den Zeiten der Inkas?

Hier sollen hier auf dem Friedhof von Chauchilla Zombies ihr Unwesen treiben. Zombies? Der Glaube an aus dem Reich der Toten zurückkehrende Wesen war einst in Südamerika weit verbreitet. Der österreichische Gelehrte Prof. Hans Schindler: „Mit der Christianisierung wurden Zombie Überlieferungen weitestgehend verdrängt und durch die neue Glaubenslehre ersetzt. Im Christentum ist kein Platz für solche Kreaturen der Nacht! Offiziell kennt keiner mehr die Furcht einflößenden Überlieferungen." Im Volksglauben haben sie sich freilich bis in unsere Tage erhalten. Nicht nur unter Grabräubern. Auch unter Grabwächtern. Nicht nur in Chile, sondern auch in Peru!

Auch hier waren und sind bis in unsere Tage Grabräuber aktiv. Hunderte Ruhestätten wurden nach und nach entdeckt und mit pietätloser Gewalt geöffnet und geplündert. Höchst respektlos ging man mit den ausgebleichten Gebeinen um. Man warf sie auf der Suche nach Grabbeigaben aus den Gräbern, wo sie oft liegen blieben. Grabräuber mit etwas mehr Taktgefühl begruben die sterblichen Überreste wieder.

Wer heute über den staubigen Friedhof geht, stellt schaudernd fest, dass überall Knochen und Knochensplitter herumliegen ... von Menschen, die hier einmal lange vor der Zeit der Inka zur letzten Ruhe gebettet worden waren. Immer noch werden Gräber entdeckt, die den Schatz suchenden Plünderern entgangen waren. Einige davon hat man geöffnet und nicht wieder zugeschüttet. In hockender Stellung kauern die Toten darin. Ihre Leiber - wohl nur noch Skelette - sind in einfache Gewänder gehüllt. Manche sehen wie gefesselt aus. Ihre Totenschädel liegen, manchmal seltsam schief, auf den Schultern. Am besten sind die Haare erhalten.

Prof. Hans Schindler zum Verfasser: „Früher wurde der Friedhof von Chauchilla bewacht, weil sich die Menschen vor Zombies fürchteten. Sie nahmen an, dass die Toten in die Welt der Lebenden zurückkehren, als lebende Leichen nur von Rachegefühlen beseelt!" Sie suchten angeblich, so Prof. Hans Schindler, jene auf, die sie für ihren Tod verantwortlich machten. Oder die Nachkommen ihrer Mörder. Oder solche Menschen, die ihre Ruhe gestört hatten.

Jahrelang erforschte Prof. Hans Schindler archäologische Stätten in Südamerika. Er gewann das Vertrauen auch von Menschen, die sonst niemandem ihr Wissen über die Kreaturen der Nacht anvertrauten. Sie erzählen ängstlich um sich blickend leise flüsternd über Zombies. Besonders häufig soll diese Furcht einflößenden Geschöpfe direkt beim Friedhof des Schreckens aufgetreten sein. Noch 1992 wurden dem Verfasser unheimliche Storys bestätigt, die als Vorlagen für einen Horrorfilm bestens geeignet wären ...

Im September des Jahres 1913 waren wiederholt einige Jugendliche nachts auf den Cementario geschlichen, um Gräber zu öffnen und zu plündern. Sie hofften weniger auf Keramiken als auf Gold. Mehrfach hatten sie vergeblich nach wertvollem Schmuck gesucht, als eine gespenstische Erscheinung die jungen Männer so sehr in Angst und Schrecken versetzte, dass sie sich bis ans Ende ihrer Tage nie mehr auch nur in die Nähe des antiken Friedhofs wagten. Sie waren überzeugt, von Zombies vertrieben worden zu sein. Die Toten seien in die Welt der Lebenden zurückgekehrt, um die Menschen daran zu hindern, weiterhin die uralten Grabstätten zu schänden.

Die drei jungen Burschen hatten begonnen, ein Loch auszuheben. Sie hatten eine Stelle ausgewählt, in deren Nähe sie schon mehrere Gräber entdeckt hatten. Bislang hatten sie allerdings die erhofften Schätze nicht gefunden, nur gut erhaltene Skelette in morsches Leinen gehüllt und einige Keramiken. Ihr Loch war schon mehr als mannstief, da vernahmen sie ein undefinierbares Geräusch. Sofort hörten die jungen Männer auf zu graben. Als sie aus dem Loch lugten, machten sie in einiger Entfernung so etwas wie ein Licht aus. War man ihnen auf die Schliche gekommen? Das Licht, zunächst mehrere Hundert Meter entfernt, kam immer näher. Die Gestalt war in einen langen Umhang gehüllt und trug eine flackernde Laterne. Als sich der Wind drehte, meinten die Grabräuber den Geruch von Moder wahrzunehmen und das Klappern von Knochen zu hören. Schließlich schien das Wesen sie entdeckt zu haben und kam auf ihre Grube zu. Es ächzte und stöhnte dabei.

Vor Angst wie gelähmt beteten die drei Burschen um himmlischen Beistand. Die Kreatur blieb stehen. Im Mondlicht war nun zu erkennen, dass sie nicht das Gesicht eines lebenden Menschen hatte, sondern die grinsende Fratze eines Totenschädels. Langsam hob der Zombie einen Arm und deutete mit seiner Knochenhand in Richtung der zitternden Schatzsucher. Der Zombie - und nichts Anderes konnte das Wesen nach Ansicht der Männer in der Grube sein - drehte sich um und gab einen heulenden Laut von sich. Da erhoben sich in einiger Entfernung zwei, drei ähnliche Gestalten und wankten zielstrebig in Richtung der Grabräuber. Hatte ihr letztes Stündlein geschlagen? Die Gestalten näherten sich ihnen. Waren sie den Zombies hilflos ausgeliefert? Konnten sie mit ihren einfachen Werkzeugen die Kreaturen der Nacht abwehren? Plötzlich wich die von Angst verursachte Starre von ihnen. Sie sahen nur eine Chance: Flucht vor den Unheimlichen. In Rekordgeschwindigkeit verließen die jungen Männer das Erdloch und rannten so schnell wie noch nie im Leben davon. Ihre Werkzeuge ließen sie zurück.

Einer von ihnen blickte aus sicherer Entfernung noch einmal zurück. Vier Zombies starrten in das Loch, das die Burschen ausgehoben hatten. Hinter ihnen stand der Vollmond tief am Himmel, hinter den unheimlichen Wesen. Für Sekunden meinte der entsetzte junge Mann erkennen zu können, dass es lebende Leichen waren, wandelnde Skelette, an deren Knochen Reste von mumifiziertem Fleisch hingen ... Untote aus dem Zwischenreich.

Der kompetente Prof. Hans Schindler zum Verfasser: *„Für viele Menschen aus Chauchilla wurden die jugendlichen Grabräuber von*

Zombies vertrieben. Als moderner Wissenschaftler darf ich an eine solche Erklärung nicht glauben. Gibt es eine bessere, eine natürliche?"

Tatsächlich liegt eine realistischere Lösung auf der Hand. Aber entspricht sie auch der Wahrheit, oder nur modernem Wunschdenken, das Mysteriös-Unheimliches nicht zulassen mag? Der Friedhof von Chauchilla wird schon seit Jahrzehnten von professionellen Grabräubern heimgesucht, die mit den Archäologen eine Art Wettkampf austragen. Waren vielleicht die „Zombies" nichts Anderes als Grabräuber, die sich unliebsame Konkurrenz vom Leibe halten wollten? Das wäre eine auch für moderne Menschen der Jetztzeit akzeptable Lösung.

In der Tat sind auch heute noch Grabräuber in dem weiten Areal aktiv. Es fehlt an finanziellen Mitteln für archäologische Ausgrabungen. Eine Rund-um-die-Uhr-Bewachung des weitläufigen Geländes mitten in der Wüste ist nicht finanzierbar. Außerdem schrecken viele Einheimische davor zurück, nachts auch nur in die Nähe des mysteriösen Friedhofs zu gehen. Dann werden die Grabräuber aktiv. Man kann sie aber am Tage antreffen. Auf den ersten und zweiten Blick sind sie nicht von Archäologen zu unterscheiden. Sie hoffen auf Grabbeigaben und graben systematisch nach weiteren Mumien, die vor Jahrtausenden der Wüste anvertraut wurden.

Wer heute das Gräberfeld von Chauchilla aufsucht, fühlt sich in eine andere, höchst fremdartige Welt versetzt. Absolute Windstille und scharfe Windböen wechseln einander ab. Der Boden blitzt weißlich auf – im gleißenden Sonnenlicht ebenso wie nachts bei Vollmond. Unzählige Gräber sind geöffnet. Ihre „Bewohner" hocken, mit eng an den Leib gezogenen Beinen, tief unten in den Gruben. Schaut man näher hin, dann erkennt man, dass die Körper in sackartigen Gewändern stecken. Manchmal halten schmale zusätzliche Stoffbahnen die „Bekleidung" der Mumien zusammen, manchmal sind es sauber gearbeitete Seile.

Je nach Stand des Toten ist der Stoff grob oder fein. Auch die Toten unterscheiden sich ... Arm und Reich wurden aber offenbar nebeneinander beigesetzt. Wahrscheinlich wurden unzählige Arme einfach im trockenen Wüstenboden verscharrt. Reicheren gewährte man „Grabkammern" aus getrockneten Ziegeln. Es gab aber offenbar keine separaten Friedhöfe für Arme und Reiche.

4.1. Totenschädel von Chauchilla

4.2. Totenschädel von Chauchilla

Die Totenschädel wurden nicht in Stoff gehüllt, sondern auf die Knochensäcke gesetzt. War das schon immer so? Oder haben die Ausgräber die Schädel aus den Leichensäcken geholt? Archäologen, die ich befragte, verneinten das. Die Gebeine sollten durch die sackartige Umhüllung zusammengehalten werden. Kein Knochen sollte verloren gehen. So und nur so konnte es ein Leben nach dem Tode geben. Die Schädel aber mit dem prachtvollen Haar wollte man nicht zu den übrigen Knochen in die Säcke stecken. Die Toten sollten in stolzer Haltung die Reise von unserer in die andere Welt antreten.

Die Mumien von Chauchilla wurden, wie die von Chile, nicht präpariert wie ägyptische. Man hat auch nicht ihre Innereien entfernt. Vielmehr trockneten die Körper im heißen Wüstensand aus.

Erstaunlich gut erhalten sind diese uralten Stoffe. Auch die groben sind manchmal mit besonderer Sorgfalt gewebt. Es kommt mir so vor, als hätten Arme ihren Verstorbenen besonders liebevoll gewebte Stoffe umgelegt. Wenn sie schon teure Ware nicht leisten konnten, so sollten doch die „groben" Stoffe so sorgsam wie nur möglich gearbeitet sein.

Wirklich krass ist der Kontrast zwischen den ausgebleichten Schädeln und dem Haaren, die wie dichte Perücken auf den Häuptern der Toten sitzen. Zu Lebzeiten müssen die Menschen prachtvolle Mähnen gehabt haben. Es sind die echten Haare der Toten, die zum Teil Jahrtausende im Wüstenboden auf ihre Auferstehung gewartet haben. Die Rückkehr ins Reich der Lebenden dürften sie sich vollkommen anders vorgestellt haben, als von Grabräubern oder Archäologen ans Tageslicht gezerrt zu werden.

Kilometerweit liegen heute auf dem riesigen Areal von Chauchilla Knochensplitter unterschiedlichster Größe verstreut, zu Hunderttausenden, nein ... Millionen. Wie alt mögen die Knochen sein? Mir wurde glaubhaft versichert, dass noch vor wenigen Jahrzehnten Tote auf dem Friedhof von Chauchilla beigesetzt wurden. Was will man den Toten wünschen, ob sie vor einigen Jahrzehnten oder einigen Jahrtausenden beigesetzt wurden? Endet unsere Pietät nach einiger Zeit?

5. Mit Grabräubern unterwegs

Die aschfahle Scheibe des mitternächtlichen Vollmonds steht tief über der gespenstischen Wüstenlandschaft Chiles. Der pechschwarze Himmel lässt unzählige Sterne heller erscheinen als sonst wo auf der Welt. Kein Baum ist zu sehen, kein Strauch unterbricht die Monotonie. Mit etwas Fantasie kann man sich auf den Mond versetzt fühlen.

Der weißgelbliche Staub macht mir das Gehen schwer. Die kalte Luft beißt in den Lungen. Längst habe ich die Orientierung verloren. Liegt die Straße jetzt rechts von mir oder hinter mir? Immer wieder stolpere ich über scharfkantige Felsbrocken. Ein-, zweimal stürze ich in den festgebackenen Wüstensand irgendwo im Niemandsland zwischen Iquique und Patillos.

Die Strahlenfinger unserer Taschenlampen tasten sich durch die Dunkelheit. Sie springen umher. Sie quälen sich ruckartig durch die Schwärze der Nacht. Von irgendwo ertönt so etwas wie ein anhaltendes grelles Hupen. Oder ist es eine Polizeisirene? Wir schalten wie auf Kommando unsere Taschenlampen gleichzeitig aus. Pedro lacht. „Wenn man dich hier erwischt, wirst du sicher nach einigen Wochen oder Monaten abgeschoben ...", hatte mir vor einigen Stunden Pedro im Auto erklärt. „Aber bis es so weit ist, sitzt du in Untersuchungshaft. Und unsere Gefängnisse hier sind wirklich keine Hotels!" Ich habe erst gar nicht versucht, mir ein Bild von den Zuständen in den örtlichen Haftanstalten zu machen. „Die meisten Polizisten gehen mit Grabräubern eher nachsichtig um. Weil die meisten von ihnen den einen oder den anderen Verwandten haben, der auf diese illegale Weise sein Geld verdient. Und manche Polizisten sind selbst im Gewerbe. Aber auf Gringos, die unsere Erde durchwühlen, reagieren sie oft allergisch ..."

Pedro, der Anführer, bleibt plötzlich unvermutet stehen. In Spanisch raunt er seinen vier Gehilfen Befehle zu. Pedro bückt sich sucht nach einem Zeichen. Er findet es. Ein „Späher" hat es am Tag in einen Stein geritzt. Hier müsste etwas zu finden sein, glaubt man dem Späher. Der arbeitet nur am Tag, wird prozentual an den Dollars beteiligt, die Funde bei reichen Sammlern einbringen.

Wortlos fangen sie an zu arbeiten. Die Routine von professionellen Grabräubern ist ihnen anzumerken. Stählerne Pickel fressen sich verbissen durch im Laufe von Jahrtausenden von der gnadenlosen Sonne zu einem zementharten Panzer verbackenen Wüstenboden. Die Kruste knirscht, bricht, platzt auf. Schnell ist sie aufgerissen. Die Pickel werden zur Seite gelegt. Ruhig greifen die Männer zu Schaufeln. So bedächtig und gleich mäßig sie arbeiten, so schnell kommen sie doch voran.

Ich setze mich ein wenig abseits des Geschehens auf einen größeren Felsbrocken. Langsam fange ich an zu frieren. Wenn ich doch fotografieren dürfte. Das würde mich ablenken. Aber „no fotos!" hat es geheißen. An das mit strenger Stimme immer wieder vorgebrachte Verbot halte ich mich natürlich. Mir ist kalt. Und ich muss zugeben: Angst habe ich auch. Gesetzt den Fall, die Herren Grabräuber würden mir mit einem ihrer Werkzeuge den Schädel einschlagen und meinen Leichnam irgendwo verscharren? Wer weiß, ob man meine Gebeine je finden würde?

Pedro gesellt sich zu mir. In erstaunlich gutem Deutsch erzählt er mir, dass er als Hausdiener bei einer reichen Familie in Santiago arbeitet. „Bei den Herrschaften habe ich die Sprache der Germans erlernt!" Er setzt sich neben mich, bietet mir einen Schluck Pisco aus einem metallenen Flachmann an. Das hochprozentige Getränk wärmt und vertreibt die Angst. Es scheint sich aber auch schmerzhaft durch die Magenwände fressen zu wollen. Ich atme die kalte Luft hastig ein. Der brennende Schmerz lässt nach. Die Kälte kehrt zurück.

Etwa gegen zwei Uhr morgens macht sich Aufregung bei den Grabräubern bemerkbar. Nervös, mit fahrigen Händen, zündet sich Pedro eine Zigarette an. „Hörst du, der Klang der Schaufeln ... Er hat sich geändert! Meine Freunde werden gleich auf einen Hohlraum stoßen! Das höre ich ganz deutlich!" Ob sich Pedro nur wichtigmachen möchte?

Tatsächlich bricht nach einigen Minuten verhaltener Jubel aus. Pedro und ich nähern uns hastig dem Loch. Schwarze Leere lässt

mich ein wenig schaudern. Mir ist, als stünde ich vor einem gefährlichen Schlund. Wie tief mag er sein? Zwei Meter? Oder sind
es drei? Die Männer können in der kurzen Zeit nicht so viel gegraben haben. Sie sind offenbar auf einen unter irdischen Hohlraum
nah an der Oberfläche der Wüste gestoßen. „So etwas erkennt unser Späher an der Verfärbung im Sand!", erklärt mir später Pedro.

Pedro ist im Moment nicht nach Sprechen zumute. Auch wenn
er es zu verbergen versucht: Er ist vom Fieber des Grabräubers
befallen, von der Hoffnung auf kostbare Grabbeigaben. Pedro
klettert an einer Strickleiter in das schmale Loch. Eine Taschenlampe leuchtet auf. Das Szenario ist mehr als gespenstisch. Pedro
lädt mich ein. Ich soll, darf ihm zu folgen. Wenige Augenblicke
später beuge ich mich über eine bleiche Mumie.

Das Gesicht des Toten erinnert an einen Horrorfilm unserer
Tage. Es ist hinter einer schwarzen Maske verborgen. Der Mund
ist zu einem Schmerzensschrei geöffnet. „Damit die Seele wieder
in ihre alte Behausung zurückkehren kann!", erklärt mir Pedro.
„Wir berauben die Gräber! Aber wir haben den Respekt vor den
Toten nicht verloren!" Er zischt fast etwas gehässig: „Ob die gelehrten Archäologen auch so respektvoll sind?" Er schüttelt ener-
gisch den Kopf. „Wir belassen die Toten in den Gräbern! Die Archäologen holen sie heraus und stecken sie in Museumsvitrinen,
wo sie von Neugierigen begafft werden!"

Pedro deutet auf die lederartigen Hände des Leichnams. Sie
sind offen sichtlich mit einem sehr scharfen Instrument glatt ab-
geschnitten worden. Dann hat man sie mit einfachen Schnüren
wieder an den Armstümpfen befestigt. Pedro zieht bedächtig den
wirklich sehr gut erhaltenen Stoff zur Seite. Der Körper des Toten
kommt zum Vorschein. Sein Leib wirkt fremd artig, ja irgendwie
unnatürlich. Pedro erklärt leise: „Es gab vor Jahrtausenden einen
einheitlichen Bestattungsritus. Bevor die Verstorbenen der Erde
übergeben wurden, verfuhr man mit ihnen nach genau vorge-
schriebenen Zeremonien! Man hat zunächst das Gehirn entfernt.
Es wurde durch ein Gemisch aus Asche und Stroh ersetzt. Sämtliche Innereien wurden dem Leib genommen. Damit der Körper
seine natürliche Form behielt, wurde er wieder gefüllt: mit einem

Brei aus Gras, Asche und Fischleim. Manchmal mengte man auch Tierblut bei!" Mir wird etwas unwohl. Ich klettere aus dem Loch. Der Weg nach oben über die Strickleiter fällt mir schwerer als die Kletterpartie nach unten.

Pedro und seine Gehilfen sind etwas enttäuscht. Wieder gab es nicht den ersehnten Goldschatz ... Und doch sind sie mehr als zufrieden. Der Tote war mit mehreren kunstvoll gestalteten Tongefäßen bestattet worden. Besonders erfreut sind die Männer über einige kleinen Tonfiguren. „Das sind die Diener, die dem Verstorbenen im Jenseits zur Hand gehen sollen!" erfahre ich. Sorgsam werden die archäologischen Kostbarkeiten in Säcken verstaut. Kein Wissenschaftler wird sie je zu sehen bekommen. Sie werden in privaten Sammlungen reicher Nordamerikaner oder Europäer verschwinden. „Dieser Fund bringt jedem von uns mehr Dollars ein, als wir in einem ganzen Monat mit anderer Arbeit verdienen können! Und die Gringos wollen nun einmal archäologische Schätze besitzen! Wenn wir sie nicht beliefern, dann tun es andere!"

Bevor das so schnell ausgehobene Loch wieder geschlossen wird, steigt Pedro noch ein letztes Mal die Strickleiter hinab. Was hat er vor? Warum hat er ein Beil mit hinab genommen? Ein Krachen und Splittern ist zu vernehmen. Das Geräusch geht durch Mark und Bein. Pedro erklärt mir auf dem Rückweg: „Wir berauben die Toten! Wir ziehen uns ihren Zorn zu! Wir fürchten ihre Rache! Dabei gehen wir doch respektvoll mit ihnen um. Bevor wir ihnen die Knochen zerschlagen, entschuldigen wir uns bei den Toten!"

Ob denn Gefahr von totem Gebein ausgeht, will ich wissen. Pedro bleibt kurz stehen. Herablassend lächelt er mich an. Er murmelt etwas von „ahnungslosen Gringos!" Im Weitergehen doziert er: „Es ist zu befürchten, dass der Geist eines Toten in seinen Körper zurückkehrt. Als Zombie kann er dann in die Welt der Lebenden zurückkommen und sich den Menschen rächen, die ihn bestohlen haben!" Ich möchte wissen, ob Pedro jetzt vielleicht Angst hat. „Nein!", antwortet er etwas barsch. „Dieser Tote wird nicht

mehr aus seinem Grab herauskriechen! Ich habe ihm die Beinkno-
chen zerschlagen. Und das Rückgrat!" Sehr respektvoll ist dieser
Umgang mit Toten aber nicht, denke ich. Meine Überlegungen be-
halte ich aber für mich. Ich will nicht richten über die Grabräuber.
Schließlich war ich mit ihnen unterwegs, also auch an der Störung
der Totenruhe beteiligt.

Von albtraumartigen Träumen in den folgenden Nächten, in
denen Zombies eine nicht unerhebliche Rolle spielen, will ich lieber schweigen!

5.1. Mit Grabräubern unterwegs...

6. Die Tempel von Mahabalipuram (Indien)

Mahabalipuram (eigentlich Mamallapuram) liegt im Bundesstaat Tamil Nadu, direkt an der Südostküste Indiens. Von Chennai (Madras) aus erreicht man die mysteriöse Tempelstadt über die Küstenstraße in etwa einer Stunde. „Gemäßigtes Klima" soll hier herrschen, versprechen die Reiseführer. Als ich aus dem Bus steige, kommt es mir vor, als habe ich mich in eine gewaltige Sauna verirrt. Schon nach kürzester Zeit klebt die Kleidung wie eine zweite Haut am Leibe. Ein sandiger Badestrand lädt verführerisch zu einer Abkühlung ein ... und die gefräßigen Haie sollen sich angeblich nur weiter draußen, im tieferen Wasser, aufhalten. Mag sein, dass es so eine Art von stillschweigendem Abkommen zwischen Hai und Mensch gibt ... doch ist darauf Verlass?

Heute ist Mahabalipuram ein verschlafenes Fischerdorf ... immer noch. Einst muss es ein bedeutendes religiöses Zentrum gewesen sein ... vor etwa eineinhalb Jahrtausenden. Irgendwann versank die einstige Hafenstadt der Metropole Kanchipuram in den Schlaf des Vergessens. Erst 1984 nahm die UNESCO Mahabalipurams Tempelbezirk ins „Weltkulturerbe" auf.

Besonders imposant ist das größte Flachrelief der Welt: 27 Meter breit und neun Meter hoch. Angeblich soll das riesige Bildnis „Arjunas Buße" darstellen. Für welche Missetat mag die legendäre Gottheit wohl bestraft werden? Das durch die meisterliche Präzision bestechende Kunstwerk bezieht ganz bewusst einen natürlichen Felsspalt ein. Hier soll einst Wasser geflossen sein ... plastisch-realistisch den heiligen Strom Indiens darstellend. Und so heißt das gewaltige Kunstwerk auch: „Herabkunft des Ganges vom Himmel".

Die märchenhaft anmutende Symbolik der plastischen Darstellung auf der Steinwand erschließt sich dem aufmerksamen Betrachter sofort, sobald er sich nur an die altindische Lehre vom Kosmos erinnert: Das Weltall wurde als riesiger „Ozean" gesehen. Die Planeten wurden als Inseln betrachtet. Der Fluss, der aus dem Himmelsmeer zur Erde herabfließt, kann dann sehr wohl als Verbindung zwischen Kosmos (Himmel) und Erde verstanden werden. Ein solcher Kontakt zwischen All und Erde ist nach unserem Verständnis nur per Raumfahrt möglich.

Im Zentrum des Reliefs steigen Gottheiten vom Himmel herab: im „kosmischen Fluss". Es sind amphibische Wesen, so wie viele Götter der Südsee, Südamerikas und Afrikas. Das ist deutlich zu erkennen! Götter, die aus dem Himmel zur Erde herabsteigen ... von ihnen wimmelt es förmlich in der altindischen Literatur. Die heiligen Bücher des alten Indien, etwa das Mahabharata, sind wahre Enzyklopädien: Götter, ihre Vehikel und ihre Waffen werden ausführlich beschrieben! Arjuna ist einer der großen Helden, denen das Mahabharata huldigt. Arjuna soll mit dem fliegenden Himmelswagen der Supergottheit Indra ins All gereist sein. Im All, so über liefert es das Mahabharata, sah Arjuna viele „Himmelswagen". Erinnern die alten Texte an prähistorische Besucher von außerirdischen Wesen auf der Erde?

Unweit des kosmischen Szenarios in Stein, direkt am Strand gelegen: fünf Rathas, allesamt aus einem einzigen gewachsenen Steinblock gehauen. Rathas sind Flugvehikel der Götter, die offenbar zwischen riesigen Mutterraumschiffen im Erdorbit und der Erdoberfläche hin- und herpendelten. Aus heutiger Sicht gab es vor Jahrtausenden so etwas wie Shuttleflüge zwischen Erde und riesigen Weltraumstädten unvorstellbaren Ausmaßes. Den 34 alten Überlieferungen zufolge drehten sich die gewaltigen radförmigen Superraumschiffe stetig um die eigene Achse und erzeugten so an Bord künstliche Schwerkraft.

Die Rathas von Mahabalipuram sind recht unterschiedlich gestaltet. So unterschiedlich sie auch gebaut sein mögen, es sind immer Darstellungen von prähistorischen Flugvehikeln der „Götter" aus dem All. Eines dieser Götter-Vehikel erinnert an eine einfache steinerne „Hütte". Das zweite Fahrzeug ist mit herrlichen Skulpturen geschmückt. Jede Einzelne ist liebevoll bis ins letzte Detail ausgestaltet. Das Dritte beherbergt in seinem Inneren ein göttliches Wesen. Ist es der Pilot? Oder ein Passagier? Das Vierte ist komplexer als seine „Kollegen" und gleich mehrstöckig angelegt. Das Fünfte hingegen wirkt wieder eher bescheiden. Alle fünf

Tempelchen, die im abendlichen Licht der untergehenden Sonne zauberhaft schön erstrahlen, sind steingewordene Flugvehikel der kosmischen Götter Indiens.

Die Tempel von Mahabalipuram stehen in einem fantastischen Kontext: sie gehören in die faszinierende Welt der altindischen Tempel, von denen es einst Zigtausende gab. Leicht entstehen Missverständnisse ... etwa wenn es um den Begriff „Tempel" geht. Der „Tempel" in Indien ist weit mehr als ein Raum für religiöse Zeremonien, viel mehr als ein Gebäude mit religiösem Hintergrund.

Im christlich geprägten „Abendland" ist ein „Tempel" ein Ort der Verehrung und Anbetung Gottes. Die Gemeinde versammelt sich im „Gotteshaus", um in stiller Andacht zu beten, frommes Liedgut zu singen oder der Predigt des Priesters zu lauschen. Für den Christen ist die Kirche ein Ort der Versammlung. Der Geistliche ist im Idealfall ein Schriftkundiger, der die Bibel für das gläubige Volk auslegen kann. Schriftkundig musste der Sthapati im alten Indien auch sein. Er musste sich auch in den heiligen Riten perfekt auskennen. Und er musste über ein ganz außergewöhnliches Wissen verfügen.

„Vimanas" heißen die prähistorischen Flugvehikel der Götter aus dem All in der altindischen Überlieferung. „Vimana" war nach heutigem Verständnis ein außerirdisches Flugvehikel. „Vimana" heißt der so viele Tempel dominierende Turm. Warum? Zufall ist ganz sicher nicht im Spiel!

„Der Turm selbst heißt im Süden Vimana, sein an der Spitze gerundeter Abschlussstein aber Sikhara oder Stupika, was der Bezeichnung für den gesamten Nagara-Turm entspricht." steht in „Das alte Indien", verfasst von Heinrich Gerhard Franz. Solche Tempeltürme sah ich zu Hunderten auf meiner faszinierenden Indienreise. Etwa in Bhubaneswar. So wird der um 750 errichtete „kleine" Parasuramesvara-Tempel von eben diesem Turm dominiert. Ebenso wie der Rajarani-Tempel, 250 Jahre jünger, aus der gleichen Stadt. Wie steht doch geschrieben im altehrwürdigen, heiligen indischen Text „Natyasastra" von Bharata? *„Die Tempel sind nach den Vorbildern der himmlischen Flugzeuge entworfen."*

Dem Gott Schiwa geweiht, der vor vielen Jahrtausenden Indiens Himmel mit seinem Flugapparat unsicher machte, ist eines der imposantesten Bauwerke, das ich in Indien gesehen habe. Ich beschrieb das Bauwerk in meinem Buch „Das Sphinx-Syndrom/ Die Rückkehr der Astronautengötter" wie folgt:

„Ein besonders schönes Beispiel für ein in heiligem Stein verewigtes Raumschiff ist der Brhadisvara-Tempel im Westen der Stadt Tanjore. Das mächtige Bauwerk ist von Südosten nach Nordosten ausgerichtet. Betritt man den Tempel von Südosten, so folgen auf eine Säulenhalle der große Versammlungssaal, dann ein Vorraum und schließlich das Heiligtum selbst. Über diesem Sanktuarium erhebt sich in einer Gesamthöhe von 74 Metern der Tempelturm, auch Turmpyramide genannt. An der Spitze steht das Götterfahrzeug."

1003 soll das Heiligtum nach nur siebenjähriger Bauzeit vollendet worden sein ... eine imposante Leistung. Ans Wundersame grenzt Folgendes: In 70 Meter Höhe thront die Nachbildung des Götterfahrzeugs, sie ist aus einem einzigen Granitbrocken gefertigt. Und wiegt immerhin stolze 80 Tonnen! Niemand vermag schlüssig darzulegen, wie denn damals der Steinkoloss in die luftige Höhe gewuchtet wurde!

Dr. Richard Thompson, einer der besten Indienkenner Amerikas: *„Die Erde wurde vor Jahrtausenden von Außerirdischen besucht. Jene Wesen, die interstellare Raumfahrt betrieben und von Planet zu Planet reisten, kamen auch nach Indien."*

Unzählige Beschreibungen von mysteriösen Flugvehikeln, von Raumschiffen der Vorzeit, wurden von den Sthapatis schriftlich niedergelegt, von Generation zu Generation überliefert. Man begnügte sich aber nicht damit, oft sehr konkrete Beschreibungen der göttlichen Gefährte schriftlich zu fixieren. Man holte sie auch auf die Erde, verewigte sie in Stein. Der schriftkundige Sthapati war nicht nur Priester, er war auch Architekt, leitete den Tempelbau. Ziel war es, die Raumschiffe der Götter in Stein zu verewigen, um in den Nachbildungen der Vimanas die höchst körperlichen Götter der Vorzeit darzustellen. So heißt es im altehrwürdigen indischen Text „Natyasastra": *„Die Tempel sind nach den Vorbildern der himmlischen Flugzeuge entstanden."*

So stellt auch der Tempel im Westen der Stadt Tanjore, der Brhadisvara Tempel, ein altindisches Vimana dar. Er ist dem Gott Shiva geweiht, der nach alten Überlieferungen in der Stadt Vijayanagara einen Stützpunkt hatte. Betritt man den Tempel, nachdem man alter Landessitte folgend aus Respekt vor der Heiligkeit des Ortes die Schuhe ausgezogen hat, im Südosten, so passiert man zunächst die imponierende Säulenhalle und den großen Versammlungssaal, geht durch einen Vorraum und gelangt endlich in das Hauptheiligtum selbst. Darüber erhebt sich der Tempelturm zu einer Höhe von immerhin 74 Metern. Auf der Spitze dieses Turms, die auch als Tempelpyramide bezeichnet wird, thront das Göttervehikel selbst.

6.3. Tempel als Abbild eines Fluggeräts

7. Der Mann mit Hut

Es ist eine uralte indische Tradition, Tempel an heiligen Orten zu errichten. Was aber sind „heilige Orte"? Was macht eine Stätte zu etwas Besonderem, religiös Bedeutsamem? „Wo einst Götter vom Himmel zur Erde kamen, dort wurde die Erde geheiligt!" Diese oder eine ähnliche Erklärung hörte ich auf meinen Reisen immer wieder, und nicht nur in Indien. Und dort errichtete man erst kleine Tempelchen, die im Lauf der Jahrhunderte zu gewaltigen Anlagen ausgebaut werden konnten. So entstand auch die weltgrößte Pilgerstätte des Christentums: zu Ehren der Maria von Guadeloupe in Mexiko.

In Indien scheint es besonders viele Orte gegeben zu haben, an denen sich Himmlische einst den Menschen zeigten. Wo Menschen und Götter miteinander kommunizierten, wo regelmäßig die Götter erschienen und den Menschen Befehle oder Ratschläge erteilten, dort wurden Häuser der Begegnung errichtet, zur Erinnerung an die Geschehnisse von einst. Zu nächst mögen nur bescheidene Hütten an die mysteriösen Ereignisse erinnert haben. Mit dem Heranwachsen der religiösen Kulte wuchsen auch die sakralen Bauten.

Tempel wurden errichtet, oft mit einem heute kaum noch nachvollziehbaren Aufwand. Oftmals wurden gigantische Materialmassen bewegt und mit angeblich primitiven Mitteln zu Wunderwerken der Bautechnik aufgetürmt. Wichtig ist dabei nicht so sehr das steinerne Gebäude, sondern der Ort, an dem es steht.

Wird ein Tempel baufällig, wird er untersucht und – falls möglich – renoviert. Sind die Schäden aber nicht mehr zu reparieren, dann wird der Tempel abgetragen. An gleicher Stelle wird dann ein neuer errichtet. Ähnliches geschah im christlichen Europa: Wo einst heidnische Kulte zelebriert wurden, hat man später Kirchen und Kathedralen gebaut. Die ursprüngliche Bedeutung der heiligen Orte wurde weitestgehend verdrängt.

Für die Altersbestimmung eines Ortes der Verehrung ist es also nicht ausschlaggebend, wann das jeweils aktuelle Tempelgebäude errichtet wurde, sondern wann der allererste Tempel an der heiligen Stätte gebaut wurde. Das aber lässt sich in der Regel nicht mehr feststellen.

Wichtig ist: Es handelt es sich bei letztlich allen wichtigen indischen Tempeln stets um Kopien von Kopien von Kopien – und niemand vermag zu sagen, wann denn das jeweilige Original gebaut wurde.

Der Brhadisvaratempel in seiner heutigen Ausführung soll anno 1003 nach einer Bauzeit von nur sieben Jahren errichtet worden sein. Allein schon die steinerne Monsterkugel (Kopie eines Vimana) an der Spitze der Tempelpyramide stellt heutige Bauingenieure vor ein Rätsel: sie wiegt stattliche 80 Tonnen, wurde aus einem einzigen Riesenstein gefertigt. Wie wurde der gewaltige Monolith an seinen Platz in luftiger Höhe gebracht?

Verschiedene „Erklärungen" werden angeboten, die alle nicht so recht überzeugen. Man habe eine komplizierte Holzkonstruktion errichtet, meinen die einen Theoretiker, dazu mindestens 6.000 Meter lange Rampe, auf der der Steinkoloss von 80 Tonnen Gewicht mithilfe zahlloser Arbeitskräfte und Elefanten geschoben und gezerrt wurde. Andere „Erklärer" lehnen diese Überlegung ab. Eine Holzkonstruktion habe niemals die enorme Last tragen können. Man habe vielmehr den gesamten Tempel nebst Turm unter einem künstlich aufgeschütteten Riesenhügel verschwinden lassen, dann den Vimana-Stein auf einer ebenso aus Erde aufgeschütteten Rampe gen Himmel geschoben und schließlich wieder die Erdmassen abgetragen. Wie nun besagte Rampe ausgesehen haben soll, selbst darüber streiten sich die Gelehrten. War sie gerade und viele Kilometer lang? Oder wurde sie spiralförmig um den Hügel, der den Tempel in der Bauphase umgab, gelegt?

So ein Erdberg hätte die Tempelbauer vor schier unlösbare Probleme gestellt. Er müsste nicht nur gewaltige Ausmaße gehabt haben, sondern auch irgendwie befestigt worden sein, damit nichts beim Transport des Riesensteins abrutschte. Vor Ort löst diese Hypothese nur Kopfschütteln aus. Nie und nimmer hätte man einen heiligen Tempel, den man nur mit bloßen Füßen betreten darf, unter einem schmutzigen Erdberg verschwinden lassen, auch nicht vorübergehend. Eine solche Vorgehensweise wäre mit der Würde des heiligen Bauwerks in keiner Weise vereinbar gewesen.

Eine dritte Hypothese geht von einer gewaltigen Holzkonstruktion aus, die in massiv angelegten Stufen aufgebaut worden sein soll. Die gewaltige Last musste nach dieser Theorie nicht in einem Anlauf angehoben werden. Vielmehr habe man sie Stück für Stück hochgewuchtet. Von Stockwerk zu Stockwerk habe man mit Hilfe von gewaltigen hölzernen Hebeln und Elefanten die steinerne Last hochgeschafft. Auch diese Erklärung, die sich nicht einmal auf dem Papier wirklich gut ausmacht, lässt sich praktisch wohl kaum verwirklichen.

Es gibt keinerlei Unterlagen aus der Zeit des Tempelbaus über die Arbeitsweisen der damaligen Baumeister. Immer wieder werden Theorien vorgetragen: Aber es sind Spekulationen, für die keine Beweise vorliegen. Immer wieder wird versucht, die Methoden der Tempelbaumeister zu erahnen. Doch niemand kann behaupten zu wissen, was geschah, allenfalls was womöglich geschehen ist.

Der gewaltige Steinkoloss hoch oben auf der Tempelpyramide lenkt unseren Blick auf sich. Dabei übersieht man leicht den Tempelkomplex, der um den alles dominierenden Pyramiden-Turm gebaut wurde. Bis zu eintausend Menschen sollen unmittelbar vom Tempelkult gelebt haben, im Sakralbereich von Brhadisvara allein: vierhundert Tempel-Tänzerinnen („Devadasis") und mindestens 600 Angehörige zahlreicher Berufe, vom Steinmetz zum Tempelpriester, vom Händler bis zum Tempeldiener, vom Opferpriester bis zum Maler. Offenbar wurden nicht nur religiöse Zeremonien abgehalten und nicht nur den Göttern Opfer gebracht. Offensichtlich wurde die Tempelanlage im Verlauf der vielen Jahrhunderte ständig renoviert, instandgehalten und nach und nach erweitert.

Einst pulsierte der Komplex von Brhadisvara wie eine Miniaturstadt von Leben. Die ehrfürchtige Stille christlicher Kirchen gibt es erst seitdem Brhadisvara zu einer leeren Hülle wurde, die den einstigen Glanz kaum noch erahnen lässt. Wie ein kupferner

Turm überragt die steile Tempelpyramide den Komplex, vom Licht der morgendlichen oder abendlichen Sonne verzaubert. Man bräuchte Zeit, sehr viel Zeit ... dann könnte man diesen gewaltigen Tempelturm wie ein Buch lesen. Aus der Distanz beeindruckt die Pyramidenspitze, auf der die kolossale 80-Tonnen-Kugel zu schweben scheint. Die steinerne Nadelspitze darunter ist eine Art Bilderbuch in Stein. Sechzehn Stockwerke bestehen jeweils aus einer vom Boden aus kaum zu erkennenden Fülle Hunderter Figürchen. Hunderte reliefartig dargestellter kleiner Tempelchen verzieren jeden einzelnen Reliefkranz ... und jedes dieser Tempelchen stellt ein Flugvehikel der Götter dar. Steigt da eine ganze Armada von Flugvehikeln gen Himmel?

Die eigentliche Sensation wird meistens übersehen und von Touristenführern verschwiegen: Mitten in diesem Gewimmel von halbplastischen Götterdarstellungen, von mächtigen irdischen Heroen und unzähligen kleinen Tempelchen ist eine fremdartige Darstellung versteckt. Man übersieht sie wirklich leicht in luftiger Höhe zwischen den vielen Darstellungen von Opfergaben und Spenden für die Götter.

Zeigen uns viele der kunstvoll gearbeiteten Halbreliefs Lobpreisungen des Herrschers, der den gewaltigen Bau ermöglichte? Und zwischendrin erkennt man, bei konzentrierter Aufmerksamkeit, einen Europäer in Hut und Anzug. Rechts und links wird er von zwei Kämpfern flankiert. Diese beiden Krieger sind mit Schwert und Schild bewaffnet. Sie halten ihre martialischen Attribute mit spielerischer Eleganz. Geradezu tänzerisch scheinen sie so etwas wie ein seltsames Ballett aufzuführen, annähernd spiegelbildlich zueinander. Dank meines 300-Millimeter-Teleobjektivs konnte ich die mysteriöse Darstellung im Bild festhalten.

Bedenken wir: Erst um das Jahr 1290 besuchte Marco Polo Indien, von seiner Chinareise zurückkehrend. Noch später, nämlich 1498, drangen portugiesische Handelsleute ins Landesinnere vor. Wann mögen die ersten Europäer in die Region von Brhadisvara gekommen sein? Wir wissen es nicht genau ... nur, dass zu jener Zeit der mysteriöse Tempel längst gestanden hat!

Warum setzten indische Künstler, deren Namen wir nicht kennen, das Bild eines Europäers an die Tempelpyramide ... und das im zehnten Jahr hundert christlicher Zeitrechnung, Jahrhunderte bevor der erste Europäer nach Indien kam? Handelt es sich bei dem „Mann mit Hut" um die prophetische Vision eines indischen Künstlers, der auf seine Weise die Ankunft der Europäer in Indien vorhersagte? Stellt die seherische Darstellung den kriegerischen Kampf der Inder dar, die sich gegen die mit Gewalt vorrückenden Europäer zu verteidigen suchten?

7.1. Mann mit Hut (Brhadisvaratempel, Tanjavur)

8. Vimanas, Flugvehikel der Götter

Indien ist nicht nur das Land der Tempel, die vor vielen Jahrhunderten errichtet wurden. Indien ist nicht nur das Land der heiligen Tradition, Flugvehikel in Tempelform zu verewigen. Indien ist auch das Land der auch heute noch lebenden Vimana-Tradition. Immer wieder sieht man – oft an zentralen Plätzen – scheinbar roh zusammengezimmerte Hütten eigentümlicher Form. Sie dienen nicht etwa als Unterkunft für Arme. Es sind mit einfachen Mitteln imitierte „Tempeltürme". So wie die altehrwürdigen steinernen Monumente erinnern sie an jene Zeiten, als Götter aus dem Kosmos zur Erde herabstiegen und die Menschen besuchten.

Die „Raumfahrt" unserer Zeit, die Astronauten zum Mond brachte, nötigt schriftkundigen Indern nur ein müdes Lächeln ab. In der Tat muten die Raketen der Menschheit zu Beginn des dritten nachchristlichen Jahrtausends armselig an ... im Vergleich zu den gewaltigen Raumschiffen der Götter Indiens, die vor Jahrtausenden zur Erde kamen.

„Andere Menschen dagegen leben nur in der Gegenwart. Sie betrachten die Gegenwart als das Vollkommene, als das Produkt der Entwicklung, und sie halten es für überflüssig, sich mit der Vergangenheit zu befassen." So schrieb der langjährige Bürgermeister meiner Heimatgemeinde Michelau (Oberfranken), Johann Nemmert, im Vorwort zum Büchlein „Ein Beitrag zur Michelauer Ortsgeschichte" (Michelau/ Lichtenfels 1958)

In der Welt der Wissenschaften scheint diese Philosophie weit verbreitet zu sein: In grauer Vorzeit ... zum Anbeginn ... gab es einen Big Bang im Universum. Und von da an entwickelte sich alles evolutionär: Das Höher entwickelte folgt dem Weniger-Entwickelten. Das Bessere geht aus dem Schlechteren hervor. Aus primitivsten Lebensformen im Einzellerbereich entwickelten sich nach und nach komplexere. Aus „primitiven Tieren" wurden irgendwann im Lauf der Zeiten unsere Vorfahren, aus denen der heutige intelligente Mensch hervorging. Wir sind, um es bildhaft auszudrücken, die Krone der Schöpfung. So wie sich das Leben vom Einzeller zum heutigen Menschen entwickelte ... so evolutionär verlief demnach auch die Geschichte der Menschheit: von primitiven Gesellschaften bis zur heutigen modernen Zivilisation.

Folgt man dieser Vorstellung, dann hat der Mensch heute den höchsten Entwicklungsstand aller Zeiten. Mensch und Zivilisation sind gleichermaßen Ergebnisse von Evolution. In diesem Weltbild gibt es keinen Platz für die altindischen Vimanas, die Flugvehikel der Götter. Erst wir Menschen beginnen langsam Raumfahrt zu betreiben. Wir, als Krone der Schöpfung, stoßen die Tür ins Universum auf. Raumfahrt darf es vor Jahrtausenden nicht gegeben haben.

Und doch gibt es in den altindischen Epen und heiligen Dichtungen, die ganze Bibliotheken füllen, unzählige Hinweise auf Vimanas, auf Flugvehikel der utopischsten Art. Strenge Vertreter der „Der Mensch ist die Krone der Schöpfung"-Theorie dulden auch keine außerirdischen Zivilisationen, die der unseren um Jahrtausende der Entwicklung überlegen sind.

Einst sollen riesige Weltraumstädte aus den Tiefen des Alls zur Erde gekommen sein. Vimanas pendelten zwischen Himmel und Erde, brachten die fremden Besucher in irdische Gefilde und wieder zurück in ihre riesigen Weltraum-Siedlungen. Parallelen zwischen Ägypten und Indien sind nicht zu übersehen: Pyramiden kennen wir aus Ägypten. Sie begegnen uns auch in Indien: als pyramidenförmige Tempeltürme. Einst thronte im Land am Nil auf der Spitze von Pyramiden und Obelisken ein heiliger Stein, genannt Benben. Bei den indischen Tempeln sind es oft pyramidenartige, steil aufragende Türme, die die sakralen Bauwerke dominieren.

Interpretieren wir modern, sozusagen mit „Weltraumfahrerbrille": Der Obelisk symbolisiert so etwas wie eine Rakete, mit der einst in grauer Vorzeit Atum-Ré von seiner himmlischen Heimat zur Erde herabstieg. War der Benben-Stein so etwas wie eine Landekapsel? „Das wahrscheinlich metallene Raumschiff wurde wegen der Härte und Festigkeit des Materials als ›Art harter Stein‹ bezeichnet, der ›glänzt‹ und ›in den Himmel aufschießt‹." schreibt

Peter Fiebag in seinem hochinteressanten Aufsatz „Der Obelisk: Symbol für ein Raumfahrzeug?"

Wie auf der Spitze der Pyramiden und der Obelisken thront auch heute noch ganz oben auf vielen Tempeltürmen Indiens etwas Ähnliches, nämlich eine Art heiliger Stein etwas wie ein Flugvehikel der Götter. Bis heute ist unklar, wie diese gewaltigen Kolosse in luftige Höhen geschafft wurden.

Der Begriff „Gott" ist im christlichen Abendland positiv besetzt. Gern wird auch vom „lieben Gott" gesprochen. In Indien ist das anders. Gott ist dort weder das personifizierte Gute noch ein Sinnbild für alles Gute. Seit Jahrtausenden weiß man in Indien, dass die himmlischen Wesen auch durchaus negative Eigenschaften hatten. Sie harmonierten selten miteinander, bekämpften sich häufig heftig. In der Wahl ihrer Mittel waren sie dabei nie zimperlich. Mit brachialer Gewalt versuchten sie, die göttliche Konkurrenz zu vernichten. Zahllose Berichte von Götterkämpfen und Kriegen sind in heiligen Büchern überliefert. Sie erinnern uns an heutige Science-Fiction Filme à la Steven Spielberg.

Einst kamen – folgt man den uralten Überlieferungen – riesige Weltraumstädte aus den Tiefen des Alls und zogen dann ihre Bahn um die Erde. Arjuna zum Beispiel griff vehement das riesengroße Raumschiff Hiranyapurna an. Die attackierten Götter wehrten sich heftig. Sie starteten ein fliegendes Kampfgeschwader, das mit Furcht einflößenden Waffen ausgerüstet war. Arjuna freilich ließ sich nicht beirren. Er feuerte ein „Raketengeschoss" ab, das exakt ins Ziel traf. Die Weltraumstadt explodierte und wurde in Stücke gerissen. Brennend und qualmend stürzten die Trümmer auf die Erde. Einige mögen auf dem Land eingeschlagen sein, die meisten versanken im Meer.

Derlei kriegerische Auseinandersetzungen wurden in enormer Höhe, im erdnahen Weltraum ausgefochten, aber auch in geringeren Höhen. So vermeldet das heilige Epos „Bhagavata", dass Salva einst die Stadt Dvaraka mit seinem Flugzeug angriff und mit Geschossen überschüttete. Krisna versuchte, rettend einzugreifen. Er lockte den Angreifer von der Stadt weg und verwickelte ihn in eine Luftschlacht.

Salva fühlte sich unterlegen. Er würde den Kampf nicht gewinnen. Also versuchte er sein Heil in der Flucht. Womöglich wurde er dabei getroffen. Seine Flugmaschine mag beschädigt worden sein. Kurzzeitig landete er im Meer, stieg aber kurz darauf bereits wieder mit enormer Geschwindigkeit empor – bis in eine Höhe von 1.300 Metern. Krishna zeigte kein Mitleid. Er feuerte ein Raketengeschoss ab. Salvas Los war entschieden. Er konnte der Gefahr nicht entrinnen. Die Rakete folgte ihm, wurde vom Geräusch von Salvas Flugzeug gelenkt. Salva starb in einem glühenden Feuerball.

Im 7. Buch des wohl ältesten Epos der Menschheitsgeschichte, des „Mahabharata", werden Götterwaffen beschrieben, deren Wirkungsweise mit der von Atombomben gleichgesetzt werden muss. Über eine dieser Waffen heißt es: „Sie schoss hoch in die Lüfte, und Flammen brachen aus ihr hervor, die dem Feuer glichen, das die Erde am Ende des Erdzeitalters verschlingt. Tausende von Sternschnuppen fielen vom Himmel. Die Tiere in den Gewässern und auf dem Land erzitterten vor Angst. Die Erde bebte."

Die fürchterlichen Geschosse waren „mit der Kraft des Universums" ausgestattet. Sie explodierten mit vernichtender Gewalt, wobei „eine weißglühende Säule von Rauch und Flammen, so hell wie zehntausend Sonnen" entstand. „Die unbekannte Waffe ist ein strahlender Blitz, ein verheerender Todesbote, der alle Angehörigen der Vrischni und der Andhala zu Asche zerfallen ließ. Die verglühten Körper waren unkenntlich. Denjenigen, die davonkamen, fielen die Haare aus. Töpfereien zerbrachen, Vögel wurden weiß. In kurzer Zeit war die Nahrung vergiftet. Der Blitz senkte sich und wurde feiner Staub. Um diesem Feuer zu entkommen, stürzten sich die Soldaten in die Flüsse, um sich und ihre Ausrüstung zu waschen. Es war, als seien die Elemente losgelassen, die Sonne drehte sich im Kreise. Von der Glut der Waffen versengt taumelte die Welt in Hitze. Tausende von Wagen wurden vernichtet. Dann senkte sich tiefe Stille. Es bot sich ein schauerlicher Anblick. Die Leichen der Gefallenen waren von der fürchterlichen

Hitze verstümmelt, so dass sie nicht mehr wie Menschen aussahen."

Derlei Texte beschäftigten auch Dr. Robert Oppenheimer, der in den Jahren 1943-1945 Leiter der Atombombenentwicklung in Los Alamos war. Als die erste Test-Atombombe gezündet worden war, zitierte Physiker und Sanskritkenner Oppenheimer einen altindischen Vers aus dem „Mahabharata": *„Ich habe die Gewalt des Universums entfesselt. Nun bin ich zum Zerstörer des Universums geworden."*

Sieben Jahre später hielt Dr. Oppenheimer einen Vortrag an der Universität von Rochester. Als es im Anschluss daran zu einer Diskussion kam, fragte ein Student, ob denn die Atombombe von Alamogordo die erste gewesen sei, die man gezündet habe, oder ob es nicht vielleicht schon früher bereits ähnlich erfolgreiche Tests gegeben habe, die bislang der Öffentlichkeit verheimlicht worden waren. Kaum jemand verstand die Aussage Oppenheimers: *„Well. Es war die erste, ja. Jedenfalls in moderner Zeit!"* Oppenheimer ging also davon aus, dass es bereits in vorgeschichtlichen Zeiten atomare Explosionen gegeben hat - im Alten Indien.

8.1. Brhadiswara, Vimana, ganz oben

8.2. Brhadiswara-Tempel Gesamtansicht des Turms

9. Science-Fiction - Realität vor Jahrtausenden?

Gotteshäuser sind im christlichen Abendland Häuser der Versammlung und der Andacht. Gebete werden gesprochen, Lieder werden gesungen und Priester predigen. Im „Alten Indien" waren Tempel mehr: Orte der Versammlung, aber auch Abbilder der himmlischen Flugvehikel, der Vimanas der Götter. Was heilige Texte überlieferten, das wurde auch in sakraler Tempelarchitektur verewigt. Terra Mysteriosa hat viel zu bieten!

Einst gab es „heilige Tänze", die von wissenden Frauen aufgeführt wurden. In Pantomimen und symbolhaft-bedeutsamen Gesten wurden uralte Geschichten erzählt: von „Göttern", ihrem Wirken auf Erden und von ihren „Vimanas".

Sollten „Vimanas" nicht nur in religiösen Texten beschrieben, sondern zusätzlich noch in Tempelform plastisch dargestellt werden, damit sich Menschen auch noch nach Jahrtausenden an die fantastisch anmutenden, nichtsdestotrotz aber realen Vorgänge erinnern können würden? Sollte uns auf diese Weise etwas verdeutlicht werden? Erschwert wird das Auffinden uralten Wissens durch die schier unüberschaubare Flut von heiligen Texten, die sich im Verlaufe von Jahrtausenden angesammelt haben. Selbst Experten können nur einen Bruchteil davon wirklich ernsthaft studieren und überprüfen.

Und doch können wir die alten Quellen studieren. Und wir sollten sie endlich wirklich ernst nehmen! Die schier unüberblickbare Fülle uralten Textmaterials macht die Suche nach Beschreibungen der „Vimanas" allerdings zu einer Arbeit für Generationen von Forschern. Manch fantastischer Fund wurde schon getätigt. Die schier ellenlangen Namen und Bezeichnungen strapazieren die europäischen wie amerikanischen Zungen. Das darf uns nicht abschrecken! Trotzdem sollten wir die alten Quellen weit intensiver studieren, als dies bisher geschah!

Und „heilige Texte" gibt es in Hülle und Fülle. Sie wurden zum Beispiel auf schmalen „Palmblatt-Büchern" aufgeschrieben. Da diese nicht ewig haltbar waren, mussten sie immer wieder abgeschrieben werden. Die Kopisten waren angehalten, wortgetreu die Vorlagen auf frische Palmblätter zu übertragen. Nichts durfte ergänzt, nichts durfte weggelassen werden.

Aber Vorsicht: Stellen wir uns vor, altindische Texte enthalten Hinweise auf prähistorische Weltraumtechnologie. Nehmen wir an, ein Sprachkundiger überträgt altindische Texte in eine europäische Sprache. Was wird dann aus dem Text, wenn das im 19. Jahrhundert geschieht? Der Übersetzer hat keine Ahnung von utopischer Weltraumtechnologie, also wird man Hinweise etwa auf Raumfahrttechnik in seinen Texten nicht mehr finden können. Was einst reale Wirklichkeit beschrieb, wird aus Unkenntnis zu mythologischem Kauderwelsch.

Und wenn so ein Text in unseren Tagen übersetzt wird? Dann sind dem Sprachkundigen doch Begriffe aus der Weltraumtechnologie bekannt. Dann sind für so einen Spezialisten Weltraumfahrt, Satelliten und Laserwaffen kein esoterischer Humbug. Wird er also eine korrektere Übertragung der Schriften aus dem Sanskrit der uralten Zeiten liefern? Möglich ist das, aber nicht zwingend!

Es kommt nicht nur darauf an, was man wissen könnte, sondern was man wissen möchte! Religiöse Fanatiker blenden alles aus, was sich nicht mit ihrem Glauben vereinbaren lässt. Sie meinen zu wissen, was sie glauben. Woran sie nicht glauben, kann es für sie nicht geben. Sie glauben nicht, was sie sehen. Vielmehr sehen sie nur, was sie glauben. Ihr Realitätssinn ist getrübt. Leider sind von diesem Syndrom nicht nur religiöse Sturköpfe befallen, sondern auch Wissenschaftler. So mancher Wissenschaftler meint, die Wirklichkeit zu erforschen. Doch klammert er manches aus, was es seiner Überzeugung nach nicht geben darf.

Selbst kundige Übersetzer der heiligen Sanskrittexte begehen gravierende Fehler: wenn sie nicht glauben wollen, dass schon vor Jahrtausenden riesige Weltraumstädte um die Erde kreisten. Prof. Kanjilal monierte, dass dann aus Kämpfen zwischen Weltraumstädten im All leicht Gefechte zwischen Städten auf der Erde werden. Übersetzer, die nichts von der Weltraumtechnologie der alten Götter wissen wollen, machen dann aus „Kämpfen in der Luft mit fliegenden Wagen" irdische „Kämpfe auf den Bergeshöhen mit Wagen". Und schon sind faszinierende Hinweise auf eine fantastische Vergangenheit verschwunden!

Das „Vymaanika Shaastra" beschreibt präzise geheimnisvolle Gerätschaften, die heute leicht identifiziert werden können. Bei dem sogenannten „Visvakriyadarpana" handelte es sich offensichtlich um ein Teleskop. „Shaktyakarsanayantra" war ein „Spiegel", der dazu benutzt wurde, weit entfernte Objekte sichtbar zu machen. Der Text gibt genau an, wie der „Wunderspiegel" herzustellen ist, listet präzise die Substanzen auf, die verwendet werden müssen. Der Stoff, aus dem das „Mirakel" bestand, setzte sich zusammen aus „fünf Teilen Quecksilber, sechs Teilen Glimmer, acht Teilen Perlenpuder, zehn Teilen Granitsalz, acht Teilen Salz". Nach Reinigung der einzelnen Stoffe, so vermerkte der Text, müssen sie auf 800 Grad erhitzt, schließlich verflüssigt und in die vorbereiteten Formen gegossen werden.

In den gewaltigen, Jahrtausende alten Epen der altindischen Literatur, die ganze Bibliotheken füllen, finden sich zahlreiche Hinweise auf eine überlegene Technologie. Immer wieder geht es um Apparaturen, mit denen die Raumschiffe ausgestattet waren. Einige Beispiele seien genannt: „Parivesayantra" war ein technisches Gerät, das man benötigte, um mit einem „Vimana" Kontakt aufzunehmen. Offensichtlich handelte es sich da bei um ein Kommunikationssystem. Ein „Vyairoopyadarpana" kontrollierte das „Vimana" und stellte „Verbiegungen" selbstständig fest. Offenbar sollten so auch schon geringe Schäden an einem Raumschiff entdeckt werden, sodass frühzeitig Reparaturen vorgenommen werden konnten. „Sabdakendramukha" ließ „Lärm ausströmen". Es könnte sich um eine Art Sonarsystem gehandelt haben: Schallwellen wurden abgegeben, um Hindernisse frühzeitig zu erkennen, etwa bei Tiefflügen. Oder war es ein Antriebsaggregat, das höllischen Lärm machte? „Saktyudgamayantra" befand sich im Zentrum des „Vimana" und erzeugte Energie. „Saktipinjara" kontrollierte die Kraftmaschine.

„Angopasamharanayantra" verkleinert eine Flugmaschine. Der Mechanismus zieht den Flugapparat zusammen. Was ist damit gemeint? Heute gibt es Flugzeuge, die ihre Flügel nach der Landung auf einem Flugzeugträger zusammenfalten können.

Wie soll derartiges Wissen, das so gar nicht zu einer Jahrtausende alten Kultur auf Planet Erde zu passen scheint, ins Alte Indien gelangt sein? Die Antwort klingt verblüffend. Einst tauchten nach altindischen Überlieferungen riesige „Weltraumstädte" am Himmel auf. Sie drehten sich ständig um die eigene Achse. So wurde in ihrem Inneren künstliche Schwerkraft erzeugt.

„Saubhika" war die Bezeichnung des Kommandeurs einer Riesenraumstation à la Oberth. Sein Berufsbild wird von den altindischen Texten so umschrieben: *Jemand, die Kunst des Fliegens einer Raumstadt kennt*". Prof. Kanjilal: „*Die Beschreibung von einer Anzahl um sich selbstdrehender Städte im Weltall, die bezeichnet sind als ›Vaihayasu‹, ›Gagancara‹ und ›Khecara‹, erscheinen im ›Vanaparvan‹ des ›Mahabharata‹. Im ›Sabhaparvan‹ finden sich ebenfalls Beschreibungen von Raumstädten, von Maya erbaut. Was erstaunlich an dieser Beschreibung ist, dass diese ›Sabhas‹ sich in unveränderten Bahnen rund um die Erde bewegten. Ihre Eingänge waren weit genug, um schmalen Flugzeugen den Durchgang zu ermöglichen.*"

Im altindischen Epos „Krsnayajuveda" wurden um 3.000 v. Chr. ältere Textteile zu einem neuen Ganzen verwoben. Niemand weiß, wann die ältesten Vorlagen entstanden. Das „Krsnayajuveda" geht auf den kriegerischen Aspekt der Riesenstädte im All ein. So heißt es, dass der Sternenkrieger Rudra seine Geheimwaffe einsetzte, um die bis dahin als unüberwindbar geltenden Weltraumhabitate zu vernichten. Er feuerte einen mächtigen „Pfeil" ab, dem eine ganz besondere Kraft innewohnte. Sie bestand aus der „Hitze des Feuers" und den „Strahlen des Mondes". Sollte es sich um eine nukleare Waffe gehandelt haben?

Das Epos „Mahabharata" gehört zu den umfangreichsten Werken der religiösen Weltliteratur und dürfte eines ihrer ältesten sein. Im „Mahabharata" wird die Zerstörung der drei Weltraumstädte im All bestätigt. Gewaltige Energien waren dafür erforderlich: die Hälfte der gesamten Kraft der Götter. Im persönlichen

Gespräch erklärte mir Prof. Kanjilal faszinierende Einzelheiten: *„Eine der drei fliegenden Städte befand sich in einem stationären Orbit, eine weitere bewegte sich frei am Himmel und die Dritte war am Boden stationiert. Die drei Städte konnten aber zu einer Einheit verbunden werden, also aneinander gedockt werden. Shivas Pfeil wurde offenbar von einem militärischen Satelliten aus abgefeuert."* Prof. Kanjilal weiter: *„Bei Shivas Waffe handelte es sich nicht um ein Fantasiegebilde, sondern um eine aufflammende Rakete, die von einem fliegenden Satelliten aus abgefeuert wurde. Diese Waffe war offenbar im Weltraum stationiert worden."*

In mystisch-mythischen Versen werden immer wieder „Star Wars" Szenarios beschrieben, so wie wir es aus SF-Filmen kennen. Doch der Krieg der Sterne fand schon statt: vor Jahrtausenden, am Himmel über den Köpfen unserer Vorfahren!

Setzten sie Nuklearwaffen oder eine andere uns vollkommen unbekannte, mindestens ähnlich wirksame Waffentechnologie ein? Wie auch immer: Nach der Zerstörung der drei Weltraumstädte wurden die besten Ingenieure damit beauftrag, ein Weltraumhabitat zu schaffen, das wirklich unbesiegbar und unzerstörbar war. Angeblich soll es gelungen sein, eine unsichtbare Weltraumstadt zu entwickeln. Anno 1998 gelang es US-Militärs, eine Flugmaschine zu bauen, die per Radar nicht mehr erfassbar, also „unsichtbar" ist. Aber auch an einer „Tarnkappe", die Menschen, Panzer, Flugzeuge oder Schiffe wirklich im wahrsten Sinne unsichtbar macht, wird fieberhaft gearbeitet.

Shiva soll es geschafft haben, eine Waffe zu entwickeln, die selbst die „unzerstörbare" Stadt vernichten konnte. Sein neuer Kampfflieger war „so hoch, so geräumig wie ein spitz zulaufender Hügel konstruiert". Im „Matsyapurana"-Text wird ein fürchterlicher Kampf geschildert. Im „Matsyapurana"-Epos (Kapitel 129, V. 20-21, 30-34 und 140, V. 40-44) wird Folgen des berichtet:

„Eine grausame Schlacht entwickelte sich zwischen Shiva und den Dämonen. Maya mit seiner dreistufigen, fliegenden Stadt wich gegen den Ozean hin aus. Shivas Fahrzeug folgte ihm. Taraka wurde von Shiva getötet und Nandi tötete den Dämon Vidyunmali. Aber Maya führte seinen unbarmherzigen Krieg fort. Shiva gab Maya den Rat, sich in den

Wassern zu verstecken, welchen Maya befolgte." Die drei „fliegenden Städte" führten ein Manöver durch, dockten aneinander an. Das half ihnen aber nicht. „*Augenblicklich warf Shiva einen machtvollen Pfeil, drei Arten von Kraft waren in ihm vereint. Der Pfeil oder die Rakete beleuchtete den Himmel mit ihrer goldenen Färbung ... Nach dem Mahabharata fiel die brennende fliegende Stadt mit lautem Getöse in den westlichen Ozean.*"

Ein friedliches Bild soll meine Exkursion in die fantastische Welt altindischer Überlieferungen schließen. Der mächtigste Gott Indiens war – und ist – Shiva. Shiva hatte einen göttlichen Sohn: Ganesha. Ganesha wird schon seit „ewigen Zeiten" als Vermittler zwischen seinem Vater Shiva und den Menschen angesehen. Er wird als Mischwesen dargestellt: Auf dem Körper eines Menschen sitzt der Kopf eines Elefanten. Wer Shivas göttlichen Beistand sucht, bittet Ganesha um Hilfe als Vermittler zwischen einem Irdischen und dem Höchsten. Als besonders glücksbringend gilt es, von einem Elefanten „gesegnet" zu werden. Es ist ein ganz besonderes Gefühl, diese huldvolle Geste zu empfangen, die schon kleine Elefanten spenden. Sanft legte so ein jugendlicher Repräsentant Ganeshas seinen geschmeidigen Rüssel auf mein Haupt.

9.1. Altes Wissen in anmutiger Schönheit getanzt

10. Besuch in einer Palmblattbibliothek

Seit über 50 Jahren bereise ich die Welt, um für meine Bücher zu recherchieren. Von Ägypten bis Vanuatu (Südsee) war ich in den vergangenen vier Jahrzehnten unterwegs, um vor Ort die großen Geheimnisse unseres Planeten zu erkunden. Immer wieder stieß ich auf Geheimnisvolles. Die Realität ist oft sehr viel rätselhafter als die Beschreibungen in den Lehrbüchern vermuten lassen. Und so manches Mysterium kommt in den Lehrbüchern gar nicht vor. Mir drängt sich immer mehr der Eindruck auf, dass in „wissenschaftlichen Werken" gern verschwiegen wird, wofür es noch keine plausible Erklärung gibt.

So machte ich im Lauf der vielen Jahre so manche Entdeckung. Auf meinen Reisen erlebte ich immer wieder Faszinierendes. Manche Spur aber hat sich als nicht besonders ergiebig erwiesen. Manche Recherche ergab: Das vermeintliche „Geheimnis" ist gar keines ...

Nach Indien haben mich nicht nur die geheimnisvollen Tempel gelockt, sondern auch die mysteriösen Palmblattbibliotheken. Vor Ort aber gab es Ernüchterung.

Auf die „Palmblattbibliotheken" machte mich Johannes von Buttlar durch sein Buch „Zeitsprung" (München 1977) aufmerksam. Staunend las ich da: „*Es ist höchst verwunderlich, dass auf den Palmblättern immer der genaue Name des Betreffenden genannt wird und auch nur derjenigen Angehörigen, die am Tage des Besuches in der Bibliothek noch leben. Das bisherige Leben des Besuchers wird in allen Einzelheiten so bildhaft geschildert, als hätte der längst verstorbene Verfasser des Palmblattes persönlich daran teilgenommen.*"

Das klang wirklich sehr interessant. Sollte vor vielen Jahrhunderten ein Kreis von seherischen Propheten gewusst haben, welche Menschen aus aller Welt so eine Palmblattbibliothek aufsuchen würden? Sollten vor Jahrhunderten Informationen über diese Menschen verewigt worden sein, über ihre früheren Leben, über ihr aktuelles Leben und über ihren künftigen Leben? Sollte es in Indien handfeste Beweise für übersinnliche Kräfte begnadeter Seher geben, die vor vielen Jahrhunderten lebten und wirkten?

Im November 1996 machte ich mich nach ausführlichen Recherchen in deutschen Bibliotheken auf den Weg. Begleitet wurde ich von einigen Leserinnen und Lesern meiner Bücher. Organisiert und sorgsam vorbereitet habe ich die Reise zusammen mit Julia Zimmermann, Bonn. Bereits Monate vor Reiseantritt erbat und erhielt die Palmblattbibliothek von Poosa Muthu in Vaithisvarankoil einige Informationen über unsere kleine Reisegesellschaft: den Namen, das Geburtsdatum und die genaue Geburtszeit und einen sauberen Daumenabdruck auf Papier jedes Teilnehmers unserer Gruppe.

Ich war unvoreingenommen, wartete voller Spannung auf den Besuch in der Palmblattbibliothek. Würden sich die aus der Literatur bekannten, teilweise fantastischen Schilderungen als wahr erweisen? Schließlich und endlich war es dann soweit: Auf der Fahrt von Chidambaram nach Vaithisvarankoil in einem kleinen Bus wuchs die Spannung. Angeblich gehörte die von uns ausgesuchte Palmblattbibliothek zu den besten ihrer Art.

Die Umgebung der „Palmblattbibliothek" war höchst ärmlich. Armselige Behausungen boten den Bewohnern notdürftig Schutz vor den Wetterunbilden. Auf staubigen Straßen fuhren Pkws, Busse und Fahrräder. Rinder trotteten des Wegs. Menschen zerrten kleine, aber schwer beladene Karren. Kleine Garküchen an Straßenecken boten kleine Imbisse an. Keine Frage: Das Leben der Menschen war alles andere als einfach. Die Menschen waren, wenn es um materielle Güter geht, arm. Und doch machten sie keinen depressiv-traurigen Eindruck. Die Menschen lächelten. Sie strahlten förmlich. Wenn ich da an die in unseren Breiten des Wohlstands weitverbreitete Griesgrämigkeit denke ...

Ein Kontrast zu den einfachen Hütten der Menschen war das gewaltige Schild auf dem Dach jenes Hauses, wo man angeblich mit den Palmblättern über uns auf uns wartete, die angeblich vor vielen Jahrhunderten aufgeschrieben und immer wieder kopiert worden waren. Groß war auch der Kontrast zwischen dem Leiter der Bibliothek Poosa Muthu und der Bevölkerung von Vaithisvarankoil. Während die Bevölkerung offensichtlich in Armut lebte,

demonstrierte Poosa Muthu
stolz seinen Wohlstand. Goldschmuck glänzte. Goldge-
schmückt waren auch die Angestellten Poosa Muthus.

Beim Betreten der Biblio-
thek wurde uns bedeutsam
zugeraunt, dass wir als besonders würdig erachtet würden.
Und so werde uns eine beson-
dere Ehre zuteil: Leiter Poosa Muthu persönlich würde uns empfangen. Und in der Tat: Poosa Muthu begrüßte uns tatsächlich
persönlich und erklärte uns – stets huldvoll lächelnd – den weiteren Ablauf des Tages.

Zunächst einmal ging es um den schnöden Mammon: Pro Person waren 4.000 Rupien zu entrichten. Das entsprach damals etwa
200 DM oder 100 Euro. 100 Euro mögen auch in unseren Gefilden
als Lohn für einen Wahrsager üblich sein. In Indien aber entspra-
chen 4.000 Rupien in etwa dem Monatslohn eines gut verdienen-
den Beamten oder zwei Monatsgehältern eines Arbeiters. Ein
Knecht musste Ende der 90er mindestens ein halbes Jahr hart
schuften, um 4.000 Rupien zu verdienen.

Die Hälfte dieser Summe wurde bei unserem Besuch sofort ein-
kassiert, der Rest beim Verlassen der Bibliothek. Hatte man
schlechte Erfahrungen mit ausländischen Kunden gemacht? Wei-
gerten sich enttäuschte Kunden zu zahlen?

So ging es dann weiter: Die Unterlagen, die wir Monate vorab
geschickt hatten, waren „verschwunden". Vergeblich wurden sie
gesucht. Und so hatte man die Palmblätter für die Teilnehmer unserer Reise ins Land der Tempel noch nicht zurechtgelegt. Sie
mussten erst ausfindig gemacht werden. Damit das aber möglich
sei, so erfuhren wir, müssten wir „einige Fragen" beantworten.

Es müssten, so wurde uns erklärt, für jeden von uns die ganz
persönlichen Palmblätter in der Bibliothek gefunden werden: in
einem gewaltigen Meer von unzähligen Palmblättern. Denn für

jeden Besucher, der jemals die Bibliothek aufsuchen werde, lägen sorgsam gebündelte beschriftete Palmblätter parat.

Wir alle wurden in Einzelgesprächen befragt. Von „einigen wenigen Fragen" war zunächst die Rede. Das aber war maßlos untertrieben. Die Fragen wurden in Tamil-Sprache gestellt. Ein hauseigener Dolmetscher übersetzte sie ins Englische. Ich antwortete in Englisch. Meine Antwort wurde dann wieder in Tamil übersetzt.

Ich beantwortete geduldig anderthalb Stunden lang unzählige Fragen: zu meinen familiären Verhältnissen, zu meiner Frau, zu meinem Beruf, zu meinen Eltern und Großeltern. Diese Informationen seien erforderlich, um die jeweils passenden Palmblätter ausfindig machen zu können.

Aber genügt dazu nicht das exakte Geburtsdatum? Nein, wurde mir versichert. Natürlich würden weltweit zu jeder Sekunde viele Menschen geboren. Um sicher zu sein, auch wirklich meine Palmblätter vorliegen zu haben, seien die erfragten Informationen unverzichtbar. Auf meine Rückfrage versicherte man mir, dass mein Name nicht auf meinen Palmblättern stehe.

Nach einem ermüdenden Verhör von anderthalb Stunden machte man sich auf die Suche ... und präsentierte mir Stunden später stolz „meine" Palmblätter. Die Eintragungen waren in winzigen Zeichen in knappen Zeilenabständen notiert ... angeblich „vor vielen Jahrhunderten". Sie wurden in Tamil vorgelesen und ins Englische übersetzt.

Angeblich waren die Original-Palmblätter in Alt-Tamil beschriftet. Der kundige Leser übertrug die altehrwürdige Sprache in das heutige Tamil. Ein emsiger Schreiber hielt das Diktat in Neu-Tamil fest. In Windeseile sauste sein Kugelschreiber über die Seiten eines Schulheftes. Fast zwei Schulhefte wurden gefüllt. Diese Hefte durfte ich behalten.

Und siehe da, welch Wunder: Da stand geschrieben ... exakt das, was man mich zuvor gefragt hatte. Alle Auskünfte zu meiner Frau, zu meinen Eltern und Großeltern und zu mir, die ich selbst gegeben hatte ... wurden nun von den Palmblättern vorgetragen. Es gab nicht eine einzige noch so unbedeutende Information auf meinen Palmblättern, die ich nicht Stunden zuvor selbst offenbart hatte.

Ein Beispiel: Im „Verhör" hatte man mich aufgefordert: „Notieren Sie den Vornamen Ihres Vaters!" Und siehe da: Stunden später erklärte man mir, schon vor vielen Jahrhunderten sei der Vorname meines Vaters auf einem meiner Palmblätter notiert worden.

Ich erfuhr aber nicht nur, was ich sowieso schon wusste. So offenbarte man mir meine früheren Leben und die vor mir liegende Zukunft, bis zu meinem angeblichen Tode im Jahr 2025. Ernst nehme ich diese Prophezeiung nicht. Am 15.11.1995 wurde mir vorgelesen, meine liebe Mutter werde „noch sehr viele Jahre" leben und hochbetagt in ferner Zukunft sterben. Sie werde noch bei guter Gesundheit sein, wenn ich als steinalter Mann weltweit „zu Ruhm und Ehre komme". Leider hat sich diese Prophezeiung nicht bewahrheitet: meine Mutter verstarb nur wenige Monate später am 7.6.1996, mit nur 66 Jahren, also nicht „hochbetagt"! Künftige Erdenleben, so erfuhr ich, würde ich nicht mehr auf mich nehmen müssen. Vielmehr würde ich nach meinem Tod mit 71 Jahren sofort ins Nirvana eingehen.

Andere Teilnehmer sollten es schwerer haben: So habe eine mitreisende ältere Dame in einem früheren Leben besonders schlimme Schuld auf sich geladen. Sie sei damals anleitender Stelle verantwortlich für das Wohl und Wehe der Insassen eines Waisenhauses gewesen. Sie habe aus Raffgier das ihr anvertraute Geld unterschlagen. Anstatt zum Beispiel Essen für die armen Kinder zu kaufen, habe sie es für sich selbst ausgegeben. Ihre Zöglinge verhungerten. Bestraft werde die Dame in ihrem jetzigen Leben: durch Kinderlosigkeit. Ein schlimmes Karma laste auf ihr, nach und nach trage sie es ab. Zwei Möglichkeiten habe sie nun: Sie könne auch in künftigen Leben für die Verbrechen bestraft werden. Oder sie könne bei ihrer nächsten Reise zur Palmblattbibliothek zurückkehren und mit einer großzügigen Spende die Restschuld sozusagen abwaschen.

Nicht verschwiegen werden soll, dass es durchaus einige erstaunlich zutreffende Aussagen über Vergangenheit und Zukunft einiger Mitreisenden. Der Mitreisenden X wurde mitgeteilt, dass sie aus ihrer ersten Ehe ein Kind habe. Der Mitreisenden Y wurde vorgelesen: Ihr Großvater habe „kleine Häuschen in großen Häusern" gebaut, und die kleinen Häuschen „waren innen heiß". Tatsächlich war der Mann Ofensetzer. Mitreisender Z schließlich sollte bald nach der Lesung unerwartet eine schöne Summe Geldes erhalten. Auch das ist eingetroffen.

Mein persönliches Resümee: Der Besuch in der Palmblattbibliothek hat sich nicht gelohnt. Mir wurde aus meinen „Palmblättern" genau das vorgelesen, was ich bei der intensiven Befragung Stunden vorher selbst erzählt hatte. Was mir für die Zukunft prophezeit worden ist, hat sich entweder als falsch erwiesen, oder war sehr vage formuliert. Für mich war die besuchte Palmblattbibliothek kein Highlight meiner Reisen um die Welt.

Verallgemeinern aber will ich nicht: Ich habe eine von einer ganzen Reihe von Palmblattbibliotheken besucht. Aus Gesprächen mit Indienreisenden weiß ich, dass auch ganz andere, nämlich sehr positive Erfahrungen gemacht wurden.

10.1. In diesem Heft wurde notiert …   10.2. … was in meinem Palmblatt steht.

11. Mysteriöses Cusco

Die Luft ist dünn in etwa 3.500 Metern Höhe über dem Meeresspiegel. Ich sitze auf so etwas wie einem steinernen Thron, der vor vielen Jahrhunderten gemeißelt und poliert wurde. Sitzfläche und Rückenlehne sind blank poliert.

Wer thronte einst hier ... mit dem Rücken zu einem der großen Geheimnisse unseres Planeten? Weiter unten im Tal kriecht eine steinerne „Schlange" in Zickzacklinien dahin. Oder sind es drei Schlangen, von unbekannten Meistern der Baukunst aus gigantischen Steinbrocken gebildet ... jede fast 600 Meter lang? Aus der Distanz kann man am ehesten erfassen, wie lang der monströse Komplex von Sacsayhuamán bei Cusco, Peru, wirklich ist.

Seit über 50 Jahren beschreibe ich rätselhafte archäologische Monumente, die meiner Überzeugung nach von der Schulwissenschaft nicht erklärt werden können. Kritiker nehmen das gern zum Anlass, an meiner Glaubwürdigkeit zu zweifeln. Doch während ich seit Jahrzehnten die Welt bereise, begnügen sich manche Kritiker mit Antworten vom häuslichen Schreibtisch aus. Sie „widerlegen" gern nach dem Motto „Es kann nicht sein, was nicht sein darf!" Ich begnüge mich nicht mit „Recherchen" im häuslichen Arbeitszimmer. Ich recherchiere vor Ort. Und was ich immer wieder gesehen habe, beweist für mich ganz eindeutig: *„Es gibt fantastische Dinge, auch wenn es sie nach Gelehrtenmeinung gar nicht geben dürfte."* Nun kann man entweder die Realität bestreiten oder an der Schulwissenschaft zweifeln. Wenn die Wirklichkeit manchmal fantastischer ist als die trockene Lehre der Wissenschaft, dann muss man darüber nachdenken, ob es nicht an der Zeit ist, endlich die wissenschaftliche Gedankenwelt an die Realität anzupassen.

Zu den großen, ungelösten Rätseln der Vergangenheit gehören die mysteriösen Steinbearbeitungen aus uralten Zeiten. Vor Jahrtausenden wurden da massive Felsmassive bearbeitet, als sei dies mit spielerischer Leichtigkeit erfolgt. Geben uns die „Engel von Chinchero" Hinweise auf ein uraltes Geheimnis?

Unterwegs zu den Geheimnissen des mysteriösen Cusco machte ich Halt bei einem kleinen ländlichen Markt. Weithin schallte das Lachen spielender Kinder. Frauen in einfacher, sauberer Kleidung scherzten und priesen ihre Waren an. Manche hatten nur einige Maiskolben im Angebot. Andere boten gekochte Süßkartoffeln an. Auch Süßigkeiten wurden angepriesen.

Aus Sicht eines Europäers oder Amerikaners mögen diese Menschen sehr arm gewesen sein. Bescheiden waren auch die landwirtschaftlichen Produkte, die sie feilboten, meist Gemüse aus eigener Produktion. Jeder Verkauf löste Freude aus: bei den erfolgreichen Händlern, aber auch bei den „Nachbarständen". Emsig wurde Nachschub in Säcken herbeigeschleppt. Bei aller „Armut" waren die Menschen bester Laune. Sie strahlten mit der Sonne um die Wette. Ob sie letztlich ohne Aktiendepot, Bankkonto und stressbedingte Magengeschwüre nicht viel reicher waren als so mancher Europäer oder Amerikaner?

Ich schenkte einem kleinen Buben meinen „Cowboyhut". Und schon wurde ich zu einer heißen gekochten Süßkartoffel eingeladen. Ich revanchierte mich wiederum mit einem Pullover aus meinem Rucksack. Mein Präsent wurde dankend angenommen und ich bekam eine große Tüte mit gekochten Süßkartoffeln in die Hand gedrückt. Die Worte der freundlichen Menschen verstand ich nicht. Ihre Freundlichkeit aber bedurften nicht der Übersetzung. Und als ich mich wieder auf den Weg machte, da schämte ich mich für das unsägliche Leid, das meine Vorfahren den Inkas zugefügt haben, die beraubt, gefoltert und ermordet wurden. Dankbar und genüsslich verzehrte ich die Süßkartoffeln. Sie sättigten – und sie wärmten das Herz des Reisenden in der Fremde.

Cusco – auch Cuzco, Qusu und Qoso geschrieben – ist die Hauptstadt der Region Cusco im Zentrum des peruanischen Andenhochlandes, 3400 Meter über dem Meeresspiegel gelegen. Die uralte Metropole beherbergt heute den Sitz eines Erzbischofs. Der residiert würdevoll und nicht ohne Prunk. Wer sich für viele Jahrhunderte alte Gotteshäuser interessiert, wird in Cusco nicht enttäuscht werden. Allerdings ist Cusco heute nur noch ein Abglanz einstiger Größe. Und Cusco ist ein steingewordenes Denkmal europäisch-christlicher Überheblichkeit. Haben doch die „zivilisierten" Europäer das ursprüngliche Cusco weitestgehend zerstört, die uralten Tempel abgetragen und die christlichen Gotteshäuser auf den Grundmauern „heidnischer" Kultbauten errichtet.

Fast vollständig verschwunden sind sakrale wie weltliche Bauten der Inkas. Wobei die Grenzen zwischen religiös und politisch noch verschwommener waren als heute im christlichen Abendland. Aber auch die Bauten der Inkas waren keine „Erstlinge". Auch sie wurden auf noch älteren Grundmauern errichtet. Die Inkadenkmäler wurden rigide abgerissen, die Steine wurden wieder genutzt. Da und dort sind noch Original-Inka Mauern in Cusco erhalten: kleine Steine exakt zusammengefügt, keine Kolosse wie in Sacsayhuamán. Und doch gibt es nach wie vor steinerne Erinnerungen an die glorreiche Zeit der Inkas!

Einer der größten Tempel der Inkas war der Sonne geweiht: Quorikanchal. Er muss für die Inkas von ganz besonderer Bedeutung gewesen sein. Die Spanier versuchten das massive Bauwerk abzutragen, was ihnen auch weitestgehend gelang. Auf den Grundmauern des einstigen Heiligtums entstanden das Kloster und die Kirche von Santo Domingo. Ein Erdbeben ließ anno 1950 – Jahrhunderte nach dem Sieg der christlichen Spanier über die heidnischen Inkas – Kirchen- und Klostermauern der Christen einstürzen. Das gewaltige Erdbeben legte massives Gemäuer aus Inkazeiten frei ... Wer an das Eingreifen „göttlicher Kräfte" glaubt, mag sich fragen, wieso Ende des zweiten nachchristlichen Jahrtausends christliches Mauerwerk fiel, während verhasstes Inka-Mauerwerk den Naturgewalten trotzte und wieder zum Vorschein kam? Sollte dies ein Hinweis auf die Stärke der Inka-Religion sein? Wie auch immer: Mitte des 20. Jahrhunderts wagte niemand, das Inkagemäuer zu zerstören. Die christliche Kirche wurde restauriert, um die alten Inkamauern herum.

Nach Aufzeichnungen spanischer Chronisten sollen in einem heute dunkel und düster wirkenden Raum die Mumien verstorbener Inkaherrscher auf goldenen Thronen gesessen haben. Die Wände waren demnach alle mit Gold und Silber tapeziert. Eine mächtige Scheibe aus Gold sei einst sakrales Objekt uralten Kultglaubens gewesen. Sterne aus Gold und Silber hingen an den Decken. Die präzise ausgerichteten Fenster hätten an wichtigen Tagen (Sommersonnwende und Wintersonnwende) die Goldschätze im Tempelgemäuer erstrahlen lassen.

11.1. Monstermauern von Sacsayhuamán

11.2. Hier lagerten unvorstellbare Goldschätze

Den Spaniern war der „heidnische Aberglaube" aus religiösen Gründen angeblich ein Gräuel. Gegen das Gold und das Silber, das die Tempel eben dieses angeblich so bösen Glaubens schmückte, hatten die christlichen Plünderer nichts einzuwenden. Sie rissen es von den Wänden und schmolzen es zu handlichen Barren ein. Den Priestern von Santo Domingo sind die heidnischen Gemäuer alles andere als lieb. Fotografieren ist verboten. Archäologische Ausgrabungen, die weiteres Inkagemäuer zutage fördern könnten, werden untersagt.

Der Inkaherrscher Pachautec (1348-1471) war es, der die uralte Stadt in neuem Glanz neu erblühen lassen wollte: die Metropole, die einst vom mythischen Schöpfergott Viracocha gebaut worden sein soll. Bei Pacari Tambo, östlich von Cusco gelegen, sollen einst vier Schwestern und vier Brüder aus einem unterirdischen Tunnel gestiegen sein. Einer der Brüder schleuderte vier Felsbrocken, so heißt es, in die vier Himmelsrichtungen. So sollen die Grenzen des Inkareiches festgelegt worden sein.

Mag sein, dass „Cusco" in der Quechua-Sprache so etwas wie „Nabel/ Mitte der Welt" bedeutete. Das zumindest behauptet der Chronist Garcilaso de la Vega. Nach dem Chronisten Juan de Betanzosindes („Suma y Narración de los Incas", 1551) war schon zu Zeiten der spanischen Eroberer (zutreffender wäre Plünderer und Zerstörer einer uralten Kultur) nicht mehr bekannt, wie der Name zu verstehen sei. Wenig hilfreich ist die Information, dass Cusco ursprünglich „Acamama" hieß, denn auch dieser Name lässt sich nicht wirklich übersetzen. Oder besser gesagt: Die Übersetzung ist umstritten. „Mama" macht keine Probleme: „Mutter". Aber was heißt „aca"? In der Quechua-Sprache bedeutet „Aca" in etwa „Schmutz/Abschaum". Was aber soll dann „Acamama" bedeuten? „Mutter des Schmutzes" kommt uns in den Sinn.

Denken wir an den ersten Menschen der Bibel, der von „Gott" aus Lehm geformt und deshalb Adam genannt wurde. Weist der „Schmutz" in „Acamama" darauf hin, dass hier die Göttin, die Muttergottheit, aus dem Schmutz der Erde den ersten Menschen schuf? Erinnert „Acamama" an den verschollenen Glauben einer uralten matriarchalischen Kultur, in der einst die große Göttin –

und kein männlicher Gott – angebetet und verehrt wurde? Tatsächlich sahen sich die Tampus – ein zur Gruppe der Quechua-Indianer gehörender Stamm – als die ältesten Menschen überhaupt an. Der Überlieferung nach haben sie einst die Gegend von Cusco bewohnt – eine Art „Paradies"?

12. Unterirdische Gänge und die Monstermauer von Cusco

Erinnern wir uns: „Bei Pacari-Tambo, östlich von Cusco gelegen, sollen einst vier Schwestern und vier Brüder aus einem unterirdischen Tunnel gestiegen sein. Einer der Brüder schleuderte vier Felsbrocken, so heißt es, in die vier Himmelsrichtungen. So sollen die Grenzen des Inkareiches festgelegt worden sein." Diese uralte Überlieferung mutet wie ein Märchen von Ali Baba und seinen Schätzen an, fantastisch und unglaubwürdig. Indes: Einst existierte unter der heutigen Stadt von Cusco ein gigantisches unterirdisches Tunnelsystem, dessen Ausmaße wir uns nicht einmal vorstellen können. In diesen Gängen sollen noch märchenhafte Schätze schlummern.

Die Zugänge in diese Unterwelt, die sich in mehreren Etagen weit über die Grenzen der einstigen Metropole hinaus erstreckt haben soll, endeten in Gebäuden aus der Vorinkazeit. Die Inkas übernahmen diese Bauwerke, vielleicht auch die gigantischen Tunnelanlagen. Und die spanischen Eroberer errichteten Kirchen auf den uralten Mauern. Die Tunnel müssen ihnen bekannt gewesen sein. Verschiedentlich haben mir Priester in weihrauchgeschwängerter Kirchenatmosphäre gezeigt, wo sich hinter Altären noch Eingänge in die Unterwelt befinden sollen. Andere Geistliche leugneten die Existenz der unterirdischen Anlagen. Ein Priester meinte mit erhobenem Zeigefinger: „Natürlich gibt es diese Gänge im Felsgestein nicht. Außerdem ist es viel zu gefährlich, sie zu erkunden!" Ein anderer behauptete: „Vor Jahrhunderten hatten die Menschen Angst. Sie glaubten, Teufel könnten aus der Hölle an die Erdoberfläche kommen. Sie zerstörten deshalb die

Zugänge zu den Tunneln. Viele dürften zudem sowieso im Lauf der Jahrhunderte eingestürzt sein!"

Meine Recherchen vor Ort ergaben tatsächlich Fantastisches: Die heutigen Kirchen sollen nach wie vor über Zugänge in diese mysteriöse Unterwelt verfügen. Gotteshäuser, christlich geprägt, als Hüter einer uralten heidnischen Vergangenheit. Teile der Labyrinthe wurden angeblich von der peruanischen Armee gesprengt. War es die Absicht der Militärs, die unterirdische Welt zu vernichten? Oder sollte vielmehr verhindert werden, dass moderne Abenteurer in die Unterwelt hinabsteigen? Was könnte in den Gängen unter Cusco zu finden sein?

1533 war der Herrscher der Inkas Atahualpa Gefangener der Spanier. Francisco Pizarro bat Inkaherrscher Atahualpa um ein Treffen in Cajamarca, wo der mächtige Regent die heißen Schwefelbäder genoss. Als Atahualpa auf einer goldenen Sänfte zum Marktplatz getragen wurde, war kein spanischer Soldat zu sehen. Die Komplizen Pizarros beobachteten aus ihren Verstecken das Geschehen. Der katholische Priester Vincente de Valverde näherte sich und forderte Atahualpa gebieterisch auf, den christlichen Glauben anzunehmen. Schließlich reichte der Geistliche dem Inka eine Bibel. Der hielt das „sprechende Buch" an sein Ohr, lauschte und warf es schließlich enttäuscht zu Boden. Diese „Schändung des christlichen Glaubens" war willkommener – erwarteter – Anlass, Atahualpa gefangen zu nehmen und seine Gefolgsleute niederzumetzeln. Bis zu 10.000 Inkas sollen in einem grausamen Gemetzel ermordet worden sein. Atahualpa ließ man noch am Leben.

Atahualpa kannte die Gier der Spanier nach Gold und Silber. Also bot Atahualpa den Spaniern ein Lösegeld an: Ein Raum von sechs Meter Länge und fünf Meter Breite würde übermannshoch mit Gold, ein zweiter Raum mit Silber gefüllt. Pizarro zögerte. Der zweite Raum sei doch kleiner, wandte er ein. Daraufhin erhöhte Atahualpa seine Offerte. Er würde als Lösegeld zusätzlich zum Gold doppelt so viel Silber heranschaffen lassen, wie in den zweiten, kleineren Raum passte.

Boten wurden ins ganze Inkareich geschickt. Und bald schon trafen aus dem gesamten Inkareich Karawanen ein, beladen mit unvorstellbaren Schätzen aus Gold und Silber. Für die Inkas waren diese Metalle lediglich Material, um daraus kostbare Kunstschätze zu schaffen. Die „zivilisierten" Spanier indes hatten kein Interesse an den Zeugnissen einer fremden Kultur. Sie errichteten gewaltige Schmelzöfen und verwandelten fünf Wochen lang Tag und Nacht die Schätze der Inkas in Gold- und Silberbarren.

Vergeblich hatte Atahualpa darauf gehofft, die christlichen Eroberer würden zu ihrem Wort stehen. Die räuberischen Erpresser aus Europa dachten gar nicht daran. Ihnen war klar, dass ein aus der Gefangenschaft freigelassener Atahualpa seine Truppen neu sammeln und ordnen und die Spanier besiegen konnte. Man wagte aber nicht, ihn sofort zu töten. So erklärten die Spanier ihren Gefangenen zum „freien Mann". Freigelassen wurde er allerdings nicht, sondern blieb weiterhin Gefangener, jetzt allerdings als „Gast". Gleichzeitig wurde ein abstruser Prozess vorbereitet, dessen Ausgang von Anfang an feststand: die Todesstrafe. Zu den „Verbrechen" des einst mächtigsten Mannes des Inkareiches gehörte es, nackt mit schönen Jungfrauen gebadet zu haben. Das Todesurteil wurde mit viel Brimborium verkündet.

Huldvoll bot Pizarro dem Inkaherrscher an, ihn nur erwürgen und nicht verbrennen zu lassen ... falls er sich taufen ließe. Atahualpa willigte ein, weil seiner religiösen Überzeugung nach eine Wiedergeburt nur möglich war, wenn sein Leichnam nicht den Flammen zum Opfer fallen würde. Und so wurde Atahualpa am 26. Juli 1533 (oder am 29. August 1533) mit der Garrotte ermordet, nachdem Padre Vincente de Valverde den Todgeweihten auf den Namen Francisco de Atahualpa getauft hatte.

Auch nach der Ermordung Atahualpas trafen weiterhin Reichtümer ein. Eine einzige Karawane, bestehend aus 11.000 mit Gold und Silber beladenen Lamas, soll noch rechtzeitig von Atahualpas Frau umgeleitet worden sein. So entgingen den Spaniern schätzungsweise fünf Tonnen Gold. Gelagert wurden diese Kostbarkeiten angeblich im Tunnelsystem unter Cusco, in einem Labyrinth mit bezeichnendem Namen: „Ort, an dem man verloren geht". Felipe de Pomares, so überliefert es ein Dokument aus dem 16. Jahrhundert, soll noch gewusst haben, wo das unterirdische Versteck war. Felipe de Pomares zeigte seiner Frau einen einzigen Raum tief unter Cusco: Da standen Statuen von Menschen in Lebensgröße – in purem Gold. Wuchtige goldene Tische waren mit kostbaren Pokalen und Edelsteinen förmlich überladen.

1814 war es Brigadier Matieo Garcia Pumakahua, ein Nachfahre der stolzen Inkas, der einem Vorgesetzten die Augen verband und ihn in die unterirdische Welt Cuscos führte. Der hochrangige Offizier bekam Goldbarren in Backsteingröße, herrlichen Goldschmuck und kunstvoll gearbeitete Tierfiguren aus Silber zu sehen. Angeblich war in der Schatzkammer – einer von unzähligen – das Schlagen der Glocken der Kathedrale von Cusco zu hören. Das geheime Versteck muss sich also irgendwo in einer unterirdischen Kammer im Stadtbereich selbst befunden haben.

Mitte des 19. Jahrhunderts will der Abenteurer Bill McGovern in unterirdischen Kammern bei Cusco „Altäre" gesehen haben, die zu Ehren der Inkagötter errichtet worden waren. McGovern: *„Nahe bei Sacsayhuamán gibt es geheimnisvolle Höhlen, die in das Innere der Erde reichen. Hier hat man Altäre zu Ehren der Götter der unterirdischen Gefilde aus dem Gestein geschlagen."*

Eingänge in die Unterwelt soll es einst viele gegeben haben, die aber allenfalls nur wenigen Eingeweihten bekannt waren. Sie führten angeblich einst kilometerweit von der Metropole Cusco unterirdisch bis nach Sacsayhuamán.

Nach meinen Recherchen vor Ort befindet sich noch heute direkt unter dem Hauptaltar der Kirche von Santo Domingo ein Abstieg in die unterirdischen Gänge. Man zeigte mir einen primitiven Holzverschlag, der die geheimnisvolle Tür verbirgt. Weitere Kirchen sollen auf Grundmauern von Inka-Bauten mit Zugängen zum Gangsystem errichtet worden sein: die Kirche von San Cristobal, die Kathedrale von Cusco, die Kirche von Santa Catalina und die Kapelle von Santa Rosa. Diese sakralen Gebäude reihen sich wie Perlen auf einer schnurgeraden Kette aneinander. Sie weisen in nördliche Richtung: nach Sacsayhuamán!

Auf einem Weltatlas von „Terra mysteriosa" hat Sacsayhuamán einen ganz besonderen Platz inne als eines der Weltwunder:
Im Norden von Cusco gibt es ein gewaltiges Bauwerk, das wirklich die Bezeichnung „Monstermauer" verdient: 545 Meter lang
erstreckt sie sich in Zickzacklinien, in drei Stufen übereinander
wie eine mythologische Schlange. Oftmals ist dieser kunstvoll auf-
getürmte Superwall über zwanzig Meter hoch! Steinriesen aus
Andesit, bis zu 400 Tonnen pro Stück, wurden scheinbar mühelos
in- und aufeinander gefügt.

Einen dieser Steinriesen habe ich vermessen. Er hat ein Volumen von 180 Kubikmetern (seine Maße 9m x 5m x 4 m). Wie alle
seiner „Kollegen" wurde er zwanzig Kilometer transportiert: vom
Steinbruch zur geheimnisvollen Mauer. Wie soll das geschehen
sein? Angeblich kannten die Inkas weder Rad noch Rolle. Wie hat
man die Kolosse vom Steinbruch an die Baustelle befördert? Wie
wurden sie zur Mauer aufgetürmt? Wie hat man sie aufeinander-
gestapelt?

„Aha, da waren also die Außerirdischen am Werk!" werfen
Skeptiker ironisch grinsend ein. „Warum sollten Außerirdische so
eine Monstermauer bauen?" Diese Argumentation klingt ver-
nünftig. Allerdings wird da „widerlegt", was niemals behauptet
wurde: Der gewaltige Monsterwall von Cusco wurde nicht von
Außerirdischen errichtet. Aber: Die Menschen, die da eine wahre
Meisterleistung vollbracht haben, müssen über uns unbekannte
Methoden und Werkzeuge verfügt haben. Wie entstand das Wun-
derwerk von Sacsayhuamán?

„Wir wissen es nicht!", erklärte mir Prof. Hans Schindler-Bellamy, Wien. „Die Anlage dürfte eher 10.000 als 1.000 Jahre alt sein! Sie
wurde – zu welchem Zweck auch immer – lange vor der Inkazeit errichtet!"

Als „Verteidigungsbollwerk" macht die Monstermauer keinen
Sinn. Warum sollte man so eine zyklopenhafte Anlage bauen?
Warum hat man Zigtausende von Tonnen Stein in Riesenbrocken
über weite Strecken – wie auch immer – transportiert und dann
noch millimetergenau verbaut? Einen solchen Aufwand hätten
die Inkas nicht getrieben, um Feinde abzuhalten.

Oberhalb der Monstermauer haben Archäologen eine kreisrunde Anlage entdeckt. Sie hatte offenbar astronomische Bedeutung. Hier wurden Sterne und Planeten angepeilt und beobachtet. Wie wurden die Ergebnisse der astronomischen Studien festgehalten, in welcher Schrift? Eine Schrift muss es gegeben haben, auch für die Planung der gewaltigen Anlage von Sacsayhuamán.

Staunend steht man vor den Steinkolossen. Man gewinnt den Eindruck, als hätten Riesen die monströsen Steine wie kleine Bauklötzchen spielerisch zusammengefügt. Die Kolosse müssen zunächst millimetergenau zu komplexen, mehreckigen und vielflächigen Steinriesen zurechtgehauen worden sein. Kann man immer wieder die Steinkolosse aneinander oder aufeinander halten? Kann man immer wieder probieren und ändern – bis sie exakt passen? Millimetergenau und ohne Bindemittel. Mit unglaublicher Präzision hat man da gearbeitet.

Kleine, handliche Steine kann man auch mit primitiven Werkzeugen immer wieder bearbeiten: so lange, bis sie sich wie ein dreidimensionales Puzzle zusammensetzen lassen. Man kann immer wieder die Steine aneinander- oder aufeinander halten, man kann immer wieder probieren und ändern – bis sie exakt passen. Mit tonnenschweren Steinkolossen ist das nicht möglich. Wer auch immer die Monstermauer gebaut hat, muss über Transportmöglichkeiten, Werkzeuge und Arbeitsmethoden verfügt haben, die die Inkas nicht hatten.

12.1. Steinkolosse und ein Zwerg

12.2. Steinanlage oberhalb der Monstermauer

13. Das Geheimnis der Engel von Chinchero

„Chinkanas" heißen die geheimnisvollen unterirdischen Tunnel aus der Vorinkazeit. Sie wurden – wie auch immer – angelegt, lange bevor die spanischen Eroberer das heutige Cusco bauten. Sie sollen, so höre ich immer wieder, auch heute noch über weite Strecken gut erhalten sein. In der Kirche Santo Domingo sah ich bei meinem ersten Besuch 1992 einen Bretterverschlag. So armselig die Bretter auch zu sein schienen, der Eingang in die Unterwelt war mit schweren Eisenketten und massiven „Vorhängeschlössern" gesichert. Sie machten einen geradezu „antiken" Eindruck auf mich.

Ausgiebig sprach ich im Herbst 1992 mit zwei ehrwürdigen Padres. Zunächst waren sie mürrisch-abweisend, gaben sich verschlossen und einsilbig. Als ich aber darauf hinwies, Theologie studiert zu haben, waren sie zu interessanten Auskünften bereit. Immer wieder beteuerten sie: Cusco von einer Vielzahl durch gewachsenen Fels getriebene Tunnel untergraben. Die unterirdischen Gänge verlaufen teilweise in mehreren Ebenen übereinander. Die verschiedenen Etagen wiederum sind untereinander durch steile Treppen verbunden. Ausläufer reichen bis in den Norden Cuscos. Hier liegt die „Festung" Sacsayhuamán. Niemand vermag zu erklären, wie diese Steinkolosse bearbeitet wurden. Trotz ihres gewaltigen Ausmaßes, der Größte der Kolosse hat ein Volumen von rund 200 Kubikmetern, wurden die Yucay-Kalkstein-Klötze millimetergenau angepasst!

Das eigentliche Wunder von Sacsayhuamán wird den Touristen gern vorenthalten. Während sie die gewaltigen Steinkolosse des Monsterwalls bestaunen, entgeht ihnen ein echtes Weltwunder aus uralten Zeiten, nur einige Hundert Meter von den Steinriesen der dreistufigen Maueranlage entfernt. Oberhalb von Sacsayhuamán waren wirkliche Baumeister am Werk. Auf vielen Quadratkilometern Fläche haben sie Steinmassen unvorstellbaren Ausmaßes massiv bearbeitet.

Eine Erklärung für das Vorgehen der unbekannten Steinmetze gibt es nicht. Sie haben im Fels gewütet und scheinbar sinnlose

Kreationen geschaffen. Da wurde eine Treppe in den Stein geschlagen, die niemand begehen kann. Die Stufen hängen von der Decke. *„Wer hat diese Meisterleistung vollbracht?"*, frage ich „meine" zwei Padres. Sie schweigen. Ich ernte ein hilfloses Achselzucken. *„Waren es die Inka?"* hake ich nach. Die ehrwürdigen Gottesmänner lächeln milde, schütteln die ergrauten Häupter. *„Die mit Sicherheit nicht! Als die Inka kamen, da war die ›Unterwelt‹ schon Jahrtausende alt!"*

Gern würde ich in die Unterwelt von Cusco steigen. Ob man mir den Bretterverschlag öffnet? Die Genehmigung wird nicht erteilt. Die Gefahr sei viel zu groß. So mancher Suchende sei nie wieder ans Tageslicht zurückgekehrt. „Warum?" Die Padres zucken mit den Achseln. „Vielleicht wurde ja der eine oder der andere verrückt ob der entdeckten gigantischen Schätze da unten! Vielleicht verhungerte und verdurstete mancher Suchender in dem unterirdischen Irrgarten ..." Mahnend erheben die beiden Padres ihre Stimmen. „Überall besteht Einsturzgefahr!" Einige Suchende sollen geistig verwirrt der Unterwelt Cuscos entkommen sein. „Vergessen Sie die unterirdischen Gänge und kehren Sie gesund in die Heimat zurück!", rät mir einer der Padres. Dann entfernen sich die Hüter des Schlüssels gemessenen Schritts.

Einige Male war ich zu Recherchen in Cusco. Einige Male habe ich Sacsayhuamán besucht. Einige Male habe ich die Attraktion von Cusco, die so viele Touristen anlockt, staunend abgeschritten ... Hunderte von Metern Monsterwall. Und dann ließ ich jedes Mal die Maueranlage hinter mir liegen. Ich bestieg die Anhöhe zum eigentlichen Rätsel von Cusco, das immer noch kaum jemand besucht.

Immer wieder entdeckte ich in der bizarren Felslandschaft Eingänge zu Höhlen. Sie sahen wie natürliche Grotten aus. In einige bin ich hineingekrochen. Es kam mir vor, als sei ich jedes Mal tief in die Unterwelt vorgedrungen. Ich mag mich getäuscht haben. Denn meist kam ich nur quälend langsam voran: auf dem Bauch kriechend, eine Taschenlampe zwischen den Zähnen haltend. Manchmal ging es wirklich halsbrecherisch zu. Mehrere Meter kletterte ich in die Tiefe, fast senkrecht ging's nach unten. In einem der unterirdischen Gänge stieß ich unvermutet auf das Skelett eines kleineren Tieres. Daneben lagen, sorgsam angeordnet, verdorrte Süßkartoffeln und Maiskolben. Haben die unterirdischen Gänge noch heute für die „christianisierten" Nachkommen der Inkas sakrale Bedeutung? Es hat den Anschein! Offenbar wird in der Unterwelt noch heute Göttern aus längst vergangenen Zeiten geopfert.

Man mag zu Erich von Däniken und seinen Theorien stehen, wie man will. Unbestreitbar kommt ihm ein großes Verdienst zu: Er macht auf Mysterien unseres Planeten aufmerksam, die von der Schulwissenschaft gern verschwiegen werden. Nach fünf Jahrzehnten eigener Reisen zu den großen Geheimnissen unseres Planeten bin ich zur Überzeugung gekommen, dass wirklich Unerklärliches gern in der Fachliteratur übergangen wird. Eines der wirklich großen Rätsel von Planet Erde liegt oberhalb der Monstermauer von Cusco. Wo?

Erich von Däniken gibt in „Reise nach Kiribati" (Düsseldorf 1981, S. 300) erfreulich anschaulich den Weg vor. Er schreibt da: *„Meine Damen und Herren, lassen Sie sich am Morgen mit dem Taxi zu den Ruinen von Sacsayhuamán fahren. Veranlassen Sie den Fahrer, auf der alten Straße nach Pisac noch 1,5 Kilometer weiter den Berg raufzufahren – bis zu der ersten Linkskurve. Bezahlen Sie den Fahrer, auch wenn er Ihnen gestikulierend widerspricht. Er wird versuchen, Ihnen einzureden, dass er auf Sie warten wird. Das wird nur teuer und bringt nichts.*

Jetzt schauen Sie den Berg hinunter Richtung Inka-Festung. Erklettern Sie gleich neben dem Straßenrand die kleine Anhöhe mit den zerklüfteten Felsen, die rechts von Ihnen 200 Meter über Ihnen liegt. Sie gelangen in ein Felslabyrinth, das die Bezeichnung ›Ruinen‹ im landläufigen Sinne nicht verdient. Da liegen undefinierbare Gesteinsmassen herum, kleinere und größere Quader, unkenntliche Überbleibsel irgendwelcher Bauten. Bald gewinnen Sie den Eindruck, dass hier irgendwann ein mit letztem technischen Raffinement erstelltes Bauwerk total zerstört wurde.

Über Kluften und Felsgrotten klettern Sie auf Plattformen. Unerwartet, überraschend stehen Sie vor erstklassig zugeschnittenen Steinungetümen. Meine Damen und Herren, sehen Sie genau hin, fassen Sie sie an, diese polierten Betonwände, die erst gestern aus ihrer Holzschalung entlassen zu sein scheinen. Sie täuschen sich! Es ist kein Beton, es ist Granit!

Falls Sie es verlernt haben, zu staunen, hier wird Ihnen diese wichtige Begabung ohne Mühe wiederzukommen. Wie von einer Urkraft geschüttelt stehen Grotten auf dem Kopf, sind Tunneleingänge in ihrem ehemals geraden Verlauf unterbrochen, ineinandergeschoben."

Im Lauf verschiedener Weltreisen war ich immer wieder in Cusco. Immer wieder erkundete ich die mysteriöse Steinwelt oberhalb der Monstermauern von Cusco. Immer wieder zogen mich die monumentalen Steinbearbeitungen wie magisch an. Riesige Steingiganten aus gewachsenem Fels sind eindeutig bearbeitet worden. Aber wie ist das geschehen? Welche Werkzeuge wurden benutzt? Den Inkas war eine solche Steinbearbeitung fremd. Scheinbar spielerisch wurden Felsungetüme – im Großen wie im Kleinen – zugeschnitten. Als sei der harte Fels weich wie Butter gewesen wurden hier rechtwinkelige Nischen herausgearbeitet und runde oder ovale Vertiefungen geschnitten. Dort haben die unbekannten Baumeister so etwas wie ein kurioses Ensemble aus steinernen „Thronen" geschaffen. So gut wie jeder Fleck wurde mit unbekannten Werkzeugen behandelt. Ein Zweck ist nicht zu erkennen. Plattformen. Felswände. Glattpolierter Stein. Einem gewaltigen Koloss, er mag acht Meter hoch sein, wurden scharfe, exakte Kanten abgetrotzt. Immer wieder glaubt man, vor Betonbauten zu stehen. Die Verschalungen, so sieht es aus, hat man offenbar eben erst abgenommen. Der Eindruck aber täuscht: Unbekannte Schöpfer haben hier mit unbekannten Werkzeugen den Stein bearbeitet, als ob sie ihre besonderen Fähigkeiten demonstrieren wollten.

Die Spanier hatten keine Ahnung, wer für die monströsen Steinbearbeitungen oberhalb von Sacsayhuamán verantwortlich war. Die Inkas wussten es auch nicht. Angeblich glaubten sie, vorzeitliche Schöpfergötter hätten die Wunder in Stein vollbracht. Sie selbst waren dazu nicht in der Lage. Sollte Manco Capac, der legendäre Sohn des Sonnengottes, im Stein gewütet haben? Die christlichen Missionare, die mit den mörderischen Plünderern über das Inkareich herfielen, lehnten fremde Götter ab. Nur der eigene, der christliche Gott, durfte angebetet werden. Der aber war natürlich kein Steinmetz. Da Inkagötter als Urheber der Wunder in Stein auch nicht in Erwägung gezogen werden durften ... mussten Teufel herhalten. Das wiederum akzeptierten die Inkas nicht. Wenn schon keine Inkagötter als Baumeister akzeptiert wurden ... dann mussten es „Engel" gewesen sein, die mit spielerischer Eleganz massenweise am gewachsenen Stein oberhalb von Sacsayhuamán herumsäbelten.

Unweit von Cusco liegt Chinchero. Chinchero war einst eine wichtige Inka-Metropole, deren einstiger Glanz nicht einmal mehr zu erahnen ist. Übrig geblieben ist ein Dörfchen mit Lehmhütten. Selten verirren sich Touristen hierher. Gelangweilt marschieren Fremde über holperig gepflasterte staubige Straßen. Im starken Kontrast zu den mürrischen Gesichtern der fremden Besucher stehen die stets freundlich lächelnden Einheimischen. Vom einstigen Glanz der Inkazeiten ist hier so gut wie nichts mehr geblieben. Sakrale Tempelbauten wurden von den christlichen Eroberern abgetragen und wütend zerstört. Man erkennt nur noch da und dort sehr bescheidene Häuschen, die auf uraltem Inkamauerwerk errichtet wurden. Auch die Inkas nutzten kleine, handliche Steine, die sie gekonnt zu Mauer werk auftürmten.

Dabei hat Chinchero Interessantes zu bieten. Der sommerliche Markt gilt als einer der größten der Region. Landwirtschaftliche Produkte und Kunsthandwerkliches werden geboten. Wer sich für die Rätsel der Vergangenheit interessiert, sollte sich hinter der Kirche umsehen. An der Rückseite der Kirche findet sich eine Mauer, die in ihrer Bauweise an den Monsterwall von Cusco erinnert. Gewiss, die sorgsam zugehauenen Steine sind bei Weitem nicht so gewaltig wie jene von Sacsayhuamán. Aber auch sie wurden millimetergenau aufeinandergesetzt – ohne Mörtel halten sie schon seit Jahrhunderten stand. Haben hier die Inkas frühere Baumeister zu kopieren versucht?

1560 wurde, so viel ist bekannt, mit dem der Bau einer Kirche begonnen. Christliche Handwerker wollten so ihrem Gott ein Denkmal setzen. Ältere Kulte sollten in Vergessenheit geraten. So setzte man das neue Gotteshaus auf das steinerne Fundament eines älteren Tempels der Inkas. Baumeister ganz anderer Art wirkten wohl schon Jahrhunderte früher hinter der Kirche. Der Ort für die Kirche war nicht zufällig gewählt. An eben dieser Stelle gab es ein uraltes vorchristliches Heiligtum – aus Inka- (oder gar Vrinka?) Zeiten!

Ein Naturfels von beachtlicher Größe hat die Zerstörungswut der Spanier überdauert. Er wurde einst ganz so wie die Steinkolosse oberhalb von Sacsayhuamán mit unbekannten Werkzeugen bearbeitet. Wieder fällt auf, dass das komplexe Steingebilde nach frischem Beton aussieht. Man könnte meinen, die Verschalungen wurden eben erst abgenommen. Unwillkürlich denkt man an einen Thron in Stein. Die scharfen Kanten beeindrucken. War der kuriose Stein den Inkas so heilig, dass selbst die frühen Missionare es nicht wagten, ihn auch nur anzurühren?

Um 1693 begann ein Künstler, Maestro Chihuantito, das christliche Gotteshaus mit großformatigen Gemälden auszustatten. Wie viele Bilder er für diesen Zweck geschaffen hat, das konnte ich trotz intensiver Recherchen nicht ermitteln. 305 Jahre später, im November des Jahres 1998, befanden sich die riesigen Ölbilder in einem erbärmlichen Zustand. Sie dienten auch nicht mehr als frommer Schmuck für das Gotteshaus. Ausfindig zu machen waren sie nur mit Mühe.

Ich habe sie zufällig entdeckt, als ich die Kirche erkundete. Die Gemälde wurden auf der hölzernen Empore mehr schlecht als recht verwahrt. Vollkommen verstaubt lehnten sie an der Mauer im Dunkel der Kirche. Manchmal waren gleich mehrere voreinander gestapelt. Da und dort waren Rahmen zerbrochen. Da und dort war noch ein Motiv zu erkennen, wo die Staubschicht nicht alles überdeckte. Da und dort hatte man mehr schlecht als recht versucht, Bilder vom Schmutz zu befreien. Mag sein, dass durch laienhafte Putzaktionen Bilder beschädigt wurden.

Ich erinnere mich, als wäre es eben erst gewesen. Meine Taschenlampe huscht über die Leinwände. Elektrisches Licht steht nicht zur Verfügung. Argwöhnisch beobachtet mich ein Küster. Auf einem der Riesengemälde mache ich Maria, die Mutter Jesu aus. Auf dem gleichen Bild, etwas kleiner sind Engel in höchst ungewöhnlicher Situation dargestellt. Das seltsame Motiv lässt mich staunen: Engel mit einer Säge. Warum verewigte man die himmlischen Boten so ganz anders als aus christlicher Kunst bekannt: nicht als dickbackige Gestalten mit Flügeln beim Frohlocken, nicht beim andächtigen Beten mit gen Himmel gerichtetem Blick, nicht beim Musizieren, sondern als Steinmetze mit Sägen?

Maestro Chihuantito hat beim Bild mit den sägenden Engeln nicht aus der Fantasie geschöpft. Er hat die seltsame Szene nur kopiert. Ein unbekannter Künstler hat – Jahre zuvor, wann genau ist nicht mehr bekannt – das Original über den Eingang der Kirche gemalt: Zu sehen sind zwei Engel, die mit ernstem Eifer Stein sägen. Angeblich, so erfahre ich vor Ort, haben einst die Inkas von himmlischen Wesen zu berichten gewusst, die mit ganz besonderen Sägen Stein bearbeiteten.

Die „sägenden Engel von Chinchero" verdeutlichen, dass die Inkas ganz offensichtlich nicht wussten, wie die fantastischen Steinbearbeitungen oberhalb von Sacsayhuamán entstanden. Sie schrieben sie Engeln, also himmlischen Wesen, zu. Die mysteriösen Wunderwerke in Stein wurden so per Gemälde zwangschristianisiert. Wunder waren nun einmal die Domäne des Christentums. Vorchristliche Wunder durfte es nicht geben. Und die Menschen der vorchristlichen, „heidnischen" Zeiten durften auf keinen Fall den Christen überlegen sein.

Es muss bereits vor den Inkas so etwas wie eine fortgeschrittene Zivilisation im Reich der Inkas gegeben haben, über die wir so gut wie nichts wissen. Ist diese Zivilisation sang- und klanglos untergegangen, verschwunden? Oder war sie nicht von unserer Welt? Waren kosmische Besucher auf unserem Planeten zu Besuch, die über eine fortgeschrittene Technologie verfügten?

13.1. Die sägenden Engel von Chinchero

13.2. Steinbearbeitungen hinter der Kirche

14. Das Horrorkabinett des Dr. Cabrera

Eines der geheimnisvollsten Museen unseres Planeten habe ich in Ica, Peru, besucht. Es ist das „Museo de Piedras Grabadas de Ica" („Museum der gravierten Steine von Ica"). Gegründet hat es Professor Dr. Javier Cabrera Darquea (1924-2001). Das Museum bietet zwei archäologische Sammlungen. Eine davon wurde jahrelang geheim gehalten. Beide dürfte es eigentlich gar nicht geben: Sie sind viel zu fantastisch. Aber die Wirklichkeit mutet manchmal sehr viel unrealistischer an als die unwahrscheinlichste Fiktion.

Cornelia Petratu und Bernard Roidinger schreiben im Nachwort zu ihrem Werk „Die Steine von Ica" (S. 263/264): *„Pünktlich, frisch und voller Tatendrang erwartete uns Dr. Cabrera in seinem Museum ... Nichts unter seiner Regie hätte uns noch überraschen können. An diesem letzten Tag aber vollendete er seine Inszenierung... Und so enthüllte uns Dr. Cabrera die versperrten Räume eines Hauses, das er seine ›geheimen Kammern‹ nannte. Hatte schon das Betreten des Privatmuseums von Dr. Cabrera wie ein Schock auf uns gewirkt, so übertraf das, was wie jetzt zu sehen bekamen, jegliche Vorstellungskraft. Was Dr. Cabreras ›geheime Kammern‹ bergen, ist so erschütternd, dass es alle Grenzen rationaler Vorstellungskraft sprengt. Auch wenn wir es zu erklären versuchen, wir können es nicht. Es übersteigt ganz einfach unsere Vorstellungskraft."*

Was haben Cornelia Petratu und Bernard Roidinger gesehen, aber nicht näher beschreiben dürfen? Was wurde ihnen gezeigt, was sie im Bilde nicht publik machen durften? Oder: Was haben sie gesehen, was sie nicht in ihr Buch aufzunehmen wagten?

Bereits Ende der 70er-Jahre des letzten Jahrhunderts hatte ich von den mysteriösen Objekten im Privatmuseum von Professor Dr. Javier Cabrera Darquea gehört. Von einem öffentlichen und von einem geheimen Teil einer mysteriösen archäologischen Sammlung war die Rede. Wirkliche Informationen waren aber nicht zu finden. Statements von Wissenschaftlern standen nicht zur Verfügung. Was hatte es sich mit Prof. Cabrera und Funden, die es angeblich eigentlich nicht geben dürfte, auf sich?

Im Herbst 1992 habe ich erstmals versucht, die mysteriösen Artefakte der Sammlung Dr. Cabreras anzusehen und zu fotografieren. Damals bereiste ich zusammen mit drei Freunden zwei Monate lang Südamerika von Ecuador bis zur Osterinsel. Als wir in Ica beim Privatmuseum Dr. Cabreras vorsprachen, da erlebten wir eine herbe Enttäuschung. Zunächst fand sich niemand, den wir hätten befragen können. Das Museum war geschlossen.

Auf unser Klingeln reagierte niemand. Schließlich erfuhren wir: Dr. Cabrera war auf Reisen – in Europa. Welche Ironie: Da machten sich vier Europäer nach Ica in Peru auf den Weg, um Prof. Cabrera zu sprechen und Prof. Dr. Cabrera war gleichzeitig in Europa unterwegs.

Ich hatte aber schließlich Gelegenheit, mit einem Bruder von Prof. Cabrera ausführlich zu sprechen. Er bestätigte mir unumwunden die Existenz einer zweiten, geheimen Sammlung, die er mir aber leider nicht ohne die ausdrückliche Genehmigung seines Bruders zeigen dürfe. Und der war nicht zu erreichen.

Jahre später war es dann soweit. Langsam gewöhnten sich meine Augen an das diffuse Licht. Die Luft war staubgeschwängert. Vor mir erstreckte sich ein schmaler Korridor, dessen Ende ich nur zu erahnen vermochte. Rechts und links reichten Regale übermannshoch vom Boden bis zur Decke. Hunderte, ja Tausende von Tonfiguren lagen dicht gedrängt in mehreren Reihen hintereinander. Offenbar waren nachträglich immer wieder neue Bretter eingezogen worden, um immer mehr Fundstücken in dem mysteriösen Raum Platz zu bieten. Die gewaltige Sammlung wurde nach und nach immer wieder ergänzt.

Einige nackte Glühbirnen hängen an Drähten von der Decke. Ihr fahler Schein taucht das ganze Szenario in ein unheimliches Licht. Du Luft ist trocken und reizt zum Husten. Ich schreite langsam die Regale ab. Der Lichtkegel meiner starken Taschenlampe gleitet über die Figuren in den Regalen. Meist bilden je zwei menschenähnliche Wesen ein kleines erschreckendes Ensemble: Eine Gestalt liegt auf einer Art Tisch. Eine zweite steht daneben und „behandelt" die liegende Gestalt. Eine in Variationen häufig auftretende Gruppierung: Die stehende schneidet an der liegenden

Person herum. In einigen Fällen hat der „Operateur" bereits mit
einem Messer den Leib des „Patienten" geöffnet.

Die dargestellten Szenen variieren und ähneln einander doch sehr. Ich fühle mich in ein steinernes Figurenkabinett á la Madame Tussaud versetzt, in die Gruselabteilung. Die Wesen aus grauem Ton sind – anders als in den Wachmuseen Madame Tussauds – nicht menschengroß, sondern sehr viel kleiner. Bis zu dreißig Zentimeter sind sie hoch, habe ich nachgemessen. Verewigt wurden aber nicht – wie bei Madame Tussaud – prominente Individuen, sondern maskenhaft wirkende Gestalten. Ein ganzes Heer von seltsam uniform wirkenden Akteuren geht da einer blutigen Beschäftigung nach.

Hundertfach, ja tausendfach wird da operiert oder seziert. Die Gestalten mit den Messern erinnern weniger an mitfühlende Ärzte, die Kranken zu helfen versuchen. Sie wirken mehr wie gefühlskalte Wissenschaftler, die menschliche Wesen als Versuchskaninchen missbrauchen und aus Forscherdrang öffnen und zerstückeln.

Sind es überhaupt Menschen? Ihre Gesichtszüge wirken seltsam fremdartig. Hunderte, ja Tausende von diesen Wesen habe ich in Prof. Cabreras geheimem Korridor gesehen. Sie standen dicht an dicht gedrängt. Eigentlich hätte ich einige Wochen lang Stück für Stück fotografieren müssen. In verstaubten Kartons entdeckte ich stark beschädigte Figürchen und nicht näher zu identifizierende Bruchstücke. Prof. Dr. Cabrera: „Ich kann nur einen kleinen Teil der gut erhaltenen Figürchen ausstellen. Die Bruchstücke zusammenzufügen ... dazu fehlt mir die Zeit!"

Immer wieder hat mir der Wissenschaftler versichert: In einer Höhle lagern Zigtausende solcher Figuren. Aus Platzmangel könne er in der geheimen Abteilung seines Museums nur einen kleinen Bruchteil seiner Figuren präsentieren. Nach Schätzungen von Professor Dr. Javier Cabrera Darquea haben die Einheimischen etwa 50.000 archäologische Objekte ausgegraben. Er selbst, und auch das beteuerte er mir immer wieder, will in einem „unterirdischen Tunnel" schätzungsweise 100.000 der mysteriösen Objekte gesehen haben. „Um diese Schätze der Nachwelt dauerhaft erhalten zu können, ist ein großes Museum erforderlich. Die kostbaren

Artefakte müssen fachgerecht geborgen, gesäubert, katalogisiert und un-
ter idealen Bedingungen (Temperatur, Luftfeuchtigkeit) ausgestellt wer-
den."

Professor Dr. Javier Cabrera Darquea (1924-2001) ist weltweit
für seine ungewöhnliche archäologische Sammlung bekannt. Robert Charrox berichtete bereits 1974 in seinem Buch „L'enigme des
Andes" über das Museum von Prof. Cabrera. Die deutsche Übersetzung erschien 1974 unter dem Titel „Das Rätsel der Anden": Es
gibt keinen Hinweis auf das Horrorkabinett, die eigentliche Sensation des Dr. Cabrera. Dr. Cabrera versicherte mir: *„Die Zeit war*
noch nicht reif!" Ob sich Wissenschaftler jemals mit den archäologischen Objekten aus der Sammlung Cabreras auseinandersetzen
werden? Wird sie es tun? *„Sie muss es!"* meinte Prof. Cabrera immer wieder. Ich habe da meine Zweifel. Nach Cabrera sind die
Artefakte seines Museums *„viele Jahrtausende alt".*

Sollten sie echt sein, müsste die Geschichte der Menschheit in
Teilen komplett umgeschrieben werden. Denn bislang sind Ärzte,
die vor Jahrtausenden im „alten Peru" chirurgische Eingriffe vornehmen konnten ... in den Annalen der menschlichen Historie
nicht vorgesehen. Werden wir die monströs mysteriösen Figürchen je wie ein Buch lesen können?

Genau davon aber ist Prof. Cabrera überzeugt. Ob die Tonfiguren vielleicht Menschenopfer zeigen? Haben Priester vor Jahrtausenden Menschen „nur" rituell geopfert und nicht operiert? Diese
Vermutung weist Prof. Cabrera weit von sich. Prof. Cabrera, ein
direkter Nachfahre des Stadtgründers von Ica Captain Don
Gerónimo Luis de Cabrera y Toledo, war selbst geachteter und be-
liebter Mediziner. *„Sehen Sie doch genau hin!"* fordert er mich fast
barsch auf. *„Was sehen Sie da?"* Tatsächlich scheint da einem Menschen das Herz aus dem Leibe geschnitten worden zu sein. *„Ein*
Menschenopfer also?" frage ich. Eine andere Tonplastik zeigt, wie
das Herz medizinisch versorgt wird. Ein Wesen hält es in den
Händen. Von einer dicken Vene führt so etwas wie ein Schlauch
in ein Gefäß.

Prof. Dr. Cabrera macht mich auf ein weiteres Ensemble aufmerksam. Was ich da sehe, verschlägt mir den Atem. Was wird da

in Tonplastik dargestellt? Was diente den Künstlern einst als Vorlage? Wird da einem menschlichen Körper das Herz entnommen, einem anderen Menschen die Brust geöffnet ... dem Empfänger des Herzens? Wird da eine Herztransplantation gezeigt? *„Unmöglich! Das kann doch nur unmöglich sein!"*, drängt es mich, Prof. Cabrera zu entgegnen. Handelt es sich um eine Fälschung? Ein religiöses Menschenopfer, daran gibt es keinen Zweifel, stellt die Plastik nicht dar: Ich muss Prof. Cabrera recht geben. So sieht kein primitives Menschenopfer für die Götter aus. Da werden tatsächlich Menschen von Chirurgen operiert. Werden Herzen verpflanzt? Wer aber soll vor Jahrtausenden im „alten Peru" bereits Menschen am Herzen operiert haben? Und wer soll schon Herzen transplantiert haben? Prof. Cabrera ist davon überzeugt: Es gab im Gebiet des heutigen Peru vor vielen Jahrtausenden eine fortgeschrittene, hochstehende Zivilisation, eine Urkultur, lange vor der unseren.

Die Kunstwerke scheinen eine Geschichte zu erzählen. Werden wir die Tonfiguren und gravierten Steine je verstehen?

Viele Jahre war lediglich Prof. Cabreras Sammlung garvierter Steine bekannt. Die Tonfiguren hielt er noch geheim. Tausende und Abertausende Steine mit Tausenden und Abertausenden von Gravuren waren in Cabreras Museum in Ica am „Plaza de Armas" zu sehen – mit teilweise fantastischen Motiven. Unter anderem wurden auch hochkomplizierte chirurgische Eingriffe gezeigt: mit einer Fülle von Details, die die Tonkünstler als dreidimensionale Plastiken nicht mit der gewünschten Präzision verewigen konnten. Das ließ das grobe Tonmaterial einfach nicht zu. Also ritzten sie offenbar Zeichnungen in harten Stein, mit unvergleichlich mehr an deutlich zu erkennenden Einzelheiten. Plastiken und Ritzzeichnungen stellen immer wieder ähnliche Motive dar. Plastiken und Ritzzeichnungen dürften annähernd zur gleichen Zeit entstanden sein. Wann?

Schon im Sommer 1967 führte die „Compania Minera Mauricio Hochschild" eine Untersuchung von gravierten Steinen aus der Sammlung von Prof. Cabrera durch. Verantwortlich zeichnete der

Geologe Dr. Erik Wolf. Der Wissenschaftler analysierte die Oxydationsschichten, die sich auf den Einritzungen gebildet hatten. Diese Schichten liegen auf oder über den Gravuren. Die eingeritzten Zeichnungen sind also von einer hauchdünnen natürlichen „Glasur" überzogen. Keine Frage: Die Gravuren müssen also älter als die Oxydationsschichten sein.

Auch wenn es fast unmöglich ist, das Alter der Ritzungen direkt zu bestimmen, so hilft es doch, die Oxydationsschicht zu datieren. Das Ergebnis verrät uns, wie alt die eingravierten Bilder mindestens sind.

Neben Dr. Erik Wolf hat auch das „Institut für Mineralogie und Petrographie an der Universität Bonn" Tests durchgeführt. Ergebnis: Die Gravuren müssen vor mindestens 12.000 Jahren in den Stein geritzt worden sein. Sie sind also zwölf Jahrtausende alt, vielleicht sogar älter.

Übrigens: Ich habe als erster Schriftsteller überhaupt über die „Geheimsammlung" von Prof. Cabrera berichtet, zum Beispiel in meinem Buch „Das Sphinxsystem" anno 1995. Mein Buch habe ich Prof. Cabrera persönlich in seinem Museum überreicht!

Adresse: Museo de Piedras Grabadas de Ica Bolívar 170, Plaza de Armas Ica, Peru

15. Dr. Cabreras gravierte Steine

1961 trat der Rio Ica über seine Ufer und überschwemmte Teile der Ocucaje-Wüste. War ein Erdbeben verantwortlich? Als sich die Wassermassen wieder zurückzogen, untersuchten einheimische Bauern die Schäden. Karge Felder waren vollkommen verwüstet. Wo zuvor Landwirtschaft betrieben werden konnte, da war die dünne Schicht fruchtbaren Bodens weggeschwemmt worden. Beim Abschreiten des Landes machten die Einheimischen eine erstaunliche Entdeckung: Steinbrocken unterschiedlicher Größen, die lange im knochentrockenen Erdreich verborgen gelegen hatten, waren von den Naturgewalten freigelegt worden. Die Steine mochten wohl Ewigkeiten vom Fluss poliert worden sein.

Sie waren abgerundet und wiesen glatte Oberflächen auf. Es handelt sich bei den Steinen um grauen Andesit, also um einen harten Stein. Deshalb wird er gern zum Pflastern von Plätzen verwendet. Wegen der hervorragenden Witterungsbeständigkeit und seiner besonderen Härte eignet er sich ideal für den Straßenbau.

Und doch weisen die Ica-Steine aus eben diesem Material seltsame Gravuren auf. Wegen ihrer Härte sind sie eigentlich nicht erste Wahl für die Herstellung von Abertausenden von über und über mit Gravuren verzierten Kunstwerken. Die armen Bauern freuten sich über die Funde und verkauften die Kunstwerke an Touristen. Die Gravuren wurden publikumswirksam von den geschäftstüchtigen Einheimischen als „Inka-Kunst" deklariert.

Was die emsigen Steinhändler sicher wussten: Sollte es sich bei den gravierten Steinen um archäologische Funde handeln, verstießen sie zweifach gegen geltendes Recht. War es doch strengstens verboten, archäologische Stätten zu plündern – wenn man kein Archäologe war – und vorgeschichtliche Funde zu verkaufen. Schon gar nicht durften sie ins Ausland geschafft werden. Das Erbe der Vorgeschichte Perus gehörte Peru und sollte nicht ins Ausland verkauft werden.

Und so zogen die Einheimischen nachts los, um die gravierten Steine zu suchen. Sie begnügten sich nicht mehr damit, sie aufzulesen. Sie gruben systematisch. Neu war ihnen diese Tätigkeit nicht. Hatte die Landwirtschaft schon seit Jahrhunderten eher karge Erträge gebracht, so war doch die Grabräuberei schon weit lukrativer. Ganze Heerscharen – so berichtete mir Prof. Dr. Javier Cabrera Darquea – machten sich besonders in sternklaren Nächten auf den Weg. Funde gab es immer wieder: Textilien aus Vorinkazeiten, die sich im trockenen Wüstenboden erstaunlich gut gehalten hatten. Systematisch wurden Gräber – ebenfalls aus präinkaischen Zeiten – aufgespürt und geplündert. Die Grabräuber trugen bei ihrer Arbeit Amulette, die sie vor dem Zorn der Totengeister schützen sollten. Die Polizei fürchteten sie bei ihrer nächtlichen Arbeit weniger, wohl aber die Toten. Wurden sie doch ihrer Grabbeigaben beraubt.

1966 bekam Dr. Javier Cabrera Darquea einen solchen gravierten Stein zum Geburtstag geschenkt. 1966 führte Santiago Agurto Calvo, ein Architekt, archäologische Grabungen durch. Er wurde fündig: immer wieder stieß er auf gravierte Steine. Calvo kam zu der Überzeugung, dass die Ritzzeichnungen von Künstlern aus vorinkaischen Zeiten stammten. Vergeblich versuchte er, Vertreter der schulwissenschaftlichen Archäologie für die mysteriösen Funde zu interessieren. Dr. Javier Cabrera Darquea bekam immer wieder gravierte Steine geschenkt: von dankbaren Menschen, denen er unentgeltlich geholfen hatte.

Und bald entwickelte der berühmte Sohn des Städtchens Ica eine wahre Sammelleidenschaft. Aus Hunderten von Steinen mit Ritzzeichnungen wurden innerhalb von Jahren viele Tausende. Dr. Javier Cabrera Darquea, der an der „Universidad Nacional San Luis Gonzaga", Ica, Vorlesungen gehalten hatte, machte neben schlichten geometrischen Zeichnungen bald höchst ungewöhnliche aus: Pflanzen und Tiere aus prähistorischen Zeiten.

Da gab es eindeutig zu identifizierende Saurier, die in die Oberfläche von Steinen geritzt worden waren. Wie sollten Menschen in vorinkaischen Zeiten gewusst haben, wie Saurier ausgesehen haben? Fantastischer noch: Die Künstler, die eine unüberschaubare

Menge von Bildnissen schufen, stellten Menschen und Saurier als Zeitgenossen dar. Auf anderen Steinen wurden komplizierte medizinische Eingriffe gezeigt, sogar Herztransplantationen und Kaiserschnittoperationen!

15.1. Saurier oder Drachenmonster

Abb. 15.2 Mensch reitet Flugsaurier

Wiederholt habe ich das Cabrera-Museum in Ica besucht. Prof. Dr. Javier Cabrera Darquea erwies sich stets als äußerst hilfsbereit. Ich habe den Eindruck gewonnen, dass ihn die ablehnende Haltung der Wissenschaft geärgert und gekränkt hat. Immer wieder empörte er sich ob der Weigerung der Schulwissenschaft, die Bibliothek in Stein als echt anzuerkennen.

„Man kann doch die gravierten Steine wie ein Buch lesen!" betonte der streitbare Museumsdirektor immer wieder.

Das sahen die meisten Wissenschaftler ganz anders: Menschen und Dinosaurier als Zeitgenossen? Eine hochstehende Zivilisation vor vielen Jahrtausenden, die eine sehr fortgeschrittene Medizin mit komplizierten chirurgischen Eingriffen beherrschte? Menschen, die vor vielen Jahrtausenden nicht nur hervorragende Mediziner waren, sondern die überhaupt den Wissenschaften huldigten? So sieht man auf nicht wenigen gravierten Steinen im Museum Menschen, die mit Hilfe von Teleskopen in den Himmel starren.

Für die Schulwissenschaft war klar: So eine frühe hochstehende Zivilisation konnte es vor Jahrtausenden nicht gegeben haben ...

15.3. Blick durch ein Fernrohr - Kopie

... weil eine Anerkennung der Funde das bisherige Geschichtsbild komplett ad absurdum geführt hätte. Die Gravuren konnten
nur Fälschungen sein ... weil sie Fälschungen sein mussten!

Zur großen Freude der Schulwissenschaftler bewies anno 1998 der Spanier Vincente Paris: die Steine sind gefälscht. Das heißt: Vincente Paris untersuchte einige Steine mit Gravuren und kam zum Ergebnis, dass die Bildnisse nicht in grauer Vorzeit, sondern erst in jüngster Vergangenheit hergestellt worden sind. Seine Mikrofotografie-Aufnahmen wiesen, Luc Bürgin weist in seinem vorzüglichen Werk „Lexikon der verbotenen Archäologie – Mysteriöse Relikte von A bis Z (Seite 100) darauf hin, *„auf manchen Ica-Steinen Spuren von moderner Farbe und Poliermittel"*.

Wie sind die Erkenntnisse Vincente Paris zu bewerten? Sind alle gravierten Steine im Museum Fälschungen? Genau das behaupten seit Jahrzehnten sogenannte Skeptiker, selbst ernannte Verteidiger der Schulwissenschaften.

1977 erschien Erich von Dänikens voluminöser Band „Beweise – Lokaltermin in fünf Kontinenten". In diesem Band berichtete Däniken auch über die gravierten Steine von Ica (S. 415): *„Die Familie Cabrera besitzt an der Plaza de Armas in Ica ein großes Haus, das sie auch braucht, denn die Cabreras sind sehr fruchtbar.*

Trotzdem sind drei große Räume vom Boden bis zur Decke hinauf mit Regalen versehen, in denen massenhaft Steine liegen. Von Fußball- bis Ballongröße. Jeder Stein ist mit anderen Motiven graviert ... Man entdeckt Indianer, die auf Vögeln reiten. Es sind Indianer mit fremdartigen Werkzeugen in den Händen verewigt. Auf einem Stein bedient sich ein Indianer einer Lupe zum besseren Sehen. Ein Stein ist ein Globus im Taschenformat: die Umrisse fremder Länder, Kontinente und Ozeane sind sorgsam eingeritzt ... Mit Bedacht zeigt Dr. Cabrera, der selbst führender Chirurg ist, eine Serie von Steinen, die den Hergang einer Herztransplantation zeigen.

Dem Patienten, der auf einer Art von Operationstisch liegt, wird das Herz herausoperiert; Schläuche versorgen ihn mit Infusionen. Ein frisches Herz wird eingesetzt. Zwei Operateure schließen die Arterien. Die Brustöffnung wird geschlossen."

1977 wurde Erich von Däniken heftig attackiert. „Kritische Journalisten" dokumentierten, so hieß es, was Däniken verschweige. In der Fernsehdokumentation „Pathways to the Gods" (etwa: „Pfade zu den Göttern") führten besagte „Meister" der Recherche Basilio Uschuya vor, den sie angeblich ausfindig gemacht hatten ... den Fälscher der Steine. Uschuya, so hieß es, nicht ohne Häme, gravierte die Steine mit einem Zahnarztbohrer und ließ sie künstlich altern ... durch Backen in Kuhdung. War damit Erich von Däniken entlarvt?

1996 nahm sich die BBC erneut der „Fälschungen" an. 1997 brillierte „Kabel 1" mit einer skeptischen Dokumentation. Wieder wurde Basilio Uschuya als Fälscher der Steine von Ica vorgestellt.

War somit die „Akte Ica-Steine" erledigt? Konnte sie endgültig geschlossen werden, da kritische Journalisten doch den Fälscher aller Steine aufgespürt hatten? Nun, ganz so einfach ist der Sachverhalt nicht. Es war keineswegs eine besonders schwierige Aufgabe, den Fälscher Basilio Uschuya zu „entdecken". Dazu bedurfte es keines Meisterdetektivs wie Sherlock Holmes. Was von den „Enthüllern" gern verschwiegen wird: Erich von Däniken selbst stellte Basilio Uschuya in seinem Buch „Beweise – Lokaltermin in fünf Kontinenten" (1) vor. Um den Mann zu finden, muss man nur bei Däniken nachlesen.

Fakt ist: Erich von Däniken hat die Weltöffentlichkeit auf die gravierten Steine von Ica aufmerksam gemacht. Und er hat ganz offen über den „Fälscher" geschrieben. Nur: Erich von Däniken zweifelt aber stark an, dass Uschuya Zigtausende Gravuren gefälscht haben kann. Und in der Tat: Es ist unmöglich, dass Basilio Uschuya die gewaltige Masse an Steinen mit unzähligen Gravuren versehen hat.

Warum aber behauptet dann Basilio Uschuya selbst, *„alle gravierten Steine"* selbst hergestellt zu haben? Tut er das wirklich? Fakt ist: Basilio Uschuya hat nachweislich „gravierte Ica-Steine" an ausländische Touristen verkauft. Er wurde von der peruanischen Polizei mit dem Vorwurf konfrontiert, archäologische Funde illegal veräußert zu haben. Für das Übertreten dieses Gesetzes, das archäologische Erbe Perus schützen soll, wäre Basilio Uschuya empfindlich bestraft worden. Also erklärte er, die Steine gemeinsam mit seiner Frau gefälscht zu haben. Der Verkauf unechter archäologischer ist nämlich nicht verboten. Basilio Uschuya wurde nicht weiter belangt und auch nicht bestraft.

Basilio Uschuya (2): *„Zwar habe ich der Polizei tatsächlich zu Protokoll gegeben, die Cabrera-Steine selbst fabriziert zu haben. Aber ich tat dies nur zu meinem eigenen Schutz. Man hätte mich sonst wegen Plünderung archäologischer Stätten verhaftet."*

15.4. Nach Cabrera Darstellung einer Operation

Fußnoten:

(1) Erich von Däniken: „Beweise – Lokaltermin in fünf Kontinenten", Düssweldorf und Wien 1977, S. 417 und S. 418

(2) Luc Bürgin: „Lexikon der verbotenen Archäologie – Mysteriöse Relikte von A bis Z"), Rottenburg 2009, S. 101

16. Fantastische Funde oder Fälschungen?

Prof. Dr. Javier Cabrera Darquea (1924-2001) hat im Verlauf von Jahrzehnten eines der ungewöhnlichsten Museen unseres Planeten aufgebaut, die ich je gesehen habe. In Hülle und Fülle werden da Artefakte gezeigt, die – so sie echt sind – zu einem Umschreiben der Geschichte der Menschheit führen müssten. Wer Reisen unternimmt, um die Geheimnisse unseres Planeten zu erforschen, stößt immer wieder auf unliebsame, mysteriöse Artefakte.

In zahlreichen Museen kann man oft sehr anschaulich sehr viel über die Entwicklungsgeschichte der Menschheit erfahren. Wertvolle Ausstellungsstücke illustrieren den Werdegang des Lebens vom primitiven Einzeller bis zum Computerexperten. Der Museumsbesucher kann so nachvollziehen, wie die Evolution gewirkt hat: als treibende Kraft bei der Entstehung der heutigen tierischen Lebewesen ebenso wie beim Aufstieg des Menschen vom primitiven „homo sapiens" zum Jetztmenschen.

Andächtig wird die Evolution als neuzeitliche Form einer wissenschaftlich anerkannten „Gottheit" verehrt. Vor Jahrhunderten war es Blasphemie, den biblischen Gott anzuzweifeln. Als Evangelium des modernen, aufgeklärten Menschen gilt heute als treibende Kraft nicht mehr Gottvater, der Schöpfer. Noch verpönter ist in wissenschaftlichen Kreisen, die große Göttin, die nach altem Glauben alles Leben hervorgebracht hat und – ewigen Zyklen der Wiederkehr folgend – immer wieder gebiert. Der patriarchalische Gott hat die Göttin verdrängt und wurde in wissenschaftlichen Kreisen durch die heilige Evolution ersetzt. Sie ist in vermeintlich aufgeklärten Kreisen der hehren Wissenschaft heute ebenso sakrosankt wie der allmächtige Schöpfergott der Bibel vor Jahrhunderten.

Etwas hat sich allerdings geändert: Ketzer wurden vor Jahrhunderten gefoltert und verbrannt. Heute müssen sie um ihre Existenz bangen, so sie sich um einen Platz in der Welt des wissenschaftlichen Establishments bemühen. Tabus gibt es auch in atheistischen Kreisen der Wissenschaft.

In wissenschaftlichen Werken unserer Tage wird ebenso lautstark „die Wahrheit" verkündet wie einst in den religiösen Traktaten unterschiedlichster Couleur. Aber wie einst Theologen zum Beispiel nicht ins Konzept der Bibel passende Texte verbrannten oder nur verboten ... so fristen auch Museumsartefakte ein ärmliches Dasein, die nicht zur allgemeinen Lehrmeinung passen. Sie verschwinden in muffigen Kellerräumen, wenn sie nicht gar – da angeblich wertlos – zerstört werden. Als unanfechtbarer Kanon „der wissenschaftlichen Wahrheit" gilt: die Evolution führte zu einem allmählichen und kontinuierlichen Aufstieg.

Der heutige Mensch hat den Zenit erklommen, alle menschlichen Vorgänger waren primitiver, alle früheren Kulturen waren primitiver. Es kann vor Jahrtausenden oder gar Jahrzehntausenden keine hochstehenden Kulturen gegeben haben, die in mancherlei Hinsicht der unseren überlegen war. Warum nicht? Weil es sie nach wissenschaftlichem Glauben nicht gegeben haben darf. Wer aber die Geschichte der Menschheit unvoreingenommen wie ein spannendes, informatives Buch lesen möchte ... darf sein Denken nicht irgendwelchen Dogmen unterwerfen.

Objekte, die nicht ins allgemein gültige Geschichtsbild passen, werden nicht in den heiligen Hallen unserer Museen ausgestellt. Sie fristen ein jämmerliches Dasein in Archiven und Kellern, die für die Öffentlichkeit nicht zugänglich sind. Oder sie werden einfach ignoriert. Objekte, die in der schulwissenschaftlichen Lehrmeinung keinen Platz haben werden rasch als Fälschungen deklariert. Es müssen Fälschungen sein, weil sie nicht echt sein können. Und sie können nicht echt sein, weil sie nicht echt sein dürfen.

Cabreras gravierte Steine und Tonfiguren zeigen zum Beispiel ganz eindeutig vorzeitliche Saurier. Wie geht man mit solchen Objekten um? Wie stuft man sie ein? Man kann sie leichtfertig zu Fälschungen erklären, nach einem simplen Motto: Vor Jahrtausenden können Menschen in Südamerika nichts von Sauriern gewusst haben. Also können Artefakte, die Saurier zeigen, nicht Jahrtausende alt sein. Es gibt aber eine Alternative! Vielleicht ist unsere Vorstellung vom Wissensstand der Menschen, die vor Jahrtausenden in Südamerika lebten, falsch? Vielleicht müssen wir unsere Thesen über die graue Vergangenheit Südamerikas so ändern, dass auch unliebsame archäologische Funde Platz finden. Unsere Thesen über die Vergangenheit des Menschen dürfen keine unantastbaren Dogmen sein. Sie müssen ständig überprüft werden.

Leider weigert sich aber die Schulwissenschaft in der Regel, archäologische Funde, die nicht ins klassische Bild der Vergangenheit passen, zur Kenntnis zu nehmen. Jahrtausende alte Saurierdarstellungen sind für Anhänger des schulwissenschaftlichen Kanons ein Gräuel. Und doch gibt es sie.

1897 wanderte der Bremer Kaufmann Waldemar Julsrud nach Mexiko aus. Wie Heinrich Schliemann (1822-1890) war er ein begeisterter Feldarchäologe aus Leidenschaft. Schliemann wurde von der Wissenschaft nicht ernst genommen. Er entdeckte Troja. Julsruds Funde dürften weitaus bedeutsamer sein für die Geschichte der Menschheit. Will man die wahre Geschichte der Menschheit wie ein Buch lesen, darf man auf Julsruds Seiten nicht verzichten.

In den Jahren 1944 bis 1952 gruben Einheimische in seinem Auftrag mehr als 33.000 kleinere Skulpturen aus. Darunter befinden sich unzählige – die genaue Zahl ist unbekannt – Saurierfiguren. Ohne dass auch nur eine einzige der fantastisch anmutenden Skulpturen wissenschaftlich untersucht wurden ... erklärte man sie in Bausch und Bogen zu modernen Fälschungen. Sie konnten nicht echt sein, weil sie nicht echt sein durften.

Waldemar Julsrud funktionierte sein geräumiges Haus in ein bewohntes Museum um. Jeder freie Fleck wurde genutzt. Überall standen und lagen die bizarren Tonfiguren, auf Tischen und Schränken, in Regalen und Vitrinen. Julsruds Haus wurde zu einer bizarren Welt, die sich Menschen und monströs wirkende Wesen teilten. Tausende Figuren stellten eine Welt dar, die mehr an einen Mysteryfilm unserer Tage als an irdische Realität erinnerte. Immer mehr Neugierige besuchten die einzigartige Ausstellung.

Vertreter der Wissenschaft indes hielten es nicht für erforderlich, die Artefakte näher in Augenschein zu nehmen. Sie konnten nur Fälschungen sein, weil sie Fälschungen sein mussten. Und sie mussten Fälschungen sein, weil sie nicht echt sein durften. Und um Fälschungen zu betrachten, war jedem Wissenschaftler auch ein noch so kurzer Weg zu weit ... zumindest offiziell.

16.1. Riesige Mengen von gravierten Steinen ...

Anno 1964 wurde die mysteriöse Sammlung nach dem Tod von Waldemar Julsrud in ein Lagerhaus verbannt. Dort schlummerte sie, vorsorglich von der Öffentlichkeit weggeschlossen, bis Ende der 1990er Jahre Privatforscher auf die sensationellen Funde aufmerksam machten. Und siehe da ... Es hatte doch wissenschaftliche Untersuchungen und Analysen der Funde gegeben. Warum aber wurden die Ergebnisse nicht publik gemacht. Warum wurden die Altersbestimmungen der „gefälschten Artefakte" nicht in die Welt hinausposaunt? Lag es daran, dass die erhofften Resultate nicht geliefert wurden? Lag es daran, dass die Funde keine modernen Fälschungen sein können?

Fakt ist: Drei wissenschaftliche Institute aus Nordamerika (1) haben Julsrud-Objekte getestet. Unabhängig voneinander kamen alle drei zu Ergebnissen, die nur einen Schluss zulassen: Die datierten Artefakte sind keine Fälschungen! Untersuchung wurden durchgeführt:

- vom „Teledyne Isotopes Laboratories", Westwood, New Jersey
- vom „Museum Applied Science Center for Archaeology" der „University of Pennsylvania" und
- von den „Geochron Laboratories", Massachusetts.

Fasst man die Ergebnisse dieser wissenschaftlichen Untersuchungen zusammen, dann müssen die geheimnisvollen Skulpturen über einen langen Zeitraum hinweg geschaffen worden sein, nämlich zwischen 4500 vor Chr. (C14 Datierung von 1968) und 2500 v.Chr. (Thermolumineszenz Datierungen von 1973 und 1995). Doch wurde Julsrud rehabilitiert, nachdem die Fälscher-These eigentlich als widerlegt angesehen werden müsste?

Fakt ist: In Julsrud Sammlung gibt es Miniskulpturen, die Saurier darstellen. Wissenschaftliche Analysen sprechen den Artefakten Julsruds ein sehr hohes Alter zu. Ein winziger Bruchteil der Artefakte ist immerhin öffentlich ausgestellt im „Museum Waldemar Julsrud", das am 28. Februar 2002 in Acámbaro eröffnet wurde. Jahrzehnte nach Waldemar Julsruds Tod hatte sich der Wunsch des unermüdlichen Forschers endlich erfüllt.

Fakt ist: Auch in Prof. Dr. Javier Cabrera Darqueas Museum gibt es Saurierdarstellungen. Auch diese Objekte werden gern in Bausch und Bogen verdammt und als Fälschungen diskreditiert. Dabei gibt es wissenschaftliche Studien, die dafürsprechen, dass es auch sehr alte „Cabrera-Objekte" gibt.

Fakt ist: Bereits im Sommer 1967 führte die „Compania Minera Mauricio Hochschild" eine Untersuchung von gravierten Steinen durch. Prof. Dr. Javier Cabrera Darquea zeigte mir die entsprechenden Dokumente in seinem Museum. Die Resultate sind sensationell, werden aber bis heute weitestgehend totgeschwiegen. Der Geologe Dr. Erik Wolf analysierte die Oxydationsschichten, die sich auf den Einritzungen gebildet hatten. Weitere Proben wurden von Professor Dr. Josef Frenchen vom „Institut für Mineralogie und Petrographie an der Universität Bonn" datiert. Im Frühjahr 1969 lag dann das eindeutige Ergebnis vor. Demnach müssen die Einritzungen vor mindestens 12 000 Jahren vorgenommen worden sein. Ein weit höheres Alter könne nicht ausgeschlossen werden.

Im Jahre 2002 führten Maria del Carmen Olazar Benguira und Felix Arenas Marsical Ausgrabungen in der Wüste zwischen Nasca und Ica durch. Tagelang haben sie unter schwierigen Bedingungen gegraben. 200 Meter unterhalb des Gipfels des Cerro Norte fündig: gravierte Steine, vergleichbar mit den Artefakten aus Cabreras Museum! Im Museum von Prof. Dr. Javier Cabrera Darquea verblüffen Darstellungen von komplizierten medizinischen Eingriffen: in Steine graviert und plastisch als Tonfiguren.

Einer der 2002 ausgegrabenen Steine zeigt – wie die Artefakte im Cabrera-Museum – ebenfalls eine medizinische Szene: Eine Person, die auf einem Tisch liegt, wird operiert. Der Chirurg setzt offenbar gerade das Messer an. Einige der Steine – Luc Bürgin (1970-2024) weist in seinem Nachschlagewerk ausdrücklich darauf hin (2) – waren „mit Ablagerungen verklebt". Bürgin: „Und die Karbonablagerungen auf den mitgebrachten Boden- und Gesteinsproben waren gemäß Thermolumineszenz-Datierung ›mehr als 61.196 Jahre‹ respektive ›mehr als 99.240 Jahre‹ alt - ›bei einem Abweichungsfaktor von 5.000 bis 8.000 Jahren.‹"

Bürgin schließt seine Ausführungen über die „Ica-Steine" so:
„Die unendliche Geschichte der Ica Steine ist damit um ein weiteres Kapitel reicher. Wie sie wohl weitergeht?"

16.2. Saurier in der Julsrudcollection

Fußnoten:

(1) Bürgin, Luc: „Lexikon der verbotenen Archäologie: Mysteriöse Funde von A bis Z", Rottenburg 2009, S. 22

(2) Bürgin, Luc: „Lexikon der verbotenen Archäologie: Mysteriöse Funde von A bis Z", Rottenburg 2009, S. 102

17. Geheimnisvolles Nasca

Ich stehe auf einer Anhöhe am Rande der Wüstenebene von Nasca. Von hier aus hat man einen guten Blick über das staubige Plateau. Man erkennt einige der mysteriösen Scharrlinien, die Nasca weltberühmt gemacht haben ... mehr schlecht als recht. Die Sicht reicht weit. Man erahnt so etwas wie Linien im trockenen Wüstenboden. Aber besonders imposant wirken sie nicht. Man ist fast etwas enttäuscht.

Hat man doch immer wieder gehört und gelesen, wie spektakulär Nasca sein soll! Kein Wunder: Es fehlt der richtige Überblick. Um das Mysterium von Nasca wirklich erfassen zu können, genügt es nicht auf eine Anhöhe oder einen Aussichtsturm zu steigen. Man muss im wahrsten Sinne des Wortes in die Luft gehen ... Da stellt sich eine Frage: Wurden die berühmten Zeichnungen von Nascageschaffen, um von hoch oben gesehen zu werden? Waren sie gar nicht für menschliche Augenbestimmt?

Vor mehr als einem halben Jahrtausend, anno 1537, vermerkte Piedro Cieza de León: *„Zeichen in einem Teil der Wüste, die um Nanasca herumliegen, damit die Indios den Weg entdecken können, dem sie zu folgen haben."* Als Wegweiser sind die Zeichen allerdings denkbar ungeeignet. Sie beginnen im Nichts der staubigen Wüste, sie enden im Nichts. Sie weisen letztlich in alle Himmelsrichtungen und sind keine Hilfsmittel einen Weg zu einem Ziel zu finden. Es sei denn, man möchte mitten in die Einöde einer lebensfeindlichen Wüste geführt werden.

Francisco Hernandez Giron verzichtet anno 1554 auf eine Interpretation, beschränkt sich lediglich auf eine knappe Aussage: *„Die Indios haben große Linien in den Boden gezogen."*

Durch Erich von Däniken wurde ich anno 1968 auf Nasca aufmerksam gemacht. Ich las damals seinen Megabestsellern „Erinnerungen an die Zukunft". Ein Traum entstand: Ich wollte auch einmal vom Flugzeug aus Nasca erkunden. 1992, fast ein Vierteljahrhundert später, war es dann endlich so weit. Auch in den folgenden Jahren besuchte ich immer wieder Nasca. Aber besonders beeindruckend war meine erste Begegnung mit der mysteriösen

Hochebene und ihren geheimnisvollen Zeichnungen. Den ersten Flug über Riesenbilder und Pisten werde ich wohl nie vergessen ... Der Motor des kleinen viersitzigen Flugzeugs dröhnt mir höllisch in den Ohren. Das Flugwetter ist nicht gerade ideal. Die kleine Maschine wird immer wieder heftig hin- und hergeschleudert. Ich werde heftig durchgeschüttelt. Übelkeit steigt in mir auf. Das Fotografieren fällt mir schwer.

Abb. 17.1. Bizarres Durcheinander von Linien und Bahnen

Aber je mehr ich mich auf meine beiden Fotoapparate konzentriere, desto besser vertrage ich den unruhigen Flug. Gespannt starre ich durch die schmutzige Fensterscheibe rechts neben mir. Die automatische Schärfeneinstellung beider Kameras versagt. Also schalte ich auf „manuell" um. Das Teleobjektiv meiner Kamera ruht an der schmutzigen Scheibe. Warum funktioniert die Automatik nicht? Ich versuche immer wieder, die Automatik einzusetzen, vergeblich: Bei beiden Kameras muss die manuelle Einstellung genügen.

Ich sehe den Schatten des Flugzeugs, in dem ich sitze, tief unter mir wie ein kleines, bemitleidenswertes Insekt über den graubraunen Boden der Wüste von Nasca kriechen. Die berühmte „Panamericana" sieht von hoch oben betrachtet wie ein schwarzer Schnitt aus, wie eine Wunde, die unsere moderne Zivilisation der geheimnisvollen Ebene von Nasca gerissen hat. Vor Jahrzehnten fanden, ohne Rücksichtnahme auf das uralte kulturelle Erbe wilde Autojagden statt.

Die Reifenspuren richteten erheblichen Schaden an. „Wir sind da!" schreit der Pilot und deutet aufgeregt nach unten. Die Sicht auf die Wüstenebene ist gewaltig. Auf Fotos habe ich diese Szenerie schon oft gesehen. Aber die Realität lässt sich nicht immer wirklich naturgetreu aufnehmen. Tief unter mir erstreckt sich eine fantastische Bilderwelt. Kann man sie wie ein Buch lesen?

Ein gigantischer Vogel rückt in mein Blickfeld. Ich versuche ihn zu fotografieren... Ich drücke mehrfach auf den Auslöser ... und schon erkenne ich das besondere Geheimnis des Wüstenplatea von Nasca.

Da ist, so scheint es, ein Flugplatz zu erkennen. Verschiedene „Landepisten" verlaufen teils parallel zueinander, teils sternförmig auseinander. Der Pilot nickt eifrig. Er fuchtelt mit den Händen. Mir wäre lieber, er würde damit den Steuerknüppel umfassen. „Die da...", brüllt er und deutet auf eine besonders beeindruckende Landebahn, „ist 1700 Meter lang und fünfzig Meter breit!"

Dann will er anscheinend beweisen, wie steil er seine Maschine in kürzester Zeit gen Boden lenken kann. Mir kommt es so vor, als werde mein Magen Richtung Hals gedrückt. Der graubraune Wüstenboden kommt auf mich zugerast. Die kleinen maulwurfshügelartigen Häufchen werden wie der zu dem, was sie sind – Berge. Und die kleinen Punkte, die auf dem schmalen schwarzen Faden hin und her sausen werden wieder zu Autos auf einer Straße.

Der Pilot fängt die Maschine ab, hält direkt auf die „Landebahn" zu. Ich schätze, dass wir erst höchstens fünf Meter über dem Boden zum erneuten Steigflug ansetzen. Abrupt geht es wieder nach oben, steil empor.

Ich fühle mich tonnenschwer, werde förmlich in das schäbige Leder des Sitzes gepresst. Vielleicht hätte ich dem Piloten doch nicht sagen sollen, dass ich schon einmal über der Ebene von Nasca geflogen bin und keinerlei Probleme mit kleinen Maschinen habe?

Wir fliegen über der Ebene von Nasca. Unter uns breitet sich ein riesenhaftes Bilderbuch aus. Da ist deutlich ein Vogel zu erkennen. Sein kleiner Hals sitzt auf einem schmächtigen Kopf. *„100 Meter lang!"* brüllt der Pilot.

Eine Eidechse kommt ins Blickfeld. *„190 Meter groß!"* erfahre ich. Man hat die Panamerika-Straße ohne Rücksicht auf die Zeichnung angelegt. Sie durchschneidet wie ein schwarzer Strich die Beine der Echse.

Weitere „Riesentiere" tauchen unter mir am Wüstenboden auf: Ein Affe mit spiralförmig gekringeltem Schwanz, ein mächtiger Kolibri, eine riesige Spinne ... und immer wieder Linien oder Bahnen. Sie beginnen im Nichts, enden nach Kilometern wieder im Nichts. Wie bei meinem ersten Besuch bin ich vom Mysterium Nasca fasziniert.

Schon bald achte ich nicht mehr auf magenunfreundliche Flugmanöver meines Piloten. Ich habe nur noch Augen für das riesige Geheimnis, das sich tief unter mir am Wüstenboden erstreckt. Was ist das, diese Ebene? Ein prähistorischer Flugplatz? Ein Bilderbuch für die Götter? Oder beides zugleich? Wie und wann wurde dieses Weltwunder geschaffen?

Seit Satelliten unseren Globus umrunden weiß man, die Zeichnungen von Nasca erkennt man zum Teil ... aus dem All! 1994 wurden sie zum „Weltkulturerbe" ernannt. Die Frage nach dem „Wie?" ist vordergründig leicht zu beantworten. Der Wüstenboden ist überdeckt mit schwärzlich oxidiertem feinsten Geröll. Zentimeter darunter ist der Untergrund hell. Entfernt man nun die oberste Schicht, einige Zentimeter genügen, dann kommt der weißliche Untergrund zum Vorschein. Man bezeichnet die riesigen Darstellungen von Nasca als „Scharrbilder", weil die oberste Erdschicht weggescharrt wurde, um sie entstehen zu lassen.

Das klingt einfacher als es war. Nach den vorsichtigen Schätzungen von Prof. Dr. Gunter Reppchen von der Hochschule für Technik und Wirtschaft in Dresden, mussten in Nazca etwa 10.000 Kubikmeter Erdreich weggekratzt werden, um das riesige Bilderbuch entstehen zu lassen. Was geschah mit dem Berg von Abraum? Niemand vermag das zu sagen.

Richtig ist: Es gelang im Experiment, mit einfachen Mittel innerhalb weniger Tage schmale gerade Linien in den trockenen Wüstenboden zu scharren. Es wurden auch mehr oder minder gelungene Kreise kreiert. So wurde mit Hilfe von Seilen und einem Pflock, der ins Erdreich getrieben wurde, ein nicht wirklich perfekter Kreisbogen von drei Meter Durchmesser ins Erdreich gezeichnet. Mit diesen Mitteln war es aber unmöglich etwa einen riesigen Vogel als Scharrzeichnung anzulegen, der nur vom Flugzeug aus zu erkennen ist.

Die Riesenbilder – etwa eines Affen, ein Kolibri oder einer Spinne – setzen präzise Planung mit Berechnungen voraus. Damit mir nicht der gleiche Unsinn unterstellt wird wie Erich von Däniken: Weder die „Pisten" noch die Tierbilder wurden von außerirdischen Astronauten geschaffen, sondern von Menschen.

Diese Menschen müssen aber über besondere Kenntnisse, mathematisches Wissen und Fähigkeiten verfügt haben, die den Bewohnern der Region von Nasca von vor rund zwei Jahrtausenden gewöhnlich nicht zugebilligt werden. Sie sollen nicht einmal die Kunst des Schreibens beherrscht haben. Wie haben sie dann das riesige Skizzenbuch geplant und schließlich verwirklicht?

Eine ironische Anmerkung sei mir gestattet: Ein Buch lesen, das sollte man als Kritiker schon, bevor man sich darüber lustig macht! Immer wieder sind es gerade jene Kritiker, die Erich von Däniken der Verfälschung bezichtigen, die ihm absurdeste Aussagen unterstellen, die allerdings nirgendwo in Dänikens Büchern zu finden sind. Aber man kann ihn ja besonders wirkungsvoll „widerlegen", wenn man kein einziges Buch aus seiner Feder gelesen hat. Es ist unfair, Erich von Däniken frei erfundene Aussagen der unlogischsten Art zuzuschreiben.

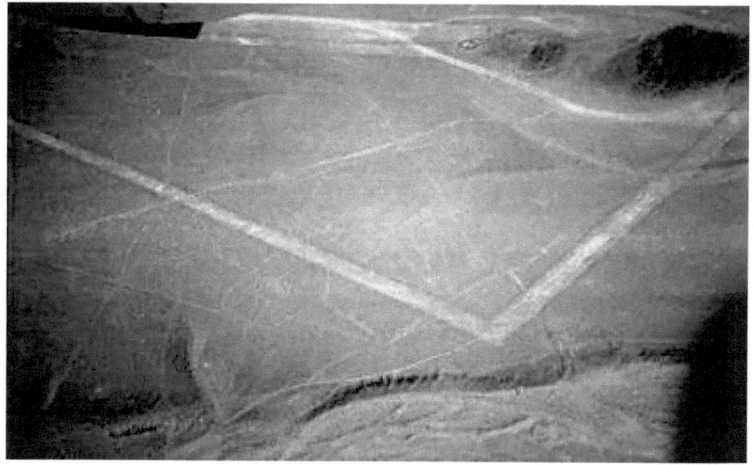

Abb. 17.2. Scheinbar sinnlose „Bahnen"

18. Bilder für die Götter?

Die Frage nach dem „Wann entstanden die Darstellungen von Nasca?" konnte bis heute nicht definitiv beantwortet werden. Duncan Strong fand auf der Ebene einen Holzpfahl, der – teilweise verrottet – im Boden steckte. Er datierte ihn mit Hilfe der „C-14-Methode". Demnach ist das Holz zwischen 445 und 605 n. Chr. geschlagen und in den Boden gerammt worden. Das sagt aber nicht viel aus: Woher will Mr. Strong denn wissen, dass der Pfahl aus jener Zeit stammt, als die Scharrbilder entstanden? Er könnte natürlich viel später in den Wüstenboden getrieben worden sein, lange Zeit nachdem die Scharrbilder entstanden.

Der Göttinger Anthropologe und Archäologe Lars Fehren-Schmitz untersuchte Zahn- und Knochenmaterial von 360 Toten, die im Bereich von Nasca bestattet worden sind. Die Trockenheit und das spezielle Milieu des Erdreichs boten ideale Bedingungen für eine natürliche Mumifizierung der Leichname. So war das DNA-Material vor allem in Zahnwurzeln noch erstaunlich gut erhalten. Lars Fehren-Schmitz, einer der führenden Experten der Welt in Sachen Analysen von Erbgut von uralten Skeletten und Mumien, stellte fest: Das Material ist rund zwei Jahrtausende alt.

Aber waren es diese Toten, die einst die riesigen Scharrzeichnungen anlegten? Wir wissen es nicht.

Offensichtlich, das ergaben die Analysen von Lars Fehren-Schmitz, war die Nasca-Region rund 400 Jahre lang wegen besonders unwirtlicher klimatischer Verhältnisse (extreme Trockenheit!) nicht besiedelt. Die Menschen zogen sich ins Hochland zurück, kamen nach vier Jahrhunderten wieder zurück.

Eine Datierung versucht hat auch der Computerexperte und Astronomie Fachmann Gerald S. Hawkins. Auf dem Wüstenboden sammelte er zahllose Keramikscherben zusammen. Sie ließen sich zu Vasen und Töpfen zusammenfügen. Ihr Alter konnte bestimmt werden. Sie wurden um 400 n. Chr. geformt. Bedeutet das, dass die Scharrbilder auch etwa aus dieser Zeit stammen?

Hawkins wies darauf hin, dass die Töpferwaren bildliche Darstellungen tragen, die solchen ähneln, die in riesigem Maßstab auf dem Wüstenboden zu sehen sind. Es könnte sein, dass Riesenfiguren und Tonwaren aus der gleichen Zeit stammen. Das muss aber nicht so sein. Vier verschiedene Varianten sind denkbar:

Die Bilder auf den Keramiken sind Kopien der Riesenbilder auf dem Wüstenboden. Die Keramiken wären also jünger als die großen Scharrbilder. Dann müssen die Keramik-Künstler die Scharrzeichnungen irgendwie gesehen haben. Das war aber nur aus der Luft, nicht vom Boden aus möglich. Konnten die Nasca-Menschen also fliegen? Besaßen sie Flugapparate?

Die Keramiken sind älter als die Riesenkunstwerke. Die Scharrzeichnungen im Wüstenboden sind Vergrößerungen von den Miniaturen auf den Töpfereien. Dann müssen die Bildchen auf den Keramiken irgendwie mittels eines komplizierten Systems ins Gigantische vergrößert worden sein. Das war so einfach nicht. Man muss sich vor Augen halten: Was da in den Boden gescharrt wurde, konnten die Künstler zu keinem Zeitpunkt aussehen. Das war ihnen nur von der Luft aus möglich.

Die Bilder auf den Keramiken und die Riesenscharrzeichnungen sind unabhängig voneinander entstanden. Die Ähnlichkeiten der Motive sind Zufall. Für die Datierung der Darstellungen auf der Ebene taugen sie dann nicht.

Erst vor wenigen Jahren wurde ein neuer Datierungsversuch unternommen – der bisher reellste. Der Archäologe Persis Clarkson und der Geomorphologe Ronald Dorn gingen von folgender Überlegung aus: Um die Riesenbilder sichtbar zu machen, musste ja die obere Schicht der Wüste entfernt werden. Steinchen wurden weggescharrt. Dabei muss es zwangsläufig dazu gekommen sein, dass sie dabei umgedreht wurden. Dabei kommen winzige Organismen, Kleinstlebewesen, die zuvor auf der Oberseite der Steine ihr karges Dasein fristen nach unten. Sie sterben ab. Diese toten Kleinstlebewesen kann man mit der „C-14-Methode" datieren. Sie ist ja nur auf organische Substanzen anwendbar.

Clarkson und Dorn: „Die Riesenbilder entstanden zwischen 190 und 600 n. Chr." Mit anderen Worten: Die Scharrzeichnungen wurden Jahrhunderte lang im Wüstenboden verewigt.

Damit ist eine These bestätigt worden, die Erich von Däniken bereits seit Jahrzehnten vertritt. In Kurzfassung: Vor Jahrtausenden landete ein „Spaceshuttle" außerirdischer Besucher in der Wüste von Nasca. Dabei wurde eine Spur hinterlassen. Die Fremden nahmen Kontakt mit den Menschen auf, beschenkten sie und entschwanden wieder gen Himmel. Eine neue Spur entstand im Wüstensand. Die Menschen waren beeindruckt. Sie hielten die mächtigen Wesen, die sie besucht hatten, für Götter. Wesen, die aus dem Himmel herab zu Erde kamen und wieder im Himmel verschwanden, mussten das nicht Götter sein?

Die Menschen wollten die „Himmlischen" zurückrufen. Also hegten und pflegten sie die Spuren, die die „Götter" zurückgelassen hatten. Als das nicht half, fertigten sie weitere, neue Linien an. Mühsam ließen sie Riesenbilder im Boden entstehen. Die sollten von den „Göttern" gesehen werden. Die Mühe war vergeblich. Die Wesen kehrten nicht aus dem Himmel zurück.

Riesengroße Bilder wurden geschaffen – für die Götter? Sollten die Götter die gewaltigen Kunstwerke sehen, etwa die Abbildungen riesiger Vögel oder eines Affen? Zu erkennen sind sie tatsächlich nur aus der Luft. In Prof. Dr. Javier Cabrera Darqueas Museum findet sich ein gravierter Stein, der einige der Nasca-Darstellungen sehr gut wiedergibt. Eingraviert wurden unter anderem zwei Vögel und der berühmte Riesenaffe von Nasca. Gerade dieser Stein ist sehr umstritten. Er veranschaulicht aber gut die Nasca Kunst in Miniaturform.

Dänikens Theorie, die in so gut wie von keinem der „Däniken-Widerleger" auch nur annähernd richtig zusammengefasst wird, ist spekulativ. Nach dem Abschied der himmlischen Besucher mögen die Menschen über Jahrhunderte hinweg immer wieder versucht haben, die Fremden dazu zu bewegen, wieder zu kommen. Das würde die Tatsache erklären, dass die Riesenkunstwerke nach und nach, über einen Zeitraum von Jahrhunderten kreiert wurden – als Botschaft an die „Götter": „Kehrt zurück!"

Ich erinnere mich an meinen ersten Flug über der Wüstenebene als sei es gestern gewesen ... In einem Berghang wurde eine seltsame Gestalt verewigt. Stolze 32 Meter misst sie von den Füßen zum Kopf. Das menschenähnliche Wesen hat seltsam große runde Augen. Einen Arm hält es wie zum Gruß empor. „El astronauto! El astronauto!" ruft mein Pilot immer wieder und deutet mit fuchtelndem Arm auf die mysteriöse Gestalt. Ein junger Fernsehjournalist konzentriert sich mehr auf seine papierene Spucktüte, die er in zitternden Händen hält. Nach Beendigung des Flugs wird er käsebleich aus dem Flugzeug klettern und sich zu Boden sinken lassen.

Hatten vorgeschichtliche Besucher aus dem All ihre Hände im Spiel? Kamen vor Jahrtausenden Außerirdische in die Region von Nasca? Irgendwann müssen die kosmischen Besucher wieder im All verschwunden sein. Wollten die Menschen die mächtigen Himmelswesen kontaktieren? Wollten sie den vermeintlichen Göttern eine Nachricht zukommen lassen? Sind die Scharrzeichnungen so etwas wie eine Botschaft an die Besucher, die einst aus dem All zur Erde kamen?

Fakt ist: die riesigen „Landebahnen" sind tatsächlich aus dem All zu erkennen. Satellitenbilder der NASA, vom All aus aufgenommen, beweisen: Wenn die Linien Zeichen für himmlische Götter waren... dann konnten kosmische Besucher tatsächlich die Botschaft vom All aussehen. Ich wiederhole: Waren die Scharrzeichnungen von Nasca also als Botschaften für die Götter gedacht?

Maria Reiche weist in ihrem Buch „Geheimnis der Wüste" (S. 82 und 83) auf *„eine besondere Art von Figuren"* hin. Die offenbar besonders alten und stark verwitterten Darstellungen von menschenähnlichen Wesen finden sich *„auf Steilhängen"*. Wer sollte diese Wesen sehen? Maria Reiche schreibt: *„Vom Boden aus sind sie überhaupt nicht wahrzunehmen. Sie bestehen zum Teil aus hellen Flächen. Oft sind Augen und Mund durch Steinhaufen angedeutet."*

Kann diese – spekulative – Theorie neben der herkömmlichen wissenschaftlichen bestehen? Fakt ist: alle Erklärungen, auch die schulwissenschaftlichen, sind spekulativ. Die Frage nach der „wahren" Bedeutung von Nasca kann nicht beantwortet werden.

Bislang konnten sich die Wissenschaftler, die sich mit den Geheimnissen von Nasca auseinandergesetzt haben, nicht auf die richtige, einzig gültige Erklärung einigen. Und solange es keine einheitliche „wissenschaftliche" Antwort gibt, ist auch die fantastische These mit Besuchern aus dem All berechtigt. Zudem ist keine der „seriösen" Erklärungen wirklich stichhaltig.

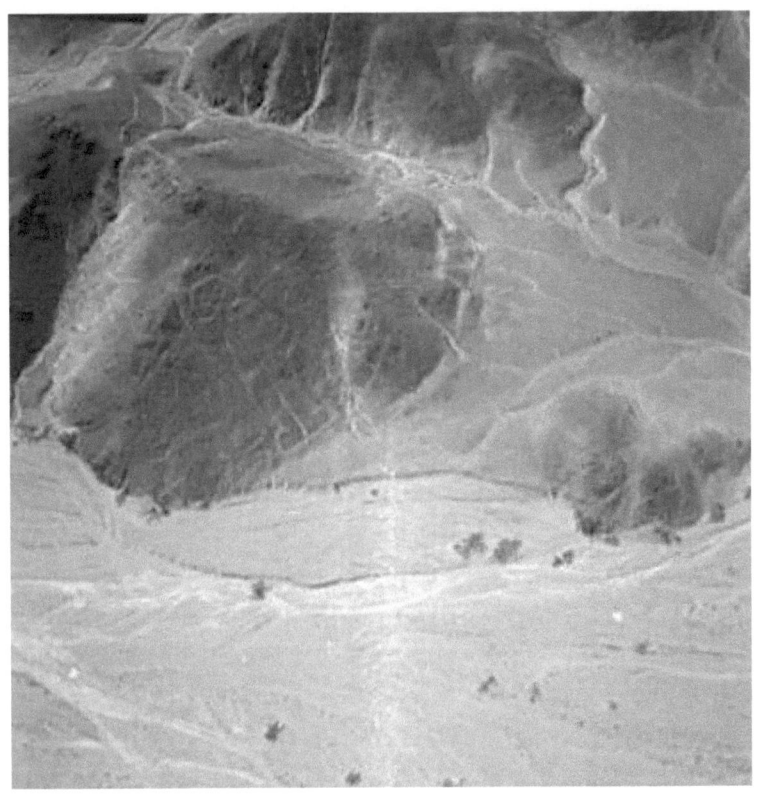

Abb. 18.1. Ein Astronaut auf dem Wüstenplateau

19. Sieben Erklärungen und ein unterirdisches Geheimnis

Sieben Erklärungen des „Phänomens Nasca" sollen verdeutlichen, wie widersprüchlich die von der wissenschaftlichen Seite vorgetragenen Lösungen sind. Die sieben „Lösungen" stehen stellvertretend für eine wahre Flut an „Antworten". Das Sammelsurium hätte noch erheblich erweitert werden können. Die unterschiedlichsten Meinungen zu Nasca werden seit vielen Jahren verkündet. In der Regel werden sie zur endgültigen Antwort auf die Fragen in Sachen Nasca erklärt. Und immer wieder heißt es dann: „Däniken widerlegt!"

Fakt ist aber: Die dänikensche These ist bis heute keineswegs widerlegt. Es wurden lediglich immer neue Lösungen für das Problem Nasca vorgetragen. Bewiesen werden konnte keine einzige!

Erklärung 1: Hobby-Archäologe Jim Woodman behauptet, Nasca sei ein Startplatz für Heißluftballone gewesen. Gegenargument: Solche Ballone benötigen keine „Landebahnen". Heißluftballone steigen von einem Punkt senkrecht in die Höhe. Zudem nutzte Woodman zwar Stoffe, die schon von den Nasca-Bewohnern vor vielen Jahrhunderten gewebt und verwendet wurden. Aber Woodmans Experiment funktionierte nur, wenn sein „primitiver" Heißluftballon mit einem modernen Nachbrenner ausgestattet war. So etwas besaßen die Nasca-Bewohner vor rund 2.000 Jahren definitiv nicht. Wenn behauptet wird, Woodman habe ausschließlich Mittel und Materalien eingesetzt, die vor Jahrhunderten den Menschen von Nasca zur Verfügung standen, dann ist das definitiv falsch. Die Nasca- Menschen besaßen definitiv nicht die Mittel, um einen Woodman-Ballon zu bauen. Woodman hat, allen gegenteiligen Behauptungen zum Trotz, das Geheimnis von Nasca nicht gelöst.

Angeblich ließen die Menschen von Nasca auf der Ebene mit den Riesenbildern Heißluftballone aufsteigen: mit vornehmen Toten „an Bord". So sollten die Edlen in den Himmel, womöglich zur Sonne, reisen. Eine solche Form der Bestattung passt allenfalls zu den späteren Inkas, bezeichnete sich doch der Herrscher der Inkas als „Sohn der Sonne". Doch dieser besondere Kult entstand sehr viel später, lässt sich für die Nasca-Kultur nicht nachweisen.

Selbst wenn – rein hypothetisch – vornehme Tote per Heißluftballon gen Himmel geschickt wurden ... weit können diese primitiven „Himmelsschiffe" nicht gekommen sein. Sie stürzten – so es sie gegeben haben sollte – wieder vom Himmel, fielen auf die Hochebene von Nasca herab. Und das war alles andere als ein würdevoller Abgang für bedeutsame Persönlichkeiten. Meine Meinung: Die Heißluftballonthese ist und bleibt eine kühne Annahme, die nicht als logisch bezeichnet werden kann.

Erklärung 2: Maria Reiche (geboren am 15. Mai 1903 in Dresden; gestorben am 8. Juni 1998 in Lima, Peru) hat Jahrzehnte entbehrungsreich in Nasca gelebt, gearbeitet und geforscht. Sie meinte, die Linien seinen so etwas wie ein astronomisches System. Gerald S. Hawkins, Astronomieprofessor in Cambridge, Massachusetts, liebäugelte auch mit dieser Lösung. Hawkins war von den Gedanken Maria Reiches fasziniert. Berühmt geworden war er mit seiner Lösung des Mysteriums von Stonehenge. Dank Computertechnologie konnte er nachweisen, dass Stonehenge so etwas wie ein steinzeitliches Observatorium und ein Computer zugleich war.

Sollte Nasca ebenfalls ein riesiges Observatorium sein? Hawkins überprüfte diese These per Computersimulation. Er fütterte seinem Computer alle wichtigen Sternpositionen der letzten 6.900 Jahre, verglich damit sämtliche Linien. Ist es so, dass bedeutende Sternkonstellationen über Nasca Linien angepeilt werden konnten? Das Ergebnis fiel niederschmetternd aus. Hawkins konstatierte resignierend: „Nein, diese Linien waren nicht auf Gestirne ausgerichtet. Enttäuscht mussten wir die Theorie eines astronomischen Kalenders aufgeben."

Eine Anmerkung sei mir gestattet: Auch wenn ich Frau Reiches Interpretation der Nasca-Bilder nicht teile, nötigt sie mir gewaltigen Respekt ab. Die in höchstem Maße engagierte Forscherin lebte Jahrzehnte unter schwierigsten Bedingungen vor Ort, auch um die Nasca-Kunst vor der Zerstörung zu bewahren.

Maria Reiche hatte gute Chancen und beste Aussichten auf einen sicheren Posten als Lehrerin in Dresden. Die politische Situation in Deutschland behagte ihr aber nicht. Ein Zeitungsinserat lockte sie 1932 nach Peru. Da wurde eine Hauslehrerin vom deutschen Konsul Tabel für seine Kinder gesucht. Der Job interessierte die junge Pädagogin. Maria Reiche reiste nach Südamerika, entdeckte das Mysterium von Nasca für sich. Sie kehrte nie mehr in die Heimat zurück.

Am 22. Juni 1941 brach Dr. Paul Kosok, ein Historiker von der „Long Island University", New York, zu einem Erkundungsflug auf. Von einem einmotorigen Sportflugzeug aus wollte er zwischen den Ortschaften Ica und Nasca alte Wasserkanäle ausfindig machen. Zu seiner Verblüffung fand er nicht das Gesuchte, sondern Scharrbilder im Wüstenboden. Der Zufall führte Dr. Kosok und Maria Reiche zusammen. Kosok begegnete der jungen Deutschen in einer Gastwirtschaft, wo sie für die Wirtsleute die Buchführung machte. Dr. Kosok suchte eine wissenschaftliche Hilfskraft. Sie sollte Übersetzungsarbeiten für ihn erledigen können und über Kenntnisse in Mathematik verfügen. Maria Reiche war firm in Spanisch und Deutsch. Und sie war Mathematikerin. So erfuhr sie von den Scharrzeichnungen von Nasca.

Aus der Luft, so notierte Maria Reiche, erinnerten einige der Riesenbilder-Pisten an Flugplätze. Und in der Tat: So sehen die oft kilometerlangen Bahnen tatsächlich auch aus. Maria Reiche konstatierte diesen unbestreitbaren Sachverhalt. Erich von Däniken tat das auch. Erich von Däniken erntete für seine sachliche Feststellung Hohn und Spott.

Die Wüstenebene von Nasca zog Maria Reiche in ihren Bann und ließ sie nicht mehr los. Sie begann, systematisch die Gluthölle von Nasca nach Scharrzeichnungen zu untersuchen. Mit unermüdlicher Ausdauer schleppte sie eine Stehleiter über die Wüstenebene und erklomm sie immer wieder. Fünfzig Zeichnungen im Boden entdeckte sie. Im Alter von 52 Jahren ließ sich Maria Reiche auf den Kufen eines Hubschraubers festbinden und fotografierte die riesigen Bodenzeichnungen von der Luft aus. Ihre

Aufnahmen machten Maria Reiche weltberühmt. Dass das riesige Bilderbuch 1994 zum Weltkulturerbe ernannt wurde und so unter besonderem Schutz steht, ist den unermüdlichen Anstrengungen Maria Reiches zu verdanken!

Erklärung 3: William H. Isbell, New Yorker Staatsuniversität, glaubt, die Riesenbilder seien als eine Art Beschäftigungsprogramm entstanden. Seine Überlegung: Gab es reichlich Nahrung, mussten Scharrbilder geschaffen werden, damit das Volk nicht übermütig wurde. Aufstände und Rebellionen sollten so unmöglich gemacht werden. Hätten aber sinnlose Arbeitsprogramme nicht erst recht den Zorn der Bevölkerung hervorgerufen? Und wann gab es in einer lebensfeindlichen Wüstenregion je Nahrung im Überfluss?

Erklärung 4: Nach Henri Stierlein sind die Scharrbilder Spuren von „gigantischen Webketten". Fleißige Indios sollen kilometerlange Fäden aufgereiht und verwoben haben. Einwand: Das ist nicht praktikabel. Nicht wenige Linien führen an steilen Felswänden empor oder überspringen Schluchten. Andere Linien kreuzen sich.

Erklärung 5: Professor Frederico Kauffmann-Doig erkennt in den Scharrbildern Beweise für einen „Katzenkult". Einwand: Es wurden zwar alle möglichen Tiere, von der Spinne bis zum Affen, dargestellt, aber keine einzige Katze.

Erklärung 6: Der verstorbene Fernsehprofessor Hoimar von Ditfurth wollte Nasca als gigantische Sportarena verstanden wissen. Die Linien seien von hurtigen Läufern abgerannt worden. Einwände: Ein 1.000 Quadratkilometer riesiges „Sportareal" wäre wirklich unsinnig. Die Athleten wären gar nicht zu beobachten gewesen. Außerdem: Linien, die über Klippen führen, die an kaum begehbaren Steilhängen in den Himmel weisen, sie wären als „Laufbahnen" denkbar ungeeignet gewesen. Außerdem: Wenn schnelle Läufer in Kurven sausen, dann hat das zur Folge, dass in den Kurvenaußenseiten mehr Sand und Steine angehäuft werden (Zentrifugalkraft). Messungen vor Ort ergaben, dass das bei den kurvigen Linien von Nasca nicht der Fall ist.

Erklärung 7: Simone Waisbard verkündet – das babylonische Durcheinander bei den „Erklärungen" für das Phänomen Nasca grob missachtend – eine weitestgehende Übereinstimmung bei den peruanischen Fachleuten: demnach diente das gigantische Bilderbuch von Nasca dazu, „die zu erwartende Niederschlagsmengen zu bestimmen". Die Nasca-Menschen hätten, so Simone Waisbard weiter „aus dem Flug der Seevögel" das künftige Wetter erkennen können. Und die Nasca-Zeichnungen würden just diesen Seevögeln ähneln.

Nun: Es gibt keine These, die von einer Mehrheit oder allen peruanischen Experten vertreten wird. Die Nasca-Zeichnungen ähneln zudem in keiner Weise den Seevögeln. Und wie die mysteriösen Bilder – Darstellungen unterschiedlichster Tiere und Pisten – genutzt worden sein sollen, um künftige Niederschlagsmengen zu berechnen, das bleibt schleierhaft!

Die zu erwartenden Niederschlagsmengen konnten übrigens sehr leicht prognostiziert werden: Es regnete so gut wie überhaupt nie in der Wüstenregion von Nasca. Häufige und vielleicht gar heftige Niederschläge hätten im Verlauf der Jahrhunderte die Zeichnungen von Nasca längst zum Verschwinden gebracht!

Keiner der Gelehrten, die die eigene ganz private Meinung für des Rätsels Lösung halten, ist je mit auch nur einem Wort auf ein weiteres Geheimnis von Nasca eingegangen. Ich habe es als erster Buchautor überhaupt in meinem Buch „Bevor die Sintflut kam" beschrieben. Das mag daran liegen, dass ich – im Gegensatz zu anderen Publizisten – nicht nur am heimischen Schreibtisch recherchiere, sondern stets die geheimnisvollen Orte selbst aufsuche.

Das riesige Wüstenareal von Nasca hat eine geheimnisvolle „Unterwelt". Wann mag sie erschaffen worden sein? Geschah dies vor mehr als 2.000 Jahren? Wurde die riesige Ebene vollkommen untertunnelt, bevor die gewaltigen Scharrzeichnungen in den Boden gekratzt wurden? Einer uralten Überlieferung nach schuf kein Geringerer als Schöpfergott Viracocha die Unterwelt von Nasca. In einer Zeit schlimmer Dürre kam Viracocha vom Himmel herab. Das Leid der Menschen rührte ihn zutiefst. Er weinte bitterlich.

Die göttlichen Tränen sammelten sich unter dem heiligen „Berg" Cerro Blanco zu einem riesigen See. („Cerro Blanco" ist mit einer Höhe von über 2 000 Metern die höchste Sanddüne der Welt!)

Diese lebensnotwendigen Wasserfluten gelangten über die Arme des Sees unterirdisch zu den Bewohnern von Nasca, die von nun an keinen Durst mehr leiden mussten. Die mythologische Erklärung weist auf ein sehr hohes Alter der Unterwelt von Nasca hin. Wann aber entstanden die Tunnel? Vor zwei Jahrtausenden ... oder noch weiter zurück in der Vergangenheit?

Wie auch immer: Es wurde vor vielen Jahrhunderten ein kompliziertes subterranes Tunnelsystem angelegt. Den Einheimischen ist diese Anlage, die mit einem kaum vorstellbaren technischen Aufwand erstellt worden sein muss, seit langem bekannt. Sie nennen auch heute noch die Eingänge zu der unterirdischen Röhrenwelt „Augen der Wüste". Früher soll es davon viele Tausende gegeben haben. Heute sind nur noch verhältnismäßig wenige erhalten geblieben.

Sie sehen aus, als habe man mit einem riesigen Bohrer eine „Wendeltreppe" ins Erdreich gepresst. Spiralförmig führt ein schmaler Weg in die Tiefe. War man eben noch der staubigen, trockenen Wüstenglut ausgesetzt, so fühlt man sich in eine ganz andere Welt versetzt. Noch heute fließt frisches Quellwasser durch die Röhren. Fische (eine Welsart) gedeihen darin prächtig.

Als 1955 die Stadt Nasca ein „modernes Trinkwassersystem" anlegte, stieß man bei Aushubarbeiten auf die alten Tunnel und Röhren. Große Teile der mehr als 2.000 Jahre alten Anlage wurden einfach übernommen.

Vor Ort hörte ich: Es soll noch heute breite unterirdische Straßen geben, in denen man mit einem Jeep von einer Seite auf die andere Seite der Ebene gelangen kann – unter dem Wüstenboden, wohlverstanden. Manche der Röhren liegen fast zwanzig Meter unter der Erdoberfläche. Archäologen vor Ort meinen: Man hat zunächst Gräben ausgeschachtet, dann Röhren verlegt, mit massiven Steinplatten abgedeckt, dann alles zugeschüttet. Oder wurde, mit welcher Technologie auch immer unterirdisch „gebohrt"?

Früher wurden die Röhren und Tunnel gewartet, gereinigt und ausgebessert – unterirdisch.

Ich selbst habe mehrere „Augen der Wüste" inspiziert. Die breiteste „Treppenspirale" hatte oben an der Erdoberfläche einen Durchmesser von fünfzehn Metern. Der Eingang in die Unterwelt lag fünfeinhalb Meter tiefer.

Alle „Augen der Wüste" führen zu unterirdischen Tunneln, die meist etwa fünf Meter unter dem Wüstenboden verlaufen. Folgt man den Treppen, gelangt man zu einem Einstieg in das unterirdische System. Die von mir vermessenen „Tunnel" hatten eine Höhe von 120 Zentimetern und waren 60 Zentimeter breit. Die „Röhren" verliefen zickzackartig von Schacht zu Schacht. Kriecht man hinein, kommt man am besten auf allen Vieren weiter. Von unten erfrischt eiskaltes Wasser. Von oben hängen bleiche Wurzeln herab, wie erstarrte Finger einer Totenhand auf der Suche nach Wasser.

Die Schächte („Augen der Wüste") wurden wendeltreppenartig angelegt. Wurden sie nachträglich in den knochentrockenen Boden getrieben, um an das lebenswichtige Wasser zu gelangen? Sind die unterirdischen Wasserläufe also älter als die diversen Zugänge zum Wasserschöpfen? Oder stammen die „Wendeltreppen" von den Erbauern des unterirdischen Systems selbst?

1988 kamen Katherine Schreiber und Josué Lancho Royas in „Boletin de Lima" (Septemberausgabe) zum Ergebnis: die unterirdische Anlage ist einzigartig in Peru, ja vermutlich in ganz Amerika! Die Ebene von Nasca wird umso mysteriöser, je näher man sich mit ihren Geheimnissen beschäftigt. Welchem Zweck diente ein weitverzweigtes Tunnelsystem, das kostbares Wasser tief unter die Wüstenoberfläche leitete, wo es doch an der Erdoberfläche dringendst benötigt wurde? Kristallklares Wasser, das in künstlich angelegten Tunneln tief unter dem staubtrockenen Wüstenboden dahinfließt. Man kann es problemlos trinken.

Kleine Fischchen flitzen im glasklaren Wasser unter der Wüste umher. Das, so scheint mir, ist das wirklich große Mysterium von Nasca: das lebensspendende Wasser unter der höllisch-lebensfeindlichen Wüste.

19.1. Die Tunnel unter der Wüste ...

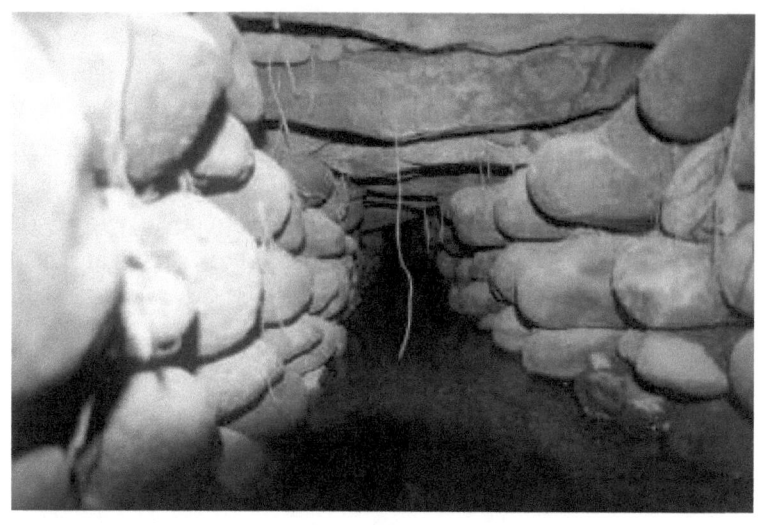

19.2. ... führen Wasser

Verwendete Literatur

Däniken, Erich von: „Habe ich mich geirrt?", München o.J.

Ditfurth, Hoimar von: „Warum der Mensch zum Renner wurde", „Geo" Nr.12 1981

Hadingham, Evan: „Lines to the Mountain Gods", New York 1987

Hawkins, Gerald S.: „Beyond Stonehenge", London 1973

Hiben, Frank: „The Lost Americns", New York 1961

Isbell, William: „Die Bodenzeichnungen Alt-Perus", „Spektrum der Wissenschaft", Dezember 1978

Langbein, Walter-Jörg: „Bevor die Sintflut kam", München 1996

Mason, Alden J.: „Das alte Peru", Zürich 1965

Reiche, Maria: „Geheimnis der Wüste", Stuttgart 1968

Stierlin, Henri: „Nazca, la clef du mystère", Paris 1983

Stierlin, Henri: „Nazca", Paris 1983

Waisbard, Simone: „Nasca – Zeichen in der Wüste",

Beitrag zu „Die letzten Geheimnisse unserer Welt", Stuttgart 1977

Williamson, George H.: „Road in the Sky", London 1965

Woodman, Jim: „Nazca", München 1977

20. Der Dreizack von Pisco

Von Pisco ging's mit dem Minibus zum Hafen von Paracas. Von Paracas wurde die Reise im röhrenden Motorboot fortgesetzt. In rasanter Fahrt über schaumbekrönte Wellen passierten wir „Puerto San Martin". Und plötzlich flimmerte so etwas wie ein riesiges Zeichen im staubigen Wüstensand. Hat da ein Gigant in spielerischer Laune mit einem spitzen Stock etwas in den Sand gekratzt?

Abb. 20.1 Der Dreizack von Pisco

Größe und Stil erinnerten sofort an die riesigen Erdzeichen („geoglyphos") von Nasca. Das geometrisch anmutende Bild ist „El Candelabro", der Dreizack. 180 Meter misst seine Höhe, 70 Meter seine Breite. Bei Internetrecherchen fand ich eine Vielzahl von unsinnigen Größenangaben. Unterschiedlichste Behauptungen werden aufgestellt, von denen die meisten nicht stimmen. Der „Kandelaber" ist keineswegs nur 40 Meter hoch. Längenangaben von 500 bis 800 m sind jedoch maßlos übertrieben!

Wissenschaftler streiten, was das Riesenbild darstellen soll. Ist es vielleicht ein „Dreizack", ein dreiarmiger Leuchter, wie so manche Koryphäe vermutet? Oder zeigt das mysteriöse Bild einen

Kandelaberkaktus? Der war einstens den Menschen der Wüstenregion heilig, galt als eine Art Schlüssel in andere Welten, enthielt er doch halluzinogene Stoffe, die von Eingeweihten bei religiösen Zeremonien eingenommen wurden. Diese Substanzen versetzen den Konsumenten in einen Rauschzustand.

Glaubten die Priester jener längst vergangenen Epoche, mit Hilfe der Droge aus der Natur Zugang zu einer göttlichen Welt zu finden? Vermutungen werden geäußert und leider gern als Tatsachen hingestellt.

Die meiner Meinung nach absurdeste „Erklärung": Der „Dreizack" weise auf ein Piratenversteck, wo wertvolle Schätze vergraben wurden. Kein noch so dummer Pirat wird mit einem riesigen Erdzeichen auf seine verborgenen Goldvorräte hinweisen! Sinn eines Verstecks ist es ja, von Unwissenden NICHT gefunden zu werden! Ein riesiges Signalzeichen von fast 180 Meter Länge indes hat die Diskretion eines Marktschreiers!

Prof. Hans Schindler-Bellamy, ein Wiener Gelehrter, Archäologe und Südamerika-Experte, im Interview mit dem Verfasser: *„Drogen wurden von Naturvölkern gezielt eingesetzt. Es galt nicht, aus egoistischen Gründen einen Drogenrausch zu erleben. Vielmehr galt bei verschiedenen Völkern dieser Weg als Möglichkeit für Schamanen, etwa mit dem Jenseits in Kontakt zu treten, oder ohne Zeitverzögerung in fernste Regionen des Globus zu gelangen. Die Grenzen zwischen Vergangenheit und Gegenwart, Gegenwart und Zukunft verschwanden, hatten keine Bedeutung mehr. So konnte sich der Schamane nach Belieben in die Vergangenheit oder in die Zukunft versetzen."*

Am 15. August 2007 wurde Peru von einem starken Erdbeben heimgesucht. Das kleine, idyllische Hafenstädtchen Pisco wurde fast vollständig zerstört. Wie viele Menschen der Naturkatastrophe zum Opfer fielen, das konnte nicht geklärt werden. Etwa einhundert Tote waren allein beim Einsturz der Kirche „San Clemente" zu beklagen. Wohlhabende Bürger kamen in ihren ansehnlichen Häusern ums Leben, die Ärmsten der Armen in armseligen Behausungen. Gestorben wurde in Hütten wie in Palästen. Fast wäre Pisco vollständig ausgelöscht worden.

Pisco, im Departement Ica gelegen, hatte als Hauptstadt der Provinz Pisco eine gewisse lokale Bedeutung. Längst im staubigen Boden versunken sind die Spuren der einstigen Hochkultur von Paracas. Die Paracas-Kultur dürfte vor rund 2.500 Jahren – in etwa zu Zeiten des biblischen Propheten Hesekiel – ein erstaunlich hohes Niveau erreicht haben. An der Nordspitze von Cerro Colorado wurden Tote in einer Nekropole bestattet. In Gruften mit massiven Mauern warteten die Verstorbenen auf ihre Auferstehung. Der Archäologe Julio C. Tello untersuchte über 400 Mumien von erwachsenen Männern, die im Leben offenbar als ranghohe Vertreter der alten Kultur hoch angesehen waren.

Einige von ihnen trugen mehr als einhundert Kleidungsstücke aus farbenfroher Baumwolle. Schriftliche Aufzeichnungen aus der Zeit der Paracas-Kultur liegen nicht vor. So sind wir, was die religiösen Überzeugungen jener Zeit anbelangt, auf Vermutungen angewiesen. Ob die Toten in Felsgräbern oder in unterirdischen Grabkammern beigesetzt wurden, so nahmen sie alle die gleiche Haltung ein: wie Embryos in Hockstellung. Wertvolle, unglaublich farbenprächtige Tücher, hielten die Verstorbenen in dieser Position. Offenbar glaubten die Menschen damals, das Stadium des Todes sei mit jenem des ungeborenen Kindes im Mutterleib zu vergleichen. So wie das Baby ins Leben eintritt, so sollten auch die Toten in eine jenseitige Welt geboren werden.

Prof. Hans Schindler-Bellamy (Wiener Archäologe und Südamerikaexperte) erklärte dem Verfasser im Interview: *„Die Toten warteten nach dieser Vorstellung im Grab wie die Babys im Mutterleib auf die Geburt in eine neue Welt. Man kann davon ausgehen, dass die Erde mit der alles gebärenden großen Mutter gleichgesetzt wurde. Das deutet auf eine zumindest tendenziell matriarchalische Prägung der Glaubenswelt hin!"*

Die Kunst des Webens scheint von ganz besonderer Bedeutung gewesen zu sein. So fanden sich hölzerne Reste von Webstühlen – in der Stadt der Toten. Wollte man ihnen die Möglichkeit schaffen, sich im Jenseits kostbare Stoffe für die Bekleidung zu weben? In sorgsam geflochtenen Körben haben pflanzliche Nahrungsmittel erstaunlich gut die zweieinhalb Jahrtausende im Wüstenboden überstanden ... die Wegzehrung der vornehmen Toten. Pfeile gehörten auch zu den Grabbeigaben.

Bis heute rätselhaft: Vermutlich vom Babyalter an wurden Kinder hochrangiger Familien der Paracas Kultur auf brutale Weise gepeinigt. Ihre Köpfe wurden mit mechanischen Pressen deformiert. Die armen Kleinen mussten wohl ständig so etwas wie Schraubzwingen am Kopf tragen, was zu einer Deformierung der Schädel führte. Sollten sich die Angehörigen der führenden Kaste durch seltsam in die Länge gezogene Schädel vom niederen Volk unterscheiden? Derartig massive Verformungen wurden – warum auch immer – bei Männern wie bei Frauen vorgenommen.

Aus heutiger Sicht unheimlich sind die sogenannten Schädel-Trepanationen. Warum wurden diese Schädeloperationen durchgeführt? Viereckige oder dreieckige Schädelstücke wurden lebenden Menschen entnommen. Es wurde gesägt und gebohrt ... aber warum? Medizinische Eingriffe scheinen als Erklärung auszuscheiden. Wurden derartige Schädel-Löcher doch bei fast jedem zweiten Toten entdeckt. Verwachsungen an den Rändern belegen, dass die Menschen die Prozedur – warum auch immer sie vorgenommen wurde – überlebten.

Waren es die Menschen der Paracas-Kultur, die den Kandelaber von Pisco schufen? Hatte das Riesenbild religiöse Bedeutung? Weit verbreitet ist eine eher profane Interpretation: Der „Dreizack", so hört und liest man immer wieder, war nichts Anderes als ein Orientierungszeichen ... ein Weg weiser für Seefahrer und Fischer. Nach mehreren Besuchen in der Bucht von Pisco leuchtet mir diese bodenständige Erklärung nicht mehr ein.

Warum sollten Fischer oder Seefahrer ein riesengroßes Orientierungszeichen dort im knochentrockenen Wüstenboden verewigt haben, wo man es nur bedingt vom Meer aus sehen kann? Warum sollten sie es am Ufer einer Bucht angebracht haben, in die man erst einfahren muss, um es dann von bestimmten Positionen aus nur verzerrt sehen zu können? Vom Meer aus gesehen verbirgt sich der Kandelaber hinter einem Inselchen. Er ist also als Markierungspunkt für die Seefahrt ebenso wenig geeignet wie ein Leuchtturm, der von einer vorgelagerten Insel verdeckt wird!

Warum wurde es an einem eher flachen Hang angebracht? Ein für die Seefahrt bestimmtes Signalzeichen müsste doch so weit wie möglich zu sehen sein also an einem möglichst steilen Hang! So ein Zeichen hätte man dann doch wohl auf einer der vorgelagerten Inselchen angebracht und nicht dahinter versteckt!

Die „Islas Ballestas" gehören zu den bizarrsten Eilanden unserer „Terra mysteriosa". Sie wirken geheimnisvoll und bizarr. Sie könnten problemlos als Kulisse für einen Science-Fiction Film dienen: als Inseln auf einem fernen skurrilen Planeten. Ungewöhnlich geformte Felsen regen die menschliche Fantasie an. In den Formationen meint man Gesichter oder Fratzen erkennen zu können. Zu den attraktiven Wundern in Stein gehörte ein lichtdurchfluteter Steinbogen. Die von der Natur geschaffene Felsbrücke, „La Catedral" genannt, wurde am 15. August 2007 von der Natur wieder zerstört. Sie stürzte beim Erdbeben an jenem Tag ein.

Besonders imposant sind die mächtigen Seelöwen, die oft vielen Meter über dem Meeresspiegel auf Felsvorsprüngen lagern. In stoischer Ruhe ertragen sie die Neugier der zweibeinigen Fotografen. Wie mögen die massigen Tiere ihre Ruheplätze aufgesucht haben? Es ist unwahrscheinlich, dass sie die steilen Felsen emporgeklommen sind. Haben sie ihre wuchtigen Leiber von mächtigen Wellen emporheben lassen? Humboldt-Pinguine sieht man gelegentlich waghalsige Sprünge ins eiskalte Meer vorführen ... auf der Jagd nach Fischen. Seltener tauchen Delfine auf ... Auch sie sind wegen der Fische hier.

Die Inselwelt – und das ist gut so – darf nicht betreten werden. Sie sind ein einzigartiges Naturreservat und bieten neben den majestätischen Seelöwen auch Pinguinen, Pelikanen, Guanay Vögeln, Blaufußtölpeln, Kormoranen und anderen Vögeln Zuflucht. Der Kot der Guanays war einst weltweit als wertvoller Dünger beliebt. Reich an Calciumphosphat und Stickstoff war er einst ein Exportschlager und brachte Peru üppige Devisen.

Zu Beginn des dritten Jahrtausends nach Christus hat er keine Bedeutung mehr. Längst wurde er von Chemiedüngern abgelöst. Man kann den Kandelaber am besten in voller Pracht von der Luft aus sehen. Nimmt man das riesige Bild als Wegweiser, wohin führt er dann?

Nun, den Seefahrer geleitet er – so er ihn überhaupt sieht – direkt in eine lebensfeindliche Wüste. Folgt ein Flugzeugpilot dem Kandelaber, dann erreicht der nach rund 160 Kilometern ... die Ebene von Nasca mit ihren riesigen Scharrzeichnungen, die man am besten von der Luft aus sieht!

21. Vom Kandelaber zum Riesen der Atacamawüste

Der Kandelaber von Pisco ist am besten aus einer Distanz von etwa einem halben Kilometer vom Meer aus zu sehen. Vom Boot aus wirkt das Zeichen im Wüstenboden wie eine Fata Morgana. Wie eine Botschaft aus grauer Vorzeit. Man staunt über die wuchtige Größe, die doch zugleich so seltsam filigran auf den Besucher wirkt. Vor vielen Jahrhunderten wurde dieses Kunstwerk geschaffen. Es hat die Zeiten überdauert.

Steht man aber direkt am Fuße der eigenartigen Geoglyphe, so erkennt man so gut wie nichts von dem Riesenbild. Man erahnt nur, was aus der Distanz als Gesamtbild gesehen wird. Man vermutet da und dort Linien, aber diese Linien scheinen kein sinnvolles Bild zu ergeben.

Die Mittelachse des Kandelabers besteht aus einer nur etwa fünfzig Zentimeter tiefen und bis zu fünf Meter breiten Furche. Diese Furche wird rechts und links von einem kleinen „Wall" umrandet. Handelt es sich um eine steinerne Einfassung? Hart wie Stein ist sie jedenfalls, hart wie Stein ist auch der Boden der seichten Furche. Stein scheint es aber nicht zu sein, sondern eher von der Hitze festgebackener Sand. Wirklich geradlinig verläuft diese Umrandung weder bei der Mittelachse, noch bei den beiden schmaleren kleineren äußeren „Säulen". Was aus der Distanz wie eine exakte Linie aussieht, wirkt aus der Nähe betrachtet wie der geschwungene Verlauf einer Wellenlinie am Strand.

21.1. Der Gigant

Vom Fuß des Kandelabers aus blickt man auf Wellen: auf die Wellen des Meeres zu seinen „Füßen" und auf die Wellen aus Sand, auf wogende, niedrige Sanddünen, in die das seltsame Riesenzeichen eingebettet ist. Das von unbekannten Künstlern vor vielen Jahrhunderten geschaffene Werk wirkt wie ein Fremdkörper: fast wie ein in den Staub des Mondes gegrabenes Bildnis. Es ist eindeutig künstlich und doch anmutig schön wie ein Werk der Natur.

Warum, so frage ich mich, wird der Dreizack nicht verweht? Warum deckt ihn der Wind nicht mit Sand zu? Mein Eindruck: Es ist der Wind, der dafür sorgt, dass der Kandelaber immer sichtbar bleibt. Offenbar liegen – zufällig oder bewusst gewählt – genau solche Bedingungen vor, die dafür sorgen, dass der Wind die Mulden (aus denen der Kandelaber besteht) immer wieder frei fegt. Ob das am Neigungswinkel des ansteigenden Bodens – ich schätze es sind zwischen 35 und 40 Grad – liegt?

Hinzu kommt die Sonne, die dafür sorgt, dass das Riesenbild nicht verschwindet. Sie erhitzt den sandig verkrusteten Boden, erzeugt so eine Art Luftkissen. Dieses Luftpolster verhindert, dass Staub- und Sandpartikel die erstaunliche Geoglyphe zudecken.

Sie werden vom Wind darüber hinweggeblasen, setzen sich erst gar nicht auf dem Erdbild ab.

Diese Erklärung macht verständlich, warum auch die Pisten und figürlichen Darstellungen auf der Ebene von Nasca so viele Jahrhunderte überstanden haben. Das Wärme-Luftpolster direkt über dem Wüstenboden verhindert, dass Staub und Sandpartikel das Bilderbuch für die himmlischen Götter verschwinden lassen. Sie sinken erst gar nicht bis zum Boden, sondern sie werden über die Scharrzeichnungen hinweggeweht.

Vor menschlichem Vandalismus wird Nasca durch drakonische Strafen bewahrt. Wer die Ebene betritt, der muss mit Geldstrafen von bis zu einer Million Dollar oder fünf Jahren Knast rechnen. Diese Maßnahme zeigt zum Glück Wirkung! Noch vor wenigen Jahrzehnten nutzten Motorsportler die Ebene von Nasca um ihre PS-Monster tüchtig auszufahren, abrupt abzubremsen und so schnell wie möglich wieder zu beschleunigen. Erhebliche Schäden wurden so den Kunstwerken im Wüstensand zugefügt.

Die Bilder von Nasca wie der Kandelaber von Pisco entstanden vor vielen Jahrhunderten in einer unwirtlichen, unwirklich anmutenden Welt. Skurril sieht das seltsame Bild im Negativ aus ... plastischer als das Foto im Positiv. Die rätselhaften Riesenbilder von Nasca sind im „raspaje"-Verfahren geschaffen worden: die dunklere oberste Schicht des Wüstenbodens wurde weggeschabt, so dass der hellere Untergrund zum Vorschein kam. So entstanden helle Linien, Pisten, geometrische Figuren sowie Darstellungen von Tieren und menschenähnlichen Wesen.

Zur Erinnerung: Am 22. Juni 1941 brach Dr. Paul Kosok, ein Historiker von der „Long Island University", New York, zu einem Erkundungsflug auf. Von einem einmotorigen Sportflugzeug aus wollte er zwischen den Ortschaften Ica und Nasca alte Wasserkanäle ausfindig machen. Vergleichbare Geoglyphen – ebenso im „raspaje"-Verfahren kreiert - wurden auch in Chile aus der Luft entdeckt. Waren sie – wie die Bilder von Nasca – für himmlische Wesen gedacht?

Andere Kunstwerke der ungewöhnlich großen Art lassen sich am ehesten mit Mosaiken vergleichen. Bei dieser „Técnica de Adición" wurden möglichst dunkle Steine (meist Lava-Brocken) auf hellem Wüstenboden zu Mustern und Bildern angeordnet. Konnten die Menschen der Region die zahlreichen Bilder einst wie ein Buch lesen? Stammen sie von nomadisierenden Volksgruppen, die auf diese Weise Botschaften hinterließen?

Etwa 83 Kilometer nordöstliche von Iquique gibt es die wahrscheinlich größte Darstellung eines menschenähnlichen Wesens überhaupt. Man findet sie, wenn man von Huara nach Colchane fährt. Vierzehn Kilometer östlich von Huara folgt man einer Schotterpiste durch die Wüste – zum „Cerro Unitá", einem Hügel mit teilweise steilen Hängen. Touristen verirren sich eher selten in diese abgelegene Region. Fährt man über die allenfalls notdürftig befestigte „Straße" auf den Hügel zu, so erkennt man eigenartige „Pisten" oder „Streifen", die am Fuß des kleinen Berges beginnend gen Himmel streben.

Seltsame Formationen von sorgsam zusammengetragenen Steinen fallen auf. Sind es geometrische Muster ohne tiefere Bedeutung? Oder soll man sie als Schrift entziffern und lesen? Sollten sie so etwas wie ein Buch im Wüstensand darstellen? Dann gibt es heute niemanden mehr, der die Zeichen und Symbole wie ein Buch lesen kann!

Umrundet man den Hügel entdeckt man schließlich den „Gigante de Atacama". Oder besser gesagt: Man erahnt den riesenhaften Gesellen, den man in seiner Gesamtheit nur aus der Luft, aus der Vogelperspektive, sehen kann. Er schmiegt sich an einen Hang des Hügels. Sein Kopf liegt zum Teil oben auf der Kuppe, entzieht sich also dem Betrachter zu Füßen des Hügels. 86 Meter misst er von den Fußsohlen bis zu den Haarspitzen. Oder sind es „Strahlen" oder „Federn"? In der wissenschaftlichen Literatur gibt es keine allgemein akzeptierte Antworten auf so manche Frage. Soll die größte Darstellung einer menschenähnlichen Gestalt eine Gottheit darstellen oder einen irdischen Herrscher?

Auf mich wirkt das riesenhafte Wesen eigenartig eckig und roboterhaft. Seine rechte Hand erinnert mehr an eine mechanische

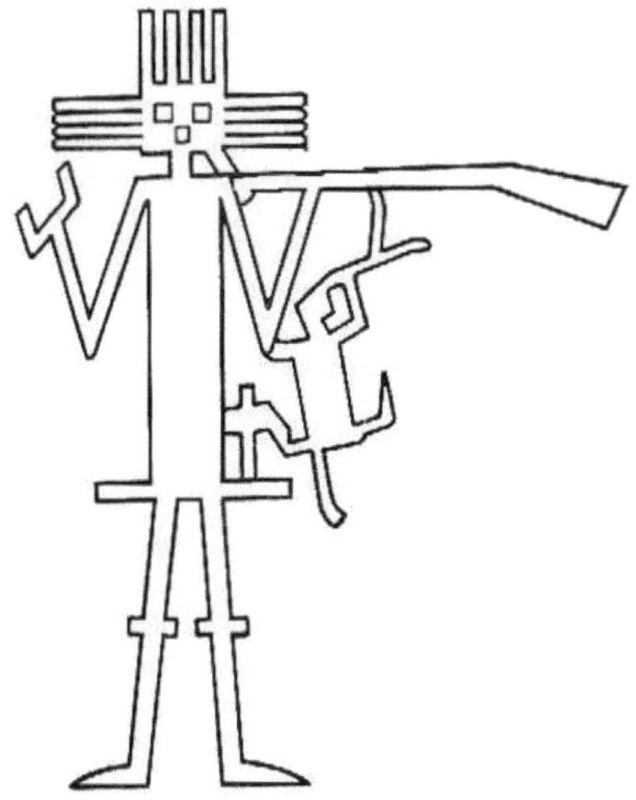

Abb. 21.3 Zeichnerische Rekonstruktion des Riesen. Archiv Langbein

Greifvorrichtung als an eine menschliche Hand. Mit der linken
Hand hält es eine seltsame Stange. Das Ding scheint über der
Schulter getragen zu werden. Ein kleines Wesen – vielleicht ein
Äffchen? – klettert daran empor. Eine Zeichnung soll die Details
verdeutlichen, die man heute kaum noch zu erkennen vermag. Erhebliche Schäden (vom Zahn der Zeit zugefügt) lassen an manchen Stellen nur noch erahnen, was das große Kunstwerk einst gezeigt haben mag.

Der „Gigant" ist der „König" der Wüstenbilder. Die
Atacamawüste hat offenbar über viele Jahrhunderte hinweg die

Künstler verschiedener alter Kulturen geradezu magisch angezogen. Auf einer Fläche von 150.000 km² wurden in den vergangenen Jahrzehnten mehr als 5.000 Bilder entdeckt. Sie wurden vor allem entlang uralter Karawanenwege durch die Wüste geschaffen: einzelne Darstellungen finden sich ebenso wie Gruppen mit Dutzenden von Bildern. Neben abstrakt geometrischen Formen wurden Menschen und Tiere dargestellt: teils durch das Wegkratzen der dunkleren oberen Schicht des Wüstenbodens, teils durch Anhäufen dunkler Steine.

Mir kommt es so vor, als hätten unzählige Künstler die weiten Flächen der Atacamawüste als riesige „Seiten" eines gewaltigen Buches verstanden. Aber werden wir jemals dazu in der Lage sein, die Wüste wie ein Buch zu lesen? Dabei können wir bequem in kleinen Flugzeugen die Werke unserer Vorfahren aus der Luft bestaunen, die wir Heutigen sehr viel deutlicher und besser sehen als die damaligen Künstler!

Am besten man befährt mit dem Auto Nebenstraßen und sucht von Anhöhen aus die in der Distanz liegender Hänge ab. Ein Fernglas oder ein starkes Teleobjektiv sind dabei sehr hilfreich. Dann erkennt man immer wieder Erdbilder von faszinierender Schönheit. Entdeckungen sind vorprogrammiert. Leider fahren – anders als in der Nasca-Region – offenbar auch heute immer noch Vertreter unserer modernen Kultur mit Geländefahrzeugen in der Wüste herum. Dabei zerstören sie uralte Riesenbilder. Es ist deprimierend: Kunstwerke, die viele Jahrhunderte, vielleicht zwei Jahrtausende und mehr überstanden haben, werden von heutigen Zeitgenossen vernichtet. Vielleicht verschwinden so uralte Kunstwerke unwiederbringlich bevor sie wirklich entdeckt und untersucht werden können.

Die Wüstenbodenbilder sind aber nur aus der Distanz in ihrer vollen Schönheit zu erkennen. Wurden sie gar nicht für menschliche Augen erschaffen? Das mutet seltsam an. Kreiert ein menschlicher Künstler doch in der Regel seine Werke in der Hoffnung, dass möglichst viele Menschen sie bewundern. Bilder, die niemand sehen kann, ergeben keinen Sinn. Und doch existieren sie: die Geoglyphen ... Kunstwerke für die Götter?

Staunend stellte ich nach wiederholten Besuchen vor Ort, dass es heute noch sehr viele Kunstwerke dieser Art geben muss. Es dürften einst viel mehr, nämlich Tausende und Abertausende gewesen sein. Bei jedem meiner Besuche vor Ort habe ich immer wieder neue entdeckt. Und immer wieder wurde mir bei der Sichtung der Kunstwerke im Wüstenboden aus der Distanz klar, wie groß sie zum Teil sein müssen. Strommasten, inmitten von Geoglyphen errichtet, muten plötzlich geradezu winzig an.

Zu viele Jahrhunderte galt ein „wissenschaftliches Weltbild", das keinen Platz bot für Unerklärliches. Es war ein Circulus vitiosus: Was mit herkömmlichen Theorien nicht vereinbar war, wurde von der Wissenschaft nicht behandelt. Und was von der Wissenschaft nicht bearbeitet wurde, wurde als „unwissenschaftlich" deklariert. So gab es ein riesiges Heer von verdammten Fakten, die nicht sein konnten, weil sie nicht sein durften. Sie konnten nicht sein, weil sie in den Gedankengebäuden der Wissenschaft keinen Platz fanden. Und weil sie in den schulwissenschaftlichen Lehrbüchern nicht vorkamen, konnte es sie nach wissenschaftsgläubiger Weltsicht nicht geben. So wie vor Jahrhunderten die Main-stream-Theologie nicht passende religiöse Texte als apokryph diskreditiert und nicht in die Bibel aufgenommen hat, so wurden störende Fakten in wissenschaftlichen Standardwerken nicht zugelassen.

Wir benötigend dringend einen Klimawechsel in der Weltsicht von Wissenschaftlern und Laien: Wir müssen endlich auch das scheinbar Unerklärliche berücksichtigen. Nur dann werden wir vielleicht eines Tages Antworten auch auf unbequeme Fragen finden. Wir brauchen einen Klimawechsel im Denken, der auch das scheinbar Unbegreifliche zur Kenntnis nimmt.

Wie kann so ein Klimawechsel in der wissenschaftlichen Denkweise erreicht werden? Wir „Laien" müssen ihn einfordern, so lautstark wie nur möglich!

22. Das weiße Pferd von Uffington

Frühjahr 1969. Von London aus bin ich mit Zügen und Bussen in die Grafschaft Oxfordshire gereist. Je näher ich mich an „District Vale" heranarbeitete, desto schlechter wurde das Wetter. An einer Bushaltestelle griff mich ein mitfühlender Autofahrer auf, nahm mich ein Stück mit. Am Ziel angekommen, erkundigte er sich, ob ich denn wirklich aussteigen wolle. Denn inzwischen goss es in Strömen. Ich wollte mich durch ein nahendes Gewitter nicht aufhalten lassen. Zum „weißen Pferd von Uffington" sei es nun auch nicht mehr weit, vertröstete mich der Mann. Am besten würde ich jenem Feldweg folgen. Er würde an einer Hecke enden. Hinter der Hecke würde ich ein Wäldchen erkennen. Nun müsse ich nur noch auf dieses Wäldchen zuhalten, dann könne ich das „weiße Pferd" nicht verfehlen. Ich bedankte mich und marschierte los. *„Lass dich nicht vom Drachen erwischen!"* rief mir der Fahrer hinterher. Dann hörte ich, wie er die Autotür zuschlug und davonfuhr. Was hatte er wohl gemeint?

Bei jedem Schritt schien es dunkler zu werden. Pechschwarze Wolken und eine offenbar ausbrechende neue Sintflut erschwerten mein Weiterkommen stark. Immer wieder rutschte ich aus, fiel in kalten Matsch. Endlich ertastete ich eine Hecke mehr als ich sie wirklich sah. Ich kroch hindurch, wobei ich mir einige schmerzhafte Kratzer zuzog. Dunkel zeichnete sich ein düsteres Wäldchen ab. Ich wähnte mich schon am Ziel. Schnurstracks lief ich auf das Wäldchen zu. Ich kletterte und kroch einen steilen Abhang hinauf, stieg über den einen oder den anderen Graben ... und stand plötzlich vor dem Wäldchen. Vom „weißen Pferd von Uffington" entdeckte ich keine Spur. Hatte mich der freundliche Autofahrer in die Irre geführt? Hatte ich ihn falsch verstanden? Ich suchte und suchte und fand nichts. Schließlich gab ich resigniert auf und machte mich auf den Rückweg.

Per Anhalter wollte ich zurück nach London kommen, doch kein Autofahrer nahm mich mit. Ob das daran lag, dass ich bei nach wie vor strömendem Regen und abendlicher Dunkelheit lehm-verschmiert am Straßenrand stand und keinen unbedingt vertrauenserweckenden Eindruck machte. Schließlich erbarmte sich ein Bauer meiner. Ich erzählte ihm von meiner Pleite. Mein Bericht löste bei ihm wahre Heiterkeitsausbrüche aus. Als er nach einem wahren Lachanfall wieder verständlich sprechen

konnte, verstand ich seine Reaktion. Die Gräben, über die ich in der zunehmenden Dunkelheit geklettert war, diese Gräben bildeten das legendäre „weiße Pferd von Uffington". Ich muss mehrfach ohne es zu bemerken über die Riesenzeichnung gestiegen sein!

Das „weiße Pferd von Uffington" hat riesige Ausmaße: Es ist fast 110 Meter lang und fast 40 Meter breit. Man kann es am ehesten mit den Scharrzeichnungen von Nasca vergleichen: In der Wüste Perus wurde die dunkele Erdschicht entfernt, so dass der hellere Untergrund zum Vorschein kam. Um das „weiße Pferd" in den Boden zu zeichnen, hat man Gräben von 50 bis 90 Zentimeter Tiefe gegraben bis der weiße Kalk unter dem Erdreich zum Vorschein kam. Aus der Luft betrachtet sieht man das Bildnis eines „Pferdes": weiß „gezeichnet" in grün-braune Wiese.

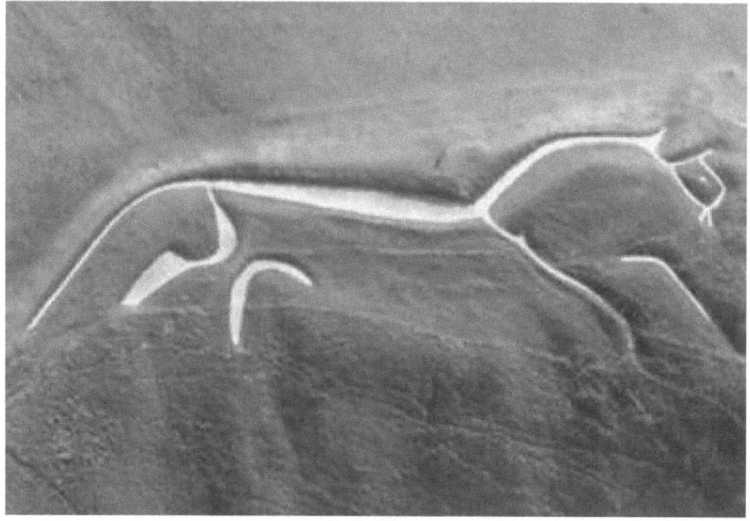

22.1. Das Weiße Pferd von Uffington. NASA

Fast sieht es so aus, als habe es in Südengland ein kurios anmutendes Hobby gegeben: das Erschaffen von riesengroßen Pferdebildern mitten in der Natur. Einige Beispiele für „weiße Pferde" seien genannt. Die Kunstwerke entstanden

zwischen 1780 und 1937

Oldbury (auch Cherhill): 1780

Pewsey: 1785

Marlbourough (auch Preshute): 1804 (renoviert 1873)

Alton Barnes: 1812

Broad Hinton (auch Hackpen): 1838

Devizes: 1845

Broad Town: 1863

Ham Hill (auch Inkpen): 1860

Pewsey: 1937

Das „weiße Pferd" von Cherhill, zum Beispiel, wurde 1780 von Dr. Christopher Alsop aus Calne in Auftrag gegeben. Die Ausmaße waren beachtlich: Länge 67 Meter, Breite 50 Meter. Dr. Alsop, im Volksmund „der verrückte Doktor" genannt, beaufsichtigte 1780 die Herstellung der großen „Scharrzeichnung" - aus der Distanz. Per Megaphon schrie er den Arbeitern Befehle zu, die auf seine Anweisungen hin die Torfschicht abtrugen ... bis die darunterliegende Kreide zum Vorschein kam. In den Jahren 1935 und 2002 wurde das Werk restauriert.

Richtig ist, dass von Ende des 18. bis ins 20. Jahrhundert hinein im Süden Englands „weiße Pferde" geschaffen wurden. Unbestritten ist aber, dass das Riesenbildnis von Uffington sehr viel älter ist. Wann wurde es kreiert?

Francis Wise, renommierte Bibliothekar, veröffentlichte 1742 ein Werk über das weiße Pferd von Uffington. Es trug den etwas umständlich klingenden Titel „Further Observations upon the White Horse and other antiquities in Berkshire" (zu Deutsch etwa *„Weitere Beobachtungen zum Weißen Pferd und anderen Altertümern in Berkshire"*. Nach Wise war König Alfred der Initiator: 871 n.Chr. besiegten König Alfred Truppen die Dänen bei Ashdown. Daran sollte bis in alle Ewigkeit das „weiße Pferd" erinnern.

John Aubrey und Thomas Baskville indes sahen bereits im 17. Jahrhundert einen Stammeshäuptling namens Hengist, Anführer der Sachsen, Angeln und Jüten, als geistigen Vater des „Riesendenkmals" an: Zusammen mit seinem Bruder Horsa soll Hengist bereits um 450 im Südosten Englands eingefallen sein. Mit großem Geschick und harter Brutalität sollen die Brüder als Anführer germanischer Stämme das Land erobert haben. Und beide haben angeblich schließlich Ende des vierten oder zu Beginn des fünften Jahrhunderts das Bildnis von Uffington in den Boden graben lassen. Angeblich hatte Hengist ein weißes Pferd in seiner Standarte geführt haben.

Nun gibt es ein Problem: Das „Pferd von Uffington" ist – wie andere Bilder von Pferden oder Riesen im Süden Englands – eine Art Scharrbild. Es wurde aber nicht wie die Geoglyphen Südamerikas in knochentrockenen Wüstenboden gekratzt, sondern in weichen Boden gegraben. Gras und Humusschicht wurden entfernt. Es wurden Gräben ausgehoben – bis zur darunterliegenden Kalkschicht. Je älter so ein Kunstwerk ist, desto größer ist die Gefahr, dass es irgendwann einmal zuwächst. Wird es dann später rekonstruiert, so ist das alles andere als einfach. Werden wirklich die richtigen Stellen des Kalkfelsens vom Erdreich befreit? Wird wirklich so ein Bild wieder hergestellt ... oder wird es verändert?

Selbst wenn so ein Riesenbild über Jahrhunderte regelmäßig gepflegt wird, können sich Veränderungen ergeben. Solche Veränderungen können versehentlich erfolgen, wenn unsauber gearbeitet wird. Sie können aber auch ganz bewusst vorgenommen werden, etwa wenn ein heidnisches Bild christianisiert wurde.

Prof. Hans Schindler-Bellamy, Archäologe aus Wien, im Interview mit dem Verfasser: *„Die Darstellung eines heidnischen Fabelwesens galt als Teil uralter Volksfrömmigkeit. Epona, zum Beispiel, war in vorchristlichen Zeiten eine Fruchtbarkeitsgöttin. Sie wurde als attraktive Frauengestalt hoch zu Ross dargestellt!"*

Es ist durchaus denkbar, dass das „weiße Pferd von Uffington" einst in vorchristlichen Zeiten im Rahmen eines Epona-Kults entstand und dass in christlichen Zeiten eine Umgestaltung vorgenommen wurde. Alles, was an die Muttergottheit Epona erinnerte, wurde „wegrestauriert".

Anne Ross, Autorin mehrerer Bücher über die Kelten, sieht das „Uffington-Pferd im Kontext eines vorchristlichen Kults". In ihrem Buch „Pagan Celtic Britain" (etwa: Heidnisch-keltisches England), 1967 erschienen, stellt sie die These auf, dass keinem militärischen Sieg eines Königs, sondern der Göttin Macha gehuldigt werde.

Macha entstammt der irischen Mythologie und war den Vertretern der jungen christlichen Kirche ein großes Ärgernis. Die Göttin Macha bildete mit Badb und Morrigan eine weibliche Trinität. Für die christlichen Missionare war das Blasphemie pur. Es durfte nur die christliche Trinität, bestehend aus Gottvater, Gottsohn und Heiligem Geist, geben. Sollte also das „weiße Pferd von Uffington" auf ein sehr altes Original zurückgehen, das in vorchristlichen Zeiten geschaffen wurde?

Bei meinen Recherchen in Bibliotheken stieß ich auf die Schriften des „Newsbury and District Fieldclub". In „Transactions" (Band XI, No. 3, 1967) wurden die Ergebnisse gründlicher Untersuchungen des „Uffington Pferdes" publiziert. Demnach hatte das Original, also das ursprüngliche Riesenbild, ganz anderes Aussehen als das spätere, also jüngere „Pferd". Wie das groß angelegte Kunstwerk einst wirklich aussah, lässt sich demnach nicht mehr rekonstruieren. Wahrscheinlich war es einst eine Art Fabelwesen mit mehreren Köpfen und mehr als vier Beinen.

Unweit des „Pferdes von Uffington" gibt es einen „sakralen Ort" mit christlicher Historie: auf einem Hügel, so heißt es, habe einst der „Heilige Georg" seine Heldentat vollbracht. Just hier sei es ihm gelungen, den legendären Drachen zu töten. Liegt es da nicht nahe, dass das „weiße Pferd" einst ... ein Drache war? Die Sachsen, so heißt es in der Überlieferung, hätten das „Pferd" als stilisierten Drachen gesehen! Wie könnte dieses Fabelwesen ausgesehen haben? Etwa so? Religionsgeschichtlich betrachtet ist der Sieg des christlichen Heiligen über den Drachen weit mehr als ein frommes Märchen. Der besiegte Drache steht für die einstens mächtige Muttergottheit, die dem patriarchalischen Christentum weichen musste.

22.2. Das Uffington-Pferd um 1803

Heute stimmen die meisten Experten darin überein, dass das Urbild des „weißen Pferdes von Uffington" zwei oder drei Jahrtausende alt ist ... also aus vorchristlichen Zeiten stammt. Es könnte also in etwa zur gleichen Zeit erschaffen worden sein, als die ältesten Zeichnungen in den Wüstenboden Perus gescharrt wurden: die riesenhaften Bilder von Menschen, menschenähnlichen Wesen, Tieren und geometrischen Figuren.

In den vergangenen 50 Jahren unternahm ich viele spannende Reisen: zu den großen Rätseln unseres Planeten. Manche dieser Exkursionen führten mich nicht in ferne Länder, sondern in die geheimnisvolle Welt der Bibel. Immer wieder erlebte ich in fernen Ländern, dass die Wirklichkeit anders aussieht als in den Lehrbüchern. Auch in der Bibel finden sich Geheimnisse, die fast niemand kennt!

So fängt die Geschichte der Welt in der Bibel nicht mit dem berühmten Schöpfungsbericht an. Bevor Jahwe sein Werk beginnen konnte, musste er erst ein vermeintliches „Meeresmonster" besiegen. Im Buch Hiob (Kapitel 26, Vers 12) wird dieser Sachverhalt kurz angesprochen: *„Durch seine Kraft hat er (Gott) das Meer erregt, und durch seine Einsicht hat er Rahab zerschmettert."* In der babylonischen Mythologie ist Rahab ein Meeresdrachen namens Tiamat. Tiamat aber war eine der ältesten Gottheiten überhaupt, nämlich die große Meeresgöttin. Als „Tehom" tritt die Meeresgöttin auch im „Alten Testament" auf, allerdings nur im hebräischen Original, nicht in den Übersetzungen der christlichen Interpreten. Die Übersetzer wussten mit der uralten Göttin nichts anzufangen. Sie ließen sie hinter Umschreibungen verschwinden.

„Am Anfang schuf Gott Himmel und Erde. Und die Erde war wüst und leer, und es war finster auf der Tiefe. Und der Geist Gottes schwebte auf dem Wasser.“ So, oder so ähnlich, werden für gewöhnlich die ersten Sätze des „Alten Testaments“ übersetzt. Korrekter ist die berühmte „Elberfelder Bibel“: *„Am Anfang schuf Gott den Himmel und die Erde. Und die Erde war wüst und leer und Finsternis war über der Tiefe.“* Auch die Schlachter-Übersetzung bietet Finsternis, die über der Tiefe lag, wie auch schon die legendäre lateinische Übersetzung fast zwei Jahrtausende früher von „abyssus“, also von „Abgrund“ spricht.

Im hebräischen Original finden wir „Tehom“. Und das alttestamentarische „tehom“ weist auf die babylonische Meeresgöttin Tiamat, Mutter aller Götter und Göttinnen, hin!

Das „weiße Pferd von Uffington“... war es einst das Symbol einer großen Göttin, die dem christlichen Glauben weichen musste? Im Verborgenen scheint sie aber weiter zu existieren. Bei meinem missglückten „Besuch“ in Uffington anno 1969 suchte ich vergeblich nach dem Fabeltier. Verzweifelt kletterte ich in der Dunkelheit eines sintflutartigen Regens darüber hinweg.

„Lass dich nicht vom Drachen erwischen!“ hat mir damals ein freundlicher Autofahrer nachgerufen. Heute, mehr als fünf Jahrzehnte später, verstehe ich, was er gemeint haben mag. Ich bin damals dem Drachen von Uffington entkommen. Ja ich habe ihn gar nicht bemerkt. Und nicht wieder besucht.

22.3. Der Riese von Cerne Abbas

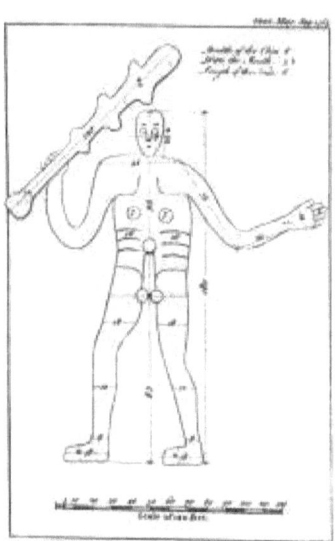

22.4. Der Riese von Cerne Abbas (1765).

23. Am Tor zur Südsee

Fast senkrecht wächst die steinerne Monstermauer empor. Mutter Natur hat sie geschaffen, als glühend heiße Lava-Massen emporstiegen und erstarrten. Helle Flechten und grünes Moos verleihen dem grauen Lavagestein ein bizarres Aussehen. In den Lavabrei eingeschlossen wurden Felsstückchen, die heute zum Teil als Fremdkörper aus der Wand herausragen.

Man muss nahe an die wuchtige Mauer herantreten, um ihr Geheimnis zu erkennen: Es sind die Konturen einer liegenden Gestalt. Ein langes Ohr am Kopf ist auszumachen. Auge und Nase wurden ebenfalls dargestellt, so wie der Oberkörper. Offensichtlich hat man nur versucht, ein Kunstwerk zu schaffen. Das Experiment muss bereits im ersten Stadium abgebrochen worden sein.

Wichtige Fragen stellen sich: Wer hat diese bescheidenen Umrisse in das Vulkangestein gemeißelt? Wann geschah dies? Warum wurde der klägliche Versuch sofort wieder aufgegeben? Schon vor Jahrhunderten regte die Südsee die Fantasie manches Forschers an. Längst war es zur Routine geworden, per Schiff von der alten in die neue Welt zu gelangen. Was aber lag jenseits von Amerika? Musste nicht im Westen ein weiterer Kontinent liegen?

Davon war ein gewisser Arnold Roggeveen, ein geschäftstüchtiger niederländischer Weinhändler, im ausgehenden 17. Jahrhundert felsenfest überzeugt. Und diese Landmasse wollte er entdecken. Freilich war es nicht wissenschaftlicher Entdeckergeist, der ihn motivierte. Roggeveen hoffte mit den Bewohnern Handelsabkommen schließen zu können. 1666 plante er seine Expedition ins Unbekannte. Freilich erhielt er, als er einen entsprechenden Antrag stellte keine Genehmigung. Schon damals war die staatliche Bürokratie sehr mächtig.

Roggeveen musste unzählige Fragen beantworten und immer neue. Weitere Fragen folgten, und noch mehr. Als er endlich die erforderlichen Urkunden, Beglaubigungen und Einwilligungen zusammen hatte, konnte er sich das Abenteuer finanziell nicht mehr leisten. Der Kampf mit der Bürokratie hatte ihn zum armen Mann gemacht.

Erst ein halbes Jahrhundert später, nämlich am 16. Juni 1721, machte sich sein Sohn Arnold Roggeveen auf den Weg, um den ehrgeizigen Plan des Vaters zu verwirklichen. Die Expedition wurde ein kaufmännischer Misserfolg. Den erhofften Kontinent, den gab es nicht. So konnten keine Handelsabkommen geschlossen werden. Zu Ostern 1722 „entdeckte" Arnold Roggeveen jene Insel, die nach eben diesem christlichen Fest benannt wurde: die Osterinsel. Allerdings war Arnold Roggeveen wohl nicht der erste Europäer, der die mysteriöse Insel ausfindig gemacht hat. Bereits anno 1566 wurde in spanischen Chroniken erstmals über die Entdeckung der Osterinsel durch Alvaro Mendana de Neyra berichtet. Und anno 1578 stieß der spanische Seefahrer Juan Fernandez vor der Küste Chiles im Stillen Ozean auf „ausgedehntes Festland".

Als „Handelspartner" war die Osterinsel für Roggeveen vollkommen uninteressant. Sie war ein bedeutungsloses kleines Eiland mit eher ärmlicher Bevölkerung. Gewiss: Die stattlichen Statuen des Eilandes legten beredt Zeugnis ab für meisterliche Steinmetzkunst. Aber mit Steinmonstern konnte man keinen Handel treiben. In der Tat: die Osterinsel ist ein kleines Fleckchen Erde, in Gestalt eines Dreiecks von etwa 24 Kilometern Länge und 13 Kilometern Breite. Einst formten gewaltige Vulkanausbrüche auf dem Grund des Pazifiks das kleine Eiland. Und auch heute noch sind es drei Vulkane (Rano Kao, Maunga Puakatiki und Maunga Terevaka) die das Bild der Osterinsel dominieren.

Als großer Erforscher der Geheimnisse der Osterinsel gilt der Norweger Thor Heyerdahl (1914–2002). In den Jahren 1955 und 1956 erkundete er das Eiland. Seiner Überzeugung nach wurde es einst vom Westen aus besiedelt.

In zwei Wellen sollen, so Heyerdahl, Menschen von Südamerika aus die kleine Insel bevölkert haben. Die Mythenwelt der Osterinsel besagt aber etwas ganz anderes. Die Annahme Heyerdahls hat sich inzwischen auch als falsch erwiesen. Dank moderner Genuntersuchungen wissen wir: die Osterinselbevölkerung kam nicht aus dem Osten, nicht aus Peru, sondern aus dem

Westen. Daran hat es für die heutigen Osterinsulaner nie den geringsten Zweifel gegeben. Und genau das überliefert die Sagentradition der Osterinsel!

Raul Teave, ein stolzer Osterinsulaner, erzählte mir 1992: *„Meine Vorfahren kamen vom Atlantis der Südsee. Es versank – im Westen der Osterinsel – in den Tiefen des Meeres. Make Make, der fliegende Gott, brachte die Rettung. Er flog den Priester Hau Maka zur rettenden Insel, zum Nabel der Welt. Er brachte ihn wieder zurück. Deshalb konnten die vom Tode bedrohten Menschen evakuiert werden, auf Rapa Nui, die ›Osterinsel‹!"*

Bis heute wird die Erinnerung an Make Make in den Überlieferungen der Osterinsel gepflegt und erhalten. Voller Ehrfurcht betrachten die Osterinsulaner, die sich wieder verstärkt dem alten Glauben zuwenden, die Darstellungen Make Makes. Sie wurden vor vielen Jahrhunderten in den Stein geritzt.

Für Heyerdahls Südamerika-Theroie hat Paul Teave nur ein müdes Lächeln übrig. *„An diesen Unsinn hat hier niemand geglaubt! Die Überlieferungen unserer Vorfahren lassen keinen Zweifel: die Urbevölkerung stammt aus der Südsee!"* Heute ist die Osterinsel von Europa und Amerika aus betrachtet *„das Tor zur Südsee"*.

„Aber Thor Heyerdahl hat doch das Rätsel der Osterinselriesen gelöst!" wende ich ein. Paul Teave lächelt milde. Seit mehr als 50 Jahren kursieren entsprechende Berichte: Thor Heyerdahl sei es gelungen, eine Handvoll Osterinsulaner einen Osterinselriesen aus dem Vulkangestein meißeln zu lassen. Thor Heyerdahl selbst hat diese Legende ins Leben gerufen. In seinem Buch „Aku-Aku/ Das Geheimnis der Osterisel" (1) wird Heyerdahls Experiment im Bild dokumentiert. Sechs wackere Osterinsulaner schlagen auf das Vulkangestein ein. Schon kann man die Konturen eines der berühmten Osterinselriesen erkennen. Der Bildkommentar erläutert: *„Eine Statue wird im Steinbruch des Vulkans ausgehauen."* Blättert man weiter, so sieht man Erstaunliches. Zwölf Osterinsulaner richten „die Figur" auf.

Der Text zum Foto vermeldet: *„Zwölf Mann haben sie in achtzehn Tagen mit Stangen und Steinen aufgerichtet."* Die beiden Fotos suggerieren eindeutig: Heyerdahl hat zunächst eine Statue aus dem Fels schlagen und dann aufrichten lassen.

Fakt ist aber: Heyerdahls Experiment ist kläglich gescheitert. Und das hat Thor Heyerdahl im Text seines Buches auch keineswegs verschwiegen. So berichtet er (2), dass bei den Steinmetzen die Begeisterung rasch schwand. Bereits nach drei Tagen gaben sie auf und pflegten ihre zerschundenen, blutigen Hände.

Bis heute hält sich die Legende, es sei Heyerdahls osterinsulanischen Freunden gelungen, eine Steinstatue aus dem Vulkangestein zu schlagen, zu transportieren und aufzustellen. Das aber ist falsch. Heyerdahls Team hat nur eine eher bescheidene Kontur in die Monsterwand geschlagen und dann aufgegeben! Es ist bei Heyerdahls gescheitertem Versuch geblieben. Auch heute – mehr als ein halbes Jahrhundert später – wartet eine Osterinselfigur im Stein darauf, befreit zu werden. Der Versuch wurde nach wenigen Tagen abgebrochen - und bis heute nicht fortgesetzt!

Wir müssen zwischen feststehenden Fakten und Vermutungen unterscheiden. Fakt ist: Die Osterinselriesen stammen aus dem Steinbruch im Ranu Raraku-Krater.

Fakt ist: Irgendwann stoppten die Steinmetzen ihre Arbeit. Von einem auf den anderen Tag blieb ihre Arbeit liegen. Deshalb findet man heute im Steinbruch Statuen in fast allen Stadien, nämlich solche, die eben erst begonnen wurden und solche, die fast schon vollendet worden sind.

Unweit des Steinbruchs fanden sich zahllose primitive Steinwerkzeuge, Faustkeile zum Beispiel. Heißt das, dass die Osterinselriesen mit diesen primitiven Werkzeugen hergestellt wurden? Erinnern wir uns: Heyerdahls Gehilfen scheiterten bei dem Versuch, mit solchen Werkzeugen eine kleine Statue aus dem Stein zu hauen.

Eine alternative Erklärung bietet sich an: Vor Jahrtausenden schufen unbekannte Künstler mit unbekannter Technologie die Statuen der Osterinsel. Damit kein Missverständnis auftaucht: Das muss keine außerirdische Technologie gewesen sein! Es mag vor Jahrtausenden auf der Osterinsel Wissende gegeben haben, die über Fähigkeiten verfügten, die wir heute sogenannten „Steinzeitmenschen" nicht mehr zutrauen!

Spekulieren wir weiter: Aus unbekannten Gründen hörten die Erschaffer der Statuen von einem Moment auf den anderen mit der Arbeit auf. Zurück blieben fertige und unvollendete Statuen. Jahrhunderte später versuchten Osterinsulaner, mit Hilfe von primitiven Steinfäustlingen die begonnenen Statuen zu vollenden. Sie schlugen mit ihren primitiven Werkzeugen auf den Stein ein und gaben bald wieder auf. Mit ihren primitiven Mitteln hätten sie Jahre benötigt, um eine einzige Staue aus dem Stein zu hauen. Um bis zu eintausend solcher Figuren herzustellen, wären wahre Arbeiterheere erforderlich gewesen.

Die Osterinsel aber war schon immer nur sehr dünn besiedelt. Arbeiterheere gab es nie. Natürlich hätten die vielen Steinmetze auch ernährt werden müssen. Ein zweites Heer an Bauern wäre erforderlich gewesen. Eine solche Bevölkerungsdichte aber hat es nachweislich niemals auf der Osterinsel gegeben.

Spekulieren wir weiter: Die mühselige Arbeit im Steinbruch erbrachte (Jahrhunderte nachdem die Arbeiten im Steinbruch abrupt abgebrochen worden waren) keine nennenswerten Ergebnisse, wohl aber blutige Hände, zersplitterte und stumpfe Fäustlinge und Frust. Man gab auf. Die nutzlosen Werkzeuge wurden achtlos weggeworfen. Mitte des 20. Jahrhunderts scheiterten Heyerdahls Gehilfen bei einem ähnlichen Versuch. Und doch gilt es als „bewiesen", dass die Statuen mit Steinfäustlingen aus dem Vulkan gemeißelt wurden.

In grauer Vorzeit versank das Atlantis der Südsee in den Tiefen des Pazifiks. Make Make brachte die Rettung und wies den Weg zur Osterinsel. Sieben Seefahrer überprüften erst die Richtigkeit von Make Makes Rettungsplan. Sie lotsten schließlich den Exodus in die neue Heimat. Sieben Statuen, die als einzige aufs Meer hinausblicken (nach Westen, gen Heimat), stellen die sieben mutigen Seeleute dar.

Heute, zu Beginn des dritten Jahrtausends nach Christus, leben wir in einer Zeit der weltumfassenden Probleme und Krisen. Länder wie Griechenland stehen vor dem Bankrott. Die Ölpest im Golf von Mexiko, ausgelöst durch die Explosion der Plattform Deepwater Horizon von BP, könnte so etwas wie ein modernes Menetekel sein. Haben wir uns schon so sehr an Katastrophenmeldungen gewöhnt, dass die Millionen und Abermillionen von Litern Öl, die ins Meer fließen, mit stoischer Gelassenheit aufgenommen werden?

Auf der Osterinsel wurden nach und nach alle Palmen gefällt. Fakt ist: Es kam auf der Osterinsel zu einer vollkommenen Entwaldung mit katastrophalen Auswirkungen auf das Leben der Bevölkerung! Wie aber kam es zum Verschwinden der einst dichten Palmenwälder?

Ein Team um Terry L. Hunt von der Universität von Hawaii macht den Mensch nur noch indirekt verantwortlich (Fußnote 3): Um 1200 n.Chr. gab es auf dem Einsamen Eiland in der unendlichen Weiten des Pazifiks zu einer gigantischen Rattenplage. Die hungrigen Nager zeugten kräftig Nachwuchs. Alle sechs bis sieben Wochen verdoppelte sich der Rattenbestand. Rund zwei bis drei Millionen Ratten fraßen alle Palmensamen und kleinen Pflänzlinge weg. Folge: Es wuchsen keine neuen Palmen nach. So kam es zu einer dramatischen Entwaldung der Insel.

Gibt es einen „Schuldigen" für diese Entwicklung? Indirekt ist es der Mensch. „Rattus exulans" gelangte mit polynesischen Seefahrern auf die Osterinsel und vermehrte sich geradezu explosiv auf dem idyllischen Eiland. „*Zerstörten Ratten Osterinsel?*" fragte der „Tagesspiegel" (Fußnote 4).

Die Osterinselkatastrophe wurde nicht durch die einheimische Bevölkerung ausgelöst, die ohne Sinn und Verstand wie in einer Raserei alle Palmen fällte, sondern durch Ratten. Der „Tagesspiegel": „*Neue Studie: Bewohner nicht schuld am Untergang*". Falsch wäre es, den Menschen von jeglicher Schuld freizusprechen. Es waren ja Menschen, die die Ratten quasi als „blinde Passagiere" auf die Osterinsel einschleppten! Und das mit

schlimmsten Konsequenzen: Die Palmen verschwanden. Frucht-
bares Ackerland wurde ins Meer gespült. Es gab kein Holz mehr,
also konnten auch keine Boote mehr gebaut werden. Somit war
Fischfang so gut wie unmöglich geworden. Hungersnöte waren
unausweichlich die Folge. Auswandern konnten die Osterinsulaner auch nicht mehr, da sie keine Boote mehr hatten. Es gab kein
Entkommen mehr aus der Katastrophe.

Verhalten wir uns heute klüger als die Ratten auf der Osterinsel? Nein! Wir sind heute dabei, die Grundlagen für ein Überleben
der Menschheit geradezu planmäßig zu zerstören! Dabei ist unsere „Insel" Erde, „Terra mysteriosa", für uns heute ebenso über-
schaubar geworden, so wie es die Osterinsel einst für ihre Bewohner war. „Rattus exulans" freilich fehlte jeglicher Überblick. Die
Ratten fraßen die Grundlagen der eigenen Existenz auf.

Man sollte eigentlich erwarten dürfen, dass der „intelligente"
Mensch mehr Weitblick zeigt. Uns interessiert nur die Gegenwart,
allenfalls die sehr nahe Zukunft und nicht das Morgen und Übermorgen. Künftige Generationen müssen unsere Fehler ausbaden.
Im Pazifik bekommen die Menschen schon heute zu spüren, was
morgen und übermorgen auf „Terra mysteriosa" hereinbrechen
wird!

Fußnoten:

Fußnote 1) Thor Heyerdahl: *„Aku-Aku/ Das Geheimnis der Osterinsel"*,
Ullstein Sonderausgabe, Frankfurt 1972, Bildteil zwischen Seiten 104 und
105

Fußnote 2) ebenda, S. 93

Fußnote 3) Hunt, Terry L.: *„A model-based approach to the tempo of »col-
lapse«*: the case of Rapa Nui (Easter Island), *„Journal of Archaeological Science"*, 2021

Fußnote 4) *„Tagesspiegel"* 02.01.2007

24. Vom fliegenden Gott zu John Frum

„Freude schöner Götterfunken ...", so jubiliert ein enthusiastischer Sänger. Friedrich Schillers „Ode an die Freude" erklingt nun schon den ganzen Tag. Der kleine örtliche Radiosender strahlt ausschließlich Ludwig van Beethovens Sinfonie aus. Von morgens bis abends. Begeistert stellt mein Taxifahrer den kleinen Radioapparat auf höchste Lautstärke und singt lautstark mit. Obwohl er kein Deutsch spricht, beherrscht er inzwischen den Text vollkommen.

Nur die riesigen steinernen Statuen zeigen sich unbeeindruckt. Ich aber muss zugeben: genauso fühle ich mich ... Ich bin überglücklich. Ein Kindheitstraum ist in Erfüllung gegangen. Endlich bin ich auf der Osterinsel gelandet. „Wir betreten feuertrunken, Himmlische, dein Heiligtum!", heißt es im Text. Und in der Tat: die Osterinsel ist so etwas wie ein „Heiligtum", so etwas wie ein sakraler Ort einer uralten Kultur.

Stoisch blicken die riesigen Osterinselstatuen ins Leere. Ein stolzer Vogel breitet seine Schwingen aus und kreist über den uralten Figuren. Wenn sie uns nur ihre Geschichte erzählen könnten ... Wenn wir die beeindruckenden Kunstwerke wie ein Buch lesen könnten ... Thor Heyerdahl wie Erich von Däniken haben versucht, die Geheimnisse der Osterinsel zu ergründen.

„In meiner Jugend kam Kontiki zu uns, besuchte den Nabel der Welt!", vertraute mir ein greiser Osterinsulaner an. *„Er war von ehrwürdiger Gestalt und hatte einen mächtigen Bart! Kontiki befragte uns nach unseren alten Bräuchen und Überlieferungen! Er notierte sorgsam, was er erfuhr. Künftige Generationen, die ein Buch lesen können, werden die Wahrheit erfahren!"*

Für den der wissenschaftlichen Vernunft verpflichteten Experten ist der Sachverhalt klar: *„Viracocha alias Kontiki war ein legendärer Gott, der nach der religiösen Überlieferung der Inkas den Menschen schuf ... nach der großen Flut!"* Und somit kann natürlich die Osterinsel vor einigen Jahrzehnten nicht von Kontiki besucht worden sein. Fiktive Gestalten besuchen keine Inseln.

Und doch hat mir der greise Osterinsulaner kein Märchen erzählt: Der bärtige Norweger Thor Heyerdahl (1914–2002) wurde,
wie er glaubhaft berichtet, 1947 und 1955 von manchen Bewohnern der Osterinsel ehrfürchtig als „Herr Kontiki" angeredet. Offensichtlich waren sie davon überzeugt, dass auch der „Kontiki"
der mythischen Überlieferungen eine reale Person war. Wissenschaftler indes erklären eine reale Person zur Fiktion. Sollte der
mythologische Kontiki ebenfalls eine reale Person gewesen sein,
die nach einer gewaltigen Flut nach Peru kam? Gewöhnlich wird
das in der Wissenschaft bestritten. Als reine Fantasiegestalt wird
Make Make angesehen ...

Abb. 24.1 Der fliegende Gott Make Make

Make Make, der fliegende Gott, griff auch in das Leben der Menschen ein, als eine Flut zu einer gewaltigen Apokalypse zu werden drohte. So wird es durch die uralten Mythen überliefert. Make Make wies, so heißt es, den Bewohnern des Atlantis der Südsee den weiten Weg übers Meer zur Osterinsel. Dort siedelten sie sich nach einem abenteuerlichen Exodus an. War Make Make eine reale Person, ein reales Wesen?

Einst gab es vermutlich Tausende von Ritzzeichnungen, die Make Make darstellten. Die meisten sind im Verlauf der Jahrhunderte verwittert ... oder von Sammlern archäologischer Objekte gestohlen worden. Teilweise wurde sogar mit amtlicher Genehmigung kostbares Erbe der Ur-Osterinselkultur mutwillig zerstört. Ein eklatantes Beispiel: Anno 1965 entdeckte der deutschstämmige Chilene Karl Schanz unweit des heutigen Flugplatzes einen massiven Steinbrocken mit komplexen Einritzungen. Dabei handelte es sich, so Schanz, um ein Instrument zur exakten Beobachtung der Sterne. Bevor freilich genauere Untersuchungen durchgeführt werden konnten, ließ die chilenische Armee den Felsbrocken sprengen: aus „Sicherheitsgründen", wegen der Nähe zum Flughafen.

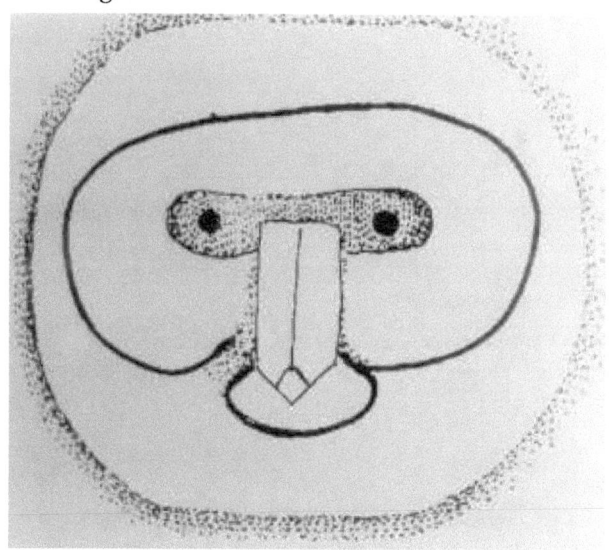

Abb. 24.2 Maske des fliegenden Gottes Make Make

Mühsam muss man noch erhaltene Abbildungen zeichnerisch rekonstruieren ... Sie ergeben ein maskenhaftes, roboterartiges „Gesicht" Make Makes.

„Make Make brachte unsere Vorfahren auf unsere Insel!", höre ich immer wieder. „Und die ersten Siedler errichteten die Statuen?", frage ich. „Nicht gleich!" Zunächst habe man aus Lavabrocken Pyramiden aufgetürmt: als Grabmale für verstorbene Vornehme. Aus den Pyramidenhügeln seien dann solide Plattformen geworden. Und auf die Plattformen habe man schließlich die geheimnisvollen Statuen gestellt.

24.3. Stoisch blicken sie ins Nichts

Die meisten Ritzzeichnungen von Make Make befinden sich oberhalb der Steilküste bei Orongo. Von hier stiegen einst mutige junge Männer die schroff mehrere Hundert Meter senkrecht abfallende Klippe hinab. Dann stürzten sie sich in die gefährliche Brandung, um zur kleinen „Vogelinsel" zu schwimmen. Wer als erstes von dort ein Ei aus einem Schwalbennest sicher bergen konnte, der war für ein Jahr lang so etwas wie der religiöse und irdische König.

Vielleicht war's aber etwas anders: Auf der Insel gab es verschiedene Stammesclans. Jede dieser Gruppen wurde von einem Chief geführt. Jeder Chief wählte einen besonders sportlichen Schwimmer und Kletterer, der dann im Wettkampf für ihn antreten durfte. Zum religiösen König wurde nicht der Sportler selbst, sondern sein Chief ernannt.

Das Inseloberhaupt hauste ein Jahr in einer Höhle, die er in der Zeit seiner Regentschaft nicht verlassen durfte. Ein Jahr lang lebte er in Dunkelheit, fern seiner Mitmenschen. Angeblich durfte er sich auch nicht waschen, was die übrige Bevölkerung auf Distanz gehalten haben dürfte.

Auch wenn die Einzelheiten auch in der Bevölkerung der Osterinsel umstritten sind: Es wurde ein „Vogelmensch-Kult" zelebriert, dessen Ursprung in Vergessenheit geraten ist. Bei Orongo stellte man die geheimnisvollen „Vogelmenschen" dar: Seltsame, fast monströs wirkende Mischwesen aus Mensch und Vogel wurden in den Stein geritzt, oft direkt neben Darstellungen des fliegenden Gottes Make Make.

Wer waren diese „Vogelmenschen"? Hatten sie einen Bezug zum fliegenden Gott Make Make und den gigantischen Statuen der Osterinsel? Und wann wurden die monströsen Figuren und kuriosen Ritzzeichnungen geschaffen?

Lange galten konservative Zahlen als gültig, die den Kunstwerken nur ein recht junges Alter zubilligten. Demnach entstanden die Statuen etwa im Mittelalter bis in die Neuzeit. Wenn man schon nicht wirklich wusste, wer wie die Figuren schuf, transportierte und aufstellte ... dann durfte das nicht in grauer Vorzeit geschehen sein. Was in der Öffentlichkeit nicht zur Kenntnis genommen wird:

Abb. 24.4. Der mysteriöse Vogelmensch der Osterinsel

Der Archäologieexperte, Buchautor und Journalist Frank Joseph stellte dezidiert fest, dass die so vorsichtigen Datierungen völlig falsch sind. De facto wurde die Arbeit an den Kolossen – so Frank Joseph – erst vor mindestens zweitausend Jahren beendet! Diese Erkenntnis, von Frank Joseph im seriösen Fachblatt „Ancient American – Archaeology of the Americas before Columbus"

(Nr. 12) publik gemacht, hätte einschlagen müssen wie eine Bombe.

Im Verlauf der letzten Jahrhunderte starben die Wissenden der Osterinsel, die die hölzernen Schrifttafeln wie ein Buch lesen konnten. So vermag bis heute niemand mehr, die rätselhafte Schrift von „Rapa Nui" zu entziffern. Oder wird die uralte Welt der schriftlichen Überlieferungen nur wenigen Eingeweihten zugänglich gemacht? *„Das Meer kennt alle Geheimnisse!"*, bekam ich bei meinen Besuchen auf der Osterinsel immer wieder zu hören. *„Wer kundig ist, kann in seinen Wellen wie in einem Buch lesen..."*

Von Make Make, dem fliegenden Gott ... zu einer anderen Gottheit der Südsee ... zu John Frum. Der geheimnisvolle Kult macht deutlich, wie uralte Mythen und Religionen entstehen können ...

Abb. 24.5 Einsamer Strand der Osterinsel

25. Wer war John Frum?

Die Anreise war eine Tortur: Frankfurt – Amsterdam –Tokio – Guam – Pohnpei – Kosrae – Honolulu – Sydney – Port Vila (Vanuatu) – Tanna. Nicht die Sehnsucht nach sandigen Südseestränden hat mich mit einigen wackeren Reisegefährten ins ferne Melanesien geführt. Es waren auch keine archäologischen Rätsel, die vor Ort zu ergründen waren. Es war ein geheimnisvoller Kult, der uns die weite Reise hat antreten lassen: der ominöse John-Frum-Kult lockte uns nach Tanna. Jedes Jahr wird diesem John Frum am 15. Februar gehuldigt. Wie lange noch? Langsam aber sicher passt sich das Christentum der seltsamen Religion an, um irgendwann den fremden Glauben dem christlichen einzuverleiben.

Anno 1774 wurde James Cook auf das Eiland von Tanna gelockt: von nächtlichem Glühen „in den Wolken". Die Quelle des rötlichen Lichts war rasch ausgemacht: Es kam von Yasur, einem Vulkan. James Cook wollte mit seiner Mannschaft den Vulkankegel erklimmen. Doch die einheimische Bevölkerung hinderte ihn daran. Das Gebiet sei durch ein mächtiges Tabu geschützt und dürfe nicht entweiht werden. *„Dort hausen die Seelen der Verstorbenen!"*, erfuhr James Cook.

Die Anhänger des John-Frum-Kults sind überzeugt, dass der YasurVulkan den Mittelpunkt der Welt darstellt. Aus der glühenden Lava, die der Yasur einst ausgespuckt hat, sei die Welt entstanden.

Auch heute ist der Yasur noch mehr als imposant. Sein Hauptkrater hat einen Durchmesser von etwa 300 Metern und ist rund 100 Meter tief. Drei aktive Schlote schleudern rund um die Uhr das irdische Höllenfeuer hoch in den Himmel. Statistiker haben errechnet, dass es alle drei Minuten zumindest zu einer Mini-Eruption kommt. Durchschnittlich alle drei Minuten wird ein glühender Klumpen zähflüssigen Materials empor gespuckt. Abends und nachts ist dieses natürliche Feuerwerk wirklich sehr imposant.

Während unseres Aufenthalts auf Tanna sind wir, so stand es im Informationsbrief des Reisebüros, „*in Bungalows nach einheimischem Stil*" untergebracht. Bei den „Bungalows" handelte es sich um bescheidene Einraum-Hütten auf Pfählen mit spärlicher Möblierung, bestehend aus einem Bett, einem Nachttischchen und einem Stuhl. Romantisierend hieß es im Schreiben des Reisebüros: „*Erleuchtet mit Kerosin-Laternen und umgeben von tropischen Blumen ... macht die atemberaubende Aussicht auf die Bucht und das Rumoren und Glühen des Yasur-Vulkans diese Bungalows wahrlich spektakulär.*"

27.3. Mein »Urwaldbungalow«

„Kerosinlampen" gab es allerdings keine. Licht spendete abends und nachts eine Wachskerze ... und gelegentlich eine Glühbirne, die an einem wenig Vertrauen schenkenden Draht von der Decke baumelte. Elektrischen Strom gab es allerdings nur wenige Stunden am Tag: so lange wie der Motor des kleinen Aggregats ratterte.

Auf fließendes Wasser musste ebenso wenig verzichtet werden wie auf ein WC: Die Toilette (eine) und die Dusche (eine) waren von jedem „Bungalow" aus auch nachts leicht zu erreichen, wenn man eine Taschenlampe dabei hatte. Nach dem Abendessen wurde nämlich das Aggregat abgeschaltet und die Bungalows versanken in Dunkelheit.

War elektrischer Strom auch Mangelware, so gab es reichlich Regenwasser: kaltes Regenwasser strömte aus der Dusche. Auf komplizierte Technik wurde verzichtet. Von einem Sammelbehälter führte ein Gartenschlauch zur Dusche. Wer zuerst kam, wurde manchmal mit warmem Wasser belohnt. Bald spendete die Dusche aber nur noch kaltes Nass.

Kaltes Regenwasser gab es auch zu trinken (manchmal mit einem kleinen Schuss Zitronensaft, meist aber pur). Ich muss aber konstatieren: Auf meinen vielen Reisen führte unsauberes Trinkwasser immer wieder zu manchmal recht erheblichen Magen- und Darmproblemen. Das Regenwasser von Tanna aber muss von bester Trinkqualität gewesen sein. Hauptnahrungsmittel war Reis, der in verschiedenen Varianten gereicht wurde, zum Beispiel mit gebratenen Bananen oder Gurken.

So spartanisch das Leben auf Tanna auch war, so wunderschön waren die klaren Nächte mit einem traumhaft schönen Sternenhimmel. Nirgendwo sonst habe ich die Unendlichkeit des Alls so deutlich gespürt, ja gesehen wie auf Tanna. Nachts lag man in seinem Bett unter einem Moskitonetz ... wie mitten in einem paradiesischen Urwald. Undefinierbare Tierstimmen beunruhigten weniger als das Rumpeln des Yasur-Vulkans. Manchmal meinte ich, deutlich zu spüren, wie der Boden vibrierte.

Das Reisebüro hatte keineswegs zu viel versprochen, tatsächlich machte das Rumoren und Glühen des Yasur-Vulkans „diese Bungalows wahrlich spektakulär". Wir haben den Vulkan abends besucht, stundenlang am Kraterrand gesessen. Wir spürten die Wärme unter unseren Füßen ... und wie der Boden bebte. Wir sahen Lavabomben glutrot in die Luft sausen und zu Boden stürzen. Wir hatten Glück ... wurden nicht getroffen.

Unter dem Krater des Yasur-Vulkans lebt nach Überzeugung der Anhänger des John-Frum-Kults nicht etwa der von den Christen verteufelte Satan ... sondern der göttliche Sohn. Und diesem positiven Wesen wird jeden Freitag gehuldigt. In einer größeren Hütte versammeln sich die Gläubigen. Sie lauschen andächtig

Musikanten ... Gitarren kommen zum Einsatz. Es erklingen aber keine schleppenden Kirchenlieder, sondern frohe, mitreißende Musik. Die Menschen strahlen ruhige Gelassenheit, aber auch frohe Heiterkeit aus. Uns wenige fremde Besucher nehmen sie wie selbstverständlich in ihren Kreis auf. Jung und Alt tanzt um die Hütte herum. Schon kleine Kinder sind dabei, aber auch altehrwürdige Greise. Die Feiern dauern bis zum Morgengrauen.

Alle Jahre aber werden am 15. Februar besondere Rituale gefeiert. Mehr oder minder die gesamte Anhängerschaft John Frums ist dann zugegen, wenn verschiedene Gruppen stampfenden Schritts um den Festplatz marschieren. Sie vollführen dabei Sprünge im Rhythmus der Musik. Und alles geschieht in einer seltsamen Mischung aus heiterer Gelassenheit und stillem Ernst ... zu Ehren von John Frum. Die stechende Sonne scheint den Anhängern John Frums nichts auszumachen.

Wer aber war John Frum? Ein göttlicher Sohn, der unter dem Vulkankrater lebte ... wird immer wieder von seinen Anhängern verkündet. Ein Messias-Wesen, das den Menschen den ursprünglichen Glauben brachte. Eine göttliche Gestalt, die einst zu den Menschen von Tanna kam. Er werde, so habe John Frum versprochen, dereinst wiederkommen und den Menschen von Tanna eine paradiesische Zeit bescheren. Ein rotes Kreuz auf weißem Grund, so hört man oft von seinen Anhängern, sei das heilige Zeichen John Frums.

Ein christlicher Missionar fragte einen John-Frum-Anhänger herablassend: *„Du wartest auf die Rückkehr von John Frum? Wie lange schon?"* - *„Seit fast fünfzig Jahren!"* Der Missionar erkundigte sich weiter: *„Dein Vater ... wie lange wartet der schon auf die Wiederkehr John Frums?"* - *„80 Jahre!"* Kopfschüttelnd lachte der Missionar: *„Du glaubst immer noch, dass John Frum wieder erscheinen wird ... nachdem er 80 Jahre ausgeblieben ist?"* Die Antwort des John-Frum-Anhängers ließ das Gelächter des Missionars verstummen: *„Man sagt, dass ihr Christen seit zwei Jahrtausenden auf die Wiederkehr euers Messias wartet. Und ihr meint immer noch, dass er doch noch erscheinen wird, obwohl er sich schon zwei Jahrtausende nicht hat blicken lassen?"*

Wer war John Frum? Oder: Wer ist John Frum? Beim Jahresfest der John-Frum-Anhänger am 15. Februar fällt auf, wie die einzelnen Männer Gruppen marschieren: im Gleichschritt, mit geschulterten Fahnen und Holzstangen. Die Männer-Gruppen haben ganz und gar nichts Tänzerisches an sich. Sie wirken kriegerisch-militärisch. Manche scheinen sich dabei um einen grimmig-ernsten Gesichtsausdruck zu bemühen. Alkohol trinken sie keinen. Und so klappt alles mit geradezu preußisch exaktem Gleichschritt.

Ohne Frage: die Umzüge der Männer haben etwas Strenges, Militärisches an sich, auch wenn die „Soldaten" barfuß und mit bloßem Oberkörper marschieren. Hat John Frum etwas mit Militär zu tun?

26. Von John bis Jesus

Zum Jahresfest der John-Frum-Bewegung marschieren bei den Feierlichkeiten auf dem Festplatz immer wieder Männergruppen auf, bei denen es sich um Kopien von Paradenmärsche zelebrierende Soldaten zu handeln scheint. Die Männer sind allerdings eher leger gekleidet (barfuß, bloßer Oberkörper). Und anstatt von Gewehren schultern sie Holzstöcke.

Und in der Tat: die John-Frum-Anhänger imitieren US-Soldaten. Warum? Um 1940 wurden in der Südsee, wohl auch auf Tanna, amerikanische Soldaten stationiert. Die Fremden zeigten sich den Einheimischen gegenüber freundlich. Sie beschenkten sie reichlich. Die Einheimischen nahmen die Gaben – vom Kaugummi bis zur Konservendose – gern entgegen. Und sie staunten nicht wenig über die scheinbare Allmacht dieser Besucher. Kamen sie nicht mit metallenen Vögeln vom Himmel? Offenbar verfügten sie über Zauberkräfte! Ohne Magie kann kein Mensch fliegen. Und ohne Zauber konnte niemand aus den Leibern dieser künstlichen Vögel unerschöpfliche Mengen an kostbarem Frachtgut zu Tage fördern.

Die Verständigung zwischen den Einheimischen und den amerikanischen Soldaten erfolgte in erster Linie über Zeichensprache. Man redete mit Händen und Füßen. Und die amerikanischen Soldaten stellten sich immer wieder vor. *„I'm John from America!"*, mag so mancher GI erklärt haben, denn der Vorname John ist sehr häufig. *„I'm John frum Idaho ..."*, mag der eine GI verkündet haben, *„I'm John From Michigan ..."*, ein anderer. Und so hörten die Einheimischen immer wieder *„John from ..."* Also verpassten sie den Beuschern aus einer fremden Welt den Namen *„John from"*, woraus schließlich *„John Frum"* wurde.

„John Frum" marschierte mit geschultertem Gewehr. John Frum trug Uniform. Auf dieser Uniform standen Zeichen, Buchstaben: *„USA"*. Die Einheimischen imitieren seither die amerikanischen Soldaten, indem sie „uniformiert" mit Holzstöcken über der Schulter auf und abmarschieren. Und sie schreiben sich *„USA"* auf Brust oder Rücken: große wie kleine John-Frum-Anhänger tragen stolz auf nackter Haut die goldenen Lettern *„USA"*.

26.1. Der »verchristlichte« John Frum als Jesus

John Frum aber blieb aus. Schließlich erinnerten sich jene, die John Frum noch leibhaftig erlebt hatten: John Frums metallenes Flugvehikel landete auf straßenartigen Bahnen. Konnte John Frum nicht wieder auf die Insel zurückkehren, weil es keine Landebahnen mehr gab? Also legten die Einheimischen Landebahnen an. Sie imitierten nicht nur die Soldaten, sondern auch die technischen Geräte der Amerikaner. So bastelten sie aus Holz Walkie talkies, sprachen in die Kästchen hinein, in der Hoffnung, John Frum würde sie erhören.

Der frühere Neuguinea-Missionar Dr. Friedrich Steinbauer erkannte nach langen Jahren der intensiven Forschung, dass der John-Frum-Kult von Tanna kein lokales Kuriosum einer einzelnen Insel darstellt. Es handelt sich vielmehr um eine in der Südsee weit verbreitete Heilserwartung. Dr. Steinbauer machte immerhin 185 ganz ähnliche Kulte ausfindig, in deren Zentrum stets ein Heilsbringer mit magischen Kräften steht. Und diesen spendablen Heilsbringer möchte man zur Rückkehr auf die Insel bewegen.

Weil es bei all diesen Kulten um die erhofften Gaben geht, die sich die Anhänger der verschiedenen Gruppen erhoffen, bezeichnet man sie alle als „Cargo-Kulte". Cargo steht dabei für das Frachtgut, das John Frum einst gebracht haben soll ... und das er morgen oder übermorgen wiederum seinen Anhängern schenken soll.

Ein christlicher Missionar erklärte mir eines Abends auf Tanna den angeblichen wesentlichen Unterschied zwischen John-Frum-Glauben und Christentum. Der John-Frum-Kult sei profan und primitiv, ziele er doch – ganz anders als der christliche Glaube – nur auf materiellen Gewinn. Dabei hat der fromme Mann wohl vergessen, dass auch der christliche Glaube stark materialistisch geprägt ist. So lesen wir in den Evangelien nach Markus (Kapitel 10, Verse 29 und 30) und nach Lukas (Kapitel 18, Verse 28-30), dass den Anhängern des Messias Jesus irdischer Reichtum versprochen wird. Wer sich dazu entschließt, Jesus zu folgen, wer als Jünger des Jesus irdischen Besitz aufgibt, der wird bald – noch zu Lebzeiten – „hundertfach empfangen Häuser, Brüder, Schwestern, Mütter und Äcker".

Mitte der Vierziger Jahre des 20. Jahrhunderts erklärte sich ein gewisser Neloiag zum *„wiedergeborenen John Frum".* Er verkündete: *„Die Wundervögel mit unermesslichen Reichtümern werden uns wieder besuchen, wenn wir sie einladen".* Nach den Anweisungen von Neloiag wurden breite und lange Straßen für die künstlichen Vögel geschaffen. Mit Feuereifer wurde gearbeitet. Die Landebahnen wurden immer wieder verlängert und breiter gemacht ... ohne Erfolg. Als immer mehr Gefolgsleute Neloiag den Gehorsam versagten, drohte er mit drakonischen Strafen. Die Abtrünnigen würden ein schlimmes Ende finden. Aus den metallenen Vögeln würden Bomben abgeworfen, um sie zu vernichten. Die Strafe blieb aus, die Arbeiten wurden eingestellt.

Andere Gruppen kam zu der Überzeugung, sie seien zu reich. John Frum, so glaubten sie, komme nur zu Armen. Also versuchten sie, so mittellos wie nur möglich zu leben. Es kam sogar vor, dass die eigenen Hütten niedergebrannt wurden ... in der Hoffnung, dass dann John Frum wiedererscheint und die wahren Anhänger reich beschenkt. Auch derlei drastische Maßnahmen veranlassten John Frum nicht, zu seinen Anhängern zurückzukehren.

Der John-Frum-Kult aber lebt weiter, auch heute noch. Und immer wieder werden die Buchstaben „USA" auf die Rücken von John-Frum-Anhängern gemalt. Offenbar ist das Zeichen „USA" zu einem Symbol für John Frum geworden, für das magische Wesen, das dank Zauberkraft Reichtum schenken kann.

Sehr zum Verdruss christlicher Missionare ließ sich der John-FrumGlaube weder verbieten noch verdrängen. Zu stark ist er im Bewusstsein der Bevölkerung verankert. Also änderten die Missionare ihre Methodik. Sie bekämpften nicht mehr den John-Frum-Glauben. Sie verkünden seit Jahren, John Frum sei nicht ein beliebiger Messias, der den Menschen Glückseligkeit bringen wird. John Frum sei kein anderer als Jesus, der von den Christen erwartete Messias. Und die christlichen Verkünder beteiligen sich an den Jahresfeiern der John-Frum-Bewegung.

Und so marschieren John-Frum-Anhänger der alten Schule als PseudoSoldaten in Uniform zum Jahresfest auf ... gefolgt von Anhängern eines christlichen *„John Frum".* Letztere stellen John Frum passionsspielartig als Gekreuzigten dar, der zu den Menschen von Tanna kommt. Ich beobachtete vor Ort folgendes kleines Theaterstück auf dem „großen Festplatz": Menschen arbeiten auf ihrer Insel (Tanna) auf dem Felde. Sie schuften, fristeten ein kärgliches Dasein. Ein Schiff taucht auf. Die Insulaner werden überfallen. Sie sollen als Sklaven verschleppt werden. Doch Hilfe naht. Jesus erscheint. Er trägt sein Kreuz ... er ist der Gekreuzigte. Die Menschen sehen ihn. Sie streben auf ihn zu. Schließlich fallen sie vor Jesus auf die Knie. Sie beten ihn an. Sie wenden sich Jesus als dem Messias zu.

26.2. *Männer marschieren für John Frum*

So verschmelzen nach und nach John Frum und Jesus zu einer Person. Als ich den Jahresfeiern der John-Frum-Religion beiwohnte, war mir nicht klar, wer da auftrat: John Frum als Jesus oder Jesus als John Frum?

Am Ende wird dann wohl aus dem John Frum namens Jesus ... der Jesus der christlichen Kirche werden. Ob dann die fröhlichen Tänze zu Ehren von John Frum noch aufgeführt werden? Wohl kaum!

Quellen:
Grey, George: Polynesian Mythology, London 1965
Lindstrom, Lamont: Cargo Cult, Hawaii 1993
Steinbauer, Friedrich: Melanesische Cargo-Kulte/Neureligiöse
Heilsbewegungen in der Südsee, München 1971

27. John Frum und ketzerische Gedanken über die Göttin

Auch am Abend ist es noch schwül. Die drückende Hitze macht das Atmen schwer ... die hohe Luftfeuchtigkeit lässt die Kleidung am Körper kleben. Ich stehe in einer großen Gruppe von Anhängern des John-FrumKults. Wir beobachten die Jahresfeierlichkeiten der Glaubensgemeinschaft. Die Menschen sind fröhlich und doch auch ernst. Unsere kleine Gesellschaft wird vorbehaltlos aufgenommen. Wir, in der aus unserer Sicht exotischen Südsee, sind hier die Exoten. Wir sind hier die „Heiden". Es wäre erfreulich, wenn wir in unseren Gefilden Fremde so freundlich behandelt würden ... wie uns das in der Südsee widerfahren ist!

„Die Kirche hat einen guten Magen, hat ganze Länder aufgefressen, und doch noch nie sich übergessen." So lässt Goethe Mephistopheles im Faust (Faust 1, Spaziergang) sagen. Viele Jahrhunderte bedeutete Kirchenpolitik irdisches Machtstreben. Möglichst viele fremde Länder galt es zu erobern und mit dem eigenen Glauben zu beglücken.

Die Zeiten haben sich geändert. Aber nach wie vor wird missioniert. Nach wie vor will jede Kirche die Zahl der eigenen Gläubigen erhöhen. Aber oft ist in fernen Gefilden ein eigener Glaube heimisch, den man dort nicht so gern aufgeben möchte. Da hat das Christentum eine wirksame Methode entwickelt. Heute werden Andersgläubige nicht mehr wahlweise zwangsgetauft oder als Ketzer verbrannt.

Wie ein Chamäleon passt die Kirche den eigenen Glauben dem fremden an, wo sie den fremden Glauben nicht verdrängen kann. Auf Tanna wird ein Messias *„John Frum"* verehrt. Christliche Missionare machen aus John Frum den christlichen Messias Jesus ... und hoffen, dass so der ursprüngliche Messias nach und nach vergessen wird.

Gern verlachen gerade christliche Kritiker den John-Frum-Kult. Gehe er doch eindeutig auf den Besuch von amerikanischen Soldaten auf Tanna zurück. Nicht bestritten werden kann die militärische Prägung der JohnFrum-Feierlichkeiten. Da wird militärisch marschiert, da werden Fahnen gehisst und durch Strammstehen geehrt.

Abb. 27.1 Er leitet den John-Frum-Kult

Gern verlachen gerade christliche Kritiker den John-Frum-Kult. Gehe er doch eindeutig auf den Besuch von amerikanischen Soldaten auf Tanna zurück. Nicht bestritten werden kann die militärische Prägung der JohnFrum-Feierlichkeiten. Da wird militärisch marschiert, da werden Fahnen gehisst und durch Strammstehen geehrt.

Die „Uniformen" der gewöhnlichen John-Frum-Jünger sind eher schlicht und ohne Pomp. Die Männer tragen mehr oder minder einheitliche Hosen von mehr oder minder ähnlicher Farbe. Sie gehen mit energischen Schritten barfuß und mit bloßem Oberkörper um den Festplatz. Die Zuschauer harren geduldig am Rand des Zeremonialplatzes aus. Einige suchen Schatten in schilfgedeckten Unterständen. Alkohol trinkt niemand. Alle bleiben nüchtern.

Eine Ausnahme in Sachen Kleidung stellt der Chief der Jahresfeier dar: Er trägt eine geradezu imposante Uniform, stets würdevoll und ernst dreinblickend. Eine breite Schärpe schmückt die breite Brust, an der Orden auszumachen sind.

Was uns merkwürdig vorkommen mag: Warum wurde aus dem irdischen US-Soldaten *John Frum* so etwas wie eine himmlische Messiasgestalt, auf die die Anhänger des Kults heute noch warten?

Der Journalist Albrecht Joachim Bahr beschrieb die ersten Kontakte von Tanna-Bewohnern mit Flugzeugpiloten im 20. Jahrhundert so: „*Sie tragen Fliegermontur. Ihre Sonnenbrillen blitzen in der gleißenden Sonne. Für die Einheimischen müssen sie wie Götter erscheinen, die Hilfsgüter bringen und versprechen, wiederzukommen und sodann mit ihren Flugmaschinen wieder verschwinden. Die Eingeborenen warten bis heute auf die Wiederkehr der Besucher aus einer ganz anderen Welt.*"

Der „*John-Frum-Kult*" entstand keineswegs aus dem Nichts, als amerikanische Soldaten zu den Menschen von Tanna kamen. Gewiss, eine religiöse Bewegung wurde um 1940 unter dem Namen „John-Frum-Kult" bekannt. Die Regierung verbot den Glauben zunächst. Christliche Missionare bekämpften ihn wütend. Konkurrenz, die sich großer Beliebtheit erfreute, empörte die christlichen Missionare, die sich Toleranz und Nächstenliebe auf die wehenden Fahnen geschrieben haben. 1952 wurden Anhänger der John-Frum-Bewegung ins Gefängnis gesteckt. Dessen ungeachtet wurde fünf Jahre später ganz offiziell die *„John-Frum-Glaubensgemeinschaft"* gegründet. Erst 1957 bekam eine alte religiöse Bewegung nur ihren neuen Namen ... *„John-Frum-Religion"*.

In der Südsee muss es einen uralten Glauben gegeben haben, in dessen Zentrum ein hilfreicher, den Menschen wohlgesonnener Gott stand. Er kam offenbar in uralten Zeiten zur Erde und verabschiedete sich wieder ... nicht ohne zu versprechen, dereinst wieder zu kommen. So hielt man im 18. Jahrhundert Kapitän James Cook für einen göttlichen *„John Frum"* als er am 13. April 1769 mit seinem Schiff *„Endeavour"* vor Tahiti ankerte. Damals glaubten die Einheimischen, Gott Rongo sei zurückgekehrt. Einst habe sie Rongo mit seinem Wolkenschiff besucht ... und nun sei er wiedererschienen.

Rongo, so wird überliefert, gehörte einer göttlichen Trinität an: Rongo, Rangi und Papa. *„Rangi"* war Vater Himmel, *„Papa"* war *„Mutter Erde"* und *„Rongo"* war der göttliche Sohn.

Abends löste sich die Jubiläums-Veranstaltung langsam auf. Eine Gruppe von teilweise noch kleinen Kindern und Jugendlichen marschierte in die Dunkelheit. Der John-Frum-Kult soll überleben. Dafür wollen die führenden Männer und Frauen dieser religiösen Bewegung sorgen.

Bei strömendem Regen trat ich die *„Rückreise"* vom Festplatz von Tanna zu meinem *„Urwaldbungalow"* an ... zu nächtlicher Stunde. Nach einem glutheißen Tag und einem kaum kühleren Abend schaukelte der alte Pickup über die marode „Straße" durch die Nacht. Es regnete ... immer stärker. Die Scheinwerfer tasteten sich wie zu kurz geratene schwächliche Finger durch die Dunkelheit. Ich stand auf der glitschigen Ladefläche und hielt mich krampfhaft fest. Ein orkanartiges Gewitter setzte ein. Es goss wie aus gewaltigen Kübeln und wenige Minuten später war ich bis auf die Haut durchnässt. Ich genoss die Abkühlung ... und den abenteuerlichen Transport.

Die Fahrt zog sich hin. In Kilometern gemessen war die Entfernung bescheiden. Aber bei den erbärmlichen Straßenverhältnissen und dem schauderhaften Wetter wurde daraus eine größere Reise. Wir kamen nur sehr langsam voran.

In den Monaten vor meiner Reise in die Südsee hatte ich unzählige Werke über die dortigen Religionen, Mythen und Mysterien gelesen. In jener Nacht kamen mir verblüffende Gedanken ...

Rongo bedeutet in der Maori-Sprache: Frieden! Wie sich doch die Bilder ähneln: *„Rongo"* alias *„Frieden"* entspricht Jesus, dem göttlichen Sohn, der den Menschen Frieden bringen wollte. Gott Rongo war aber nicht das *„Original"*. Ihm vorausgegangen war Karaperamun. Karaperamun soll einst das erste Leben hervorgebracht gebracht haben. Zu Ehren von Karaperamun tanzten seine Anhänger ... so wie *„John Frum"* auch heute noch in Tänzen gehuldigt wird.

Es lohnt sich, über die christliche Trinität (*„Dreifaltigkeit"*) nachzudenken.

Sie ist um Jahrtausende älter als das Christentum. Erst seit dem fünften nachchristlichen Jahrhundert wird sie als reine *„Männergruppe"* angesehen.

Fakt ist: Das biblische Dreiergespann Gott, Sohn und Heiliger Geist hatte Vorläufer: In der uralten sumerischen Religion wird die Götterhierarchie durch ein Dreigespann, bestehend aus An, Enlil und Enki, angeführt.

Die Priesterschaft im babylonisch-assyrischen Raum übernahm die göttlichen Drei als Anu, Ellil und Ea. Auch die alten Ägypter verehrten ein göttliches Dreigespann: Osiris, Isis und Horus.

Bei den Römern dominierten zunächst Jupiter, Mars und Quirinus. Und in den ältesten indischen Texten, in den so genannten Veden, bestimmen Agni, Vayu und Surya die kosmischen wie die irdischen Geschicke. Selbst im Buddhismus sind eindeutig vergleichbare Strukturen zu erkennen.

Im christlichen Volksglauben allerdings wird die Dreifaltigkeit, die niemand wirklich zu verstehen vermag, als eine fromme Lehre christlichen Ursprungs gesehen. Gegen diesen Irrglauben geht die Kirche allerdings nicht vor ... und das, obwohl es in der Theologie keinen Zweifel darangibt, dass die Trinität weit älter als die Bibel ist. Mehr noch: Die wissenschaftliche Theologie lässt keinen Zweifel daran aufkommen, dass in der Bibel selbst die Trinitätslehre gar nicht vorkommt!

So muss der Theologe M.R. De Haan in seinem Werk „508 Answers to Bible Questions" (ohne Ortsangabe 1982) zugeben: *„Es gibt keinen Vers in der Bibel, der aussagt, dass Gott eine Dreifaltigkeit ist, bestehend aus drei Personen."* Damit vertritt er keine moderne Außenseiterposition, sondern die allgemeine wissenschaftliche Lehrmeinung, die auch der Theologe KarlHeinz Ohlig teilt. 1999 brachte er es in seinem Buch *„Ein Gott in drei Personen?"* (Mainz 1999) auf den Punkt. Kurz und bündig: Die Lehre von der Dreifaltigkeit *„besitzt keinerlei biblische Grundlage"*.

Ihren Ursprung hat die Lehre von der Dreifaltigkeit in uralten Zeiten als Göttinnen Himmel und Erde beherrschten. Zu Zeiten des Matriarchats gab es Göttinnen-Triaden. Damals bestand die Dreifaltigkeit aus drei Göttinnen. Über alle Grenzen der Kulturen hinweg gab es sie. Mannigfaltig sind ihre Namen: Ereshkigal, Inanna und Nana zum Beispiel. Die drei Göttinnen wurden vor Jahrtausenden von den alten Sumerern verehrt und angebetet.

Auf Tanna hat die Göttin *„Papa"* (*„Mutter Erde"*) überlebt. Die christliche Trinität besteht aus Gottvater, Sohn und Heiligem Geist. Was kaum jemand weiß: der *„Heilige Geist"* war ursprünglich weiblich. Was kaum jemand weiß: In einer uralten christlichen Kirche wird die Dreifaltigkeit dargestellt als Gottvater, Gottsohn und als eine Frau.

Unweit von Prien am Chiemsee liegt das Dörfchen Urschalling. Der ländliche Weiler bietet im kleinen Kirchlein eine echte Sensation. Errichtet wurde das Gotteshaus zwischen 1160 und 1200.

Nicht ganz klar ist, wann die frommen Fresken angebracht wurden. Um 1550 wurden sie jedenfalls übermalt ... und erst 1923 zufällig wiederentdeckt. Im Verlauf der Jahrhunderte wurden einige von ihnen stark beschädigt oder ganz zerstört, als die kleinen Fenster vergrößert wurden.

Abb. 27.2 Die Heilige Dreifaltigkeit von Urschalling

Warum wurden die kostbaren Malereien übertüncht? Als ein *„Sakrileg"* wurde wohl die *„heilige Dreifaltigkeit"* hoch oben im Gewölbe erachtet: Da wurde vor fast einem halben Jahrtausend eine seltsame *„Gestalt"* verewigt, bestehend aus einem Unterkörper und drei Oberkörpern. Das Wesen hat nur zwei Hände und ein Übergewand, aber drei ganz unterschiedliche Oberkörper. Man erkennt rechts *„Gott Vater"* mit weißem Bart, links Jesus mit blondem Bart und – in der Mitte – den *„Heiligen Geist"*. Und der *„Heilige Geist"* ist eindeutig als Frau dargestellt: mit weichen weiblichen Formen, langem femininen Haaren und vollem Busen.

Auf Tanna erkannte ich: Religionen sind nichts Statisches. Sie verändern sich ständig und gehen ineinander über. Glaubensinhalte sind nicht auf alle Ewigkeiten fixiert. Sie sind stetigem Wandel unterworfen. Einst herrschten Göttinnen am Himmel. Mit dem Monotheismus kam der Herrschergott. Und doch leben die Göttinnen weiter: im uralten Südseeglauben als *„Mutter Erde"*, im Christentum als *„Heiliger Geist"*, der eigentlich eine *„Geistin"* war! Und aus heidnischen Gottheiten wurden christliche Heilige!

Quellen:

Andia, Ysabel de und Hofrichter, Peter Leander: „Der Heilige Geist im Leben der Kirche", Innsbruck 2005

Bahr, Albrecht-Joachim: „Papayas zwischen Mauern und Basalt", „Die Norddeutsche", 16.10.2004

Haan, M.R. De: „508 Answers to Bible Questions", ohne Ortsangabe, 1982

Hahn, Udo: „Heiliger Geist", Gütersloh 2001

Ohlig, Karl-Heinz: „Ein Gott in drei Personen", Mainz, Luzern 1999

Schneider, Herbert: „Das franziskanische Verständnis des Wirkens des Heiligen Geistes in Kirche und Welt", Mönchengladbach 2006

28. Das Geheimnis des Götterbergs

Der Nemrud Dag, im Südosten der Türkei gelegen, ist knapp über 2200 Meter hoch. Touristen verschlägt es eher selten in diese Region. Zu instabil sind oft die politischen Verhältnisse. Immer wieder kommt es zu gefährlichen Auseinandersetzungen, in die kein Reisender gern verwickelt werden möchte. Dabei hat der majestätische Berg eine echte Sensation zu bieten. Auf dem Gipfel wurde so etwas wie ein künstlicher Berg aufgeschüttet, eine Pyramide der besonderen Art. Und in der Pyramide ... steckt ein Geheimnis!

Wir haben in einer kleinen spartanischen Pension übernachtet. Die Zimmerchen sind schlicht, aber sauber. Das Frühstück ist einfach, aber durchaus schmackhaft. Luxuriös mutet der Swimmingpool im Garten an. Er wird direkt von einem eiskalten Gebirgsbächlein gespeist. Nur abgehärtete Gäste wagen sich in das eisige Nass. Gegen Mittag fahren wir mit dem Jeep hinauf auf den Nemrud. Wir wollen einige Stunden, bis zum Abend dort oben bleiben und die geheimnisvolle Atmosphäre genießen.

Wir kommen unserem Ziel recht nah. Nur die letzten Tausend Meter müssen wir in der kalten dünnen Luft zu Fuß zurücklegen. Wir brauchen für den kurzen Weg sehr viel länger als gedacht. Der Pfad ist steil und steinig. Immer wieder gibt der Untergrund nach, rollen Steine zu Tal. Wir quälen uns weiter. Doch das Ziel entschädigt für die Anstrengung. Vor rund zwei Jahrtausenden hat König Antiochus hier oben ein Denkmal erschaffen lassen. Es sollte auf ewige Zeiten an seinen Vertrag mit den Göttern erinnern. Sein Deal mit den Göttern hat ihn aus der Schar der Menschen emporgehoben. Antiochus I. (69-36 v.Chr.) sah sich danach nicht mehr als frommen irdisch-sterblichen Untertan der Himmlischen. Er wähnte sich ihnen ebenbürtig. Stolz verlieh er sich selbst den Beinamen „Theos", Gott! Und er setzte sein steinernes Bildnis zwischen die Statuen der Götter.

Fast zwei Jahrtausende war das Geheimnis vom Nemrud Berg selbst kundigen Archäologen vollkommen unbekannt. Die Welt der Wissenschaft erfuhr erst 1891 vom uralten Denkmal. Der deutsche Vizekonsul Müller Raschdau vermeldete der Königlich Preußischen Akademie der Wissenschaften, dass in Izmir bis dato unbekannte Denkmäler von wahrhaft gigantischer Größe entdeckt worden seien: von einem gewissen Karl Sester. Gewaltige Statuen stünden, so hieß es in dem Brief, auf zwei einander gegenüberliegenden Terrassen. Dazwischen rage ein Hügel in den Himmel.

Die gelehrten Herren reagierten mit Skepsis. War es möglich, dass Karl Sester, ein Vermessungstechniker, eine höchst bedeutsame Entdeckung gemacht hatte? Kein Geringerer als Graf Helmuth von Moltke hatte jene Region genau erkundet. In seinem Buch *„Briefe über die Zustände und Begebenheiten in der Türkei"* war er besonders auf historische Stätten eingegangen. Mit keiner Silbe war Moltke auf ein Denkmal auf dem Nemrud Dag eingegangen.

Die Sache schien den Gelehrten höchst fragwürdig zu sein. Dennoch wurde im Archiv nach Hinweisen gesucht. Man wurde fündig. Die Asienreisende Mary Gewendoline Scott-Stevenson hatte aus der Nemrud-Region vermeldet, sie habe im Mauerwerk eines Wirtshauses im Dörfchen Sakcagözü „Reliefs" gesehen. Ganz offensichtlich, so schrieb sie, hatte man „irgendwo" assyrische Kunstwerke geplündert und als Verschönerung des „modernen Gebäudes" verwandt.

Sollte es also doch Monumente auf dem Nemrud Berg geben, die von der ländlichen Bevölkerung geplündert worden waren? Der kurze Hinweis auf „assyrische Reliefs" ließ die preußischen Wissenschaftler hellhörig werden. Karl Sester hatte nämlich die Vermutung geäußert, die mysteriösen Riesenstatuen oben auf dem Berg gingen wohl auf die Assyrer zurück. Die Sache musste vor Ort überprüft werden!

Eine große Expedition wollte man noch nicht finanzieren. Zu teuer wäre es gewesen, eine Schar hochrangiger Wissenschaftler zu entsenden. Die Hoffnung auf eine große Entdeckung beschleunigte das weitere Vorgehen. Man entschied sich für eine „Sparversion". Der junge Wissenschaftler Otto Puchstein (1856-1911) erhielt einen konkreten Forschungsauftrag: Reise zum Nemrud Berg in der Türkei antreten! Vor Ort Nachforschungen anstellen, ob es dort Assyrisches gibt. 1882 kam die Bestätigung! Die stattlichen Überreste eines riesigen Heiligtumes auf dem Nemrud Berg waren Realität.

Jetzt veranlasste Kaiser Wilhelm II. eine von Carl Human und Otto Puchstein geleitete Expedition erstaunlichen Umfangs. Am 7. Juni 1883 kam der Trupp mit zehn Reitpferden, zwanzig Lastpferden und fünf Wagen mit wissenschaftlichen Geräten und Proviant an, nach geradezu höllischen Strapazen. Zentnerweise führten die Experten Gips mit sich, um von Reliefs und Figuren originalgetreue Abgüsse anfertigen zu können.

Carl Human schrieb in seinem Tagebuch: *„Der erste Eindruck war ein wahrhaft überwältigender. Wie ein Berg auf dem Berge erhob sich auf dem höchsten Felsgipfel der Grabhügel, noch vierzig Meter über die Terrasse, die wir erstiegen, emporragend.*

Ihm den Rücken wendend, saßen da auf erhöhter Felsbank die Riesenfiguren von fünf Gottheiten, von denen nur eine ganz unversehrt geblieben war. Vor uns lagen die herabgestürzten Köpfe der Statuen, jeder einzelne größer als eines Mannes Länge. Wir gingen um den Tumulus (Pyramidenhügel, der Autor) herum. An der anderen Seite erreichten wir im Westen wieder eine Terrasse, die bedeutend tiefer lag als die erste. Hier sind die Statuen ganz zerstört, die einzelnen Blöcke, aus denen sie ausgeführt gewesen, zuhauf daliegend, die Köpfe weit über die Terrasse hingerollt."

Einst bewachen gewaltige Statuen aus Stein eine Schotterpyramide. Sie besteht aus etwa faustgroßen Brocken, die herbeigeschleppt und aufgetürmt wurden. Heute sind die majestätischen Figuren alle enthauptet. Ihre Köpfe liegen zu ihren Füßen. Naturgewalten sind dafür verantwortlich, nicht der Mensch. Der letzte Götterkopf fiel erst 1964, vermutlich als Folge eines gewaltigen Gewitters, zu Boden. So verlor die Göttin Fortuna als Letzte ihr Haupt. Fortuna wurde als Herrscherin über die Naturkräfte verehrt. Ihr war es nach altem Glauben zu verdanken, wenn die Ernten üppig ausfielen. So zieren Obst und Gemüse das Haupt der mütterlichen Gottheit.

Abb. 28.1 Köpfe vor der Pyramide

Ein Blitz traf es anno 1964 und warf es zu Boden. Die alten Hethiter hätten dafür gewiss Zeus verantwortlich gemacht. Schließlich galt er auch als „Wolkensammler" und „Blitzschleuderer".
Wie auch immer: Auch der göttlichen Fortuna wurde das Haupt
vom Leibe getrennt!

Einst waren sie mehr als imposant, diese steinernen Gottheiten.
Acht bis zehn Meter waren sie ursprünglich hoch, vom Sockel bis
zu den Haarspitzen. Die in Trümmern liegende heilige Stätte lässt
aber nach wie vor erahnen, wie pompös das Denkmal vor zwei
Jahrtausenden auf die Menschen gewirkt haben muss!

Die Statuen sollten wohl den Menschen verdeutlichen, wie
klein sie im Vergleich zu den Himmlischen waren. Und mit den
Göttern wuchs auch die Bedeutung ihrer irdischen Vertreter, die
Priesterschaft. Die Größe der Götter färbt stets auf das Selbstbe-
wusstsein ihres irdischen Bodenpersonals ab. König Antiochus
begnügte sich nicht mit einem Job als Diener der Götter. Er machte
sich selbst zum Gott und setzte seine Statue zwischen die steinernen Götter. Ein Kuriosum am Rande: Manche Zeitgenossen meinen im steinernen König Antiochus den „King" des 20. Jahrhunderts erkennen zu können ... Elvis Presley.

Was die ehrfürchtigen Besucher damals wohl nicht wussten: Die Statuen sind innen hohl. Sie sind nicht etwa, wie es zunächst den Anschein hat, aus Monolithen gemeißelt. Sie wurden vielmehr einst aus exakt zugehauenen Blöcken millimetergenau zusammengesetzt. Mörtel kam nicht zum Einsatz. Krochen einst Priester ins Innere der Statuen? Versteckten sie sich dort in Erwartung der Gläubigen? Sprachen sie aus den Götterfiguren?

Gaben sie den Menschen, die sich ehrfürchtig den Denkmälern genähert hatten, Befehle oder Ratschläge? Für die „tumben" Menschen müssen die Worte, die aus den steinernen Göttern zu kommen schienen, überirdischem Munde entschlüpft sein! Wer wagte da zu widersprechen?

Ich habe mich durch eine enge Öffnung in das Innere einer der Figuren gequetscht. Viel Platz hatte ich nicht. Und der Aufenthalt war äußerst unbequem.

29. Was steckt in der Pyramide?

Aus der Ferne betrachtet macht der legendäre Nemrud Dag keinen besonders einladenden Eindruck. Er wirkt vielmehr wie ein Berg von vielen in einer unwirtlichen Landschaft ... in einer steinernen Wüste, die ganz und gar nicht zu einem Besuch auffordert. Das graubraune Szenario könnte ohne Probleme als Kulisse für einen morbiden Film über eine lebensfeindliche Hölle auf Erden dienen. Genauso könnte man hier einen Science-Fiction-Film über den Besuch auf einem fernen Planeten drehen.

Bald haben wir den Nemrud Dag erreicht, versichert unser Guide. Er deutet mit der Hand auf einen Berggipfel, der sein graues Haupt in den blauen Himmel reckt. Erst bei genauerem Hinsehen erkenne ich eine seltsame Besonderheit: Der Gipfel des Berges ist irgendwie „anders". Und in der Tat: Der Gipfel des Nemrud Dag ist nicht natürlich, sondern künstlich, auch wenn er aus der Ferne betrachtet recht natürlich wirkt! Den Erbauern ist es gelungen, einen künstlichen Berg auf einen „natürlichen" zu setzen.

Im Bergmassiv des Eski Kahta ließ der stolze Herrscher Antiochus I. die Gräber seiner Ahnen restaurieren. Mysteriös mutet die Botschaft an, die er von Steinmetzen verewigen ließ: *„Der große König, Gott, der Gerechte, dem der Götter Entscheidung seine Geltung verlieh, hat im ewigen Gedenken ein unerschütterliches Gesetz der Zeit hinterlassen, indem er einem unantastbaren Monument unsterbliche Botschaften anvertraute."*

Mit dem „großen König", der zugleich auch „Gott" war, kann sich Antiochus nur selbst gemeint haben. Was aber war mit dem „unantastbaren Monument" zu verstehen? Mit an Sicherheit grenzender Wahrscheinlichkeit kennen wir dieses Denkmal. Es dürfte das Ensemble auf der Spitze des Nemrud-Berges gemeint sein. Das Monument auf dem Nemrud Berg war als gigantisches Grabmal für den selbstbewussten König gedacht, bestehend aus einer künstlichen Schotterpyramide, gewaltigen steinernen Thronen mit Göttern darauf und steinernen Reliefs.

Woher stammt das Material, das zur künstlichen Schotterpyramide aufgetürmt wurde? Hat man es aus tieferen Regionen des Berges an die Spitze geschafft? Nein, die Baumeister wählten einen anderen Weg: Sie kappten den Nemrudberg. Sie planierten sozusagen den Gipfel. Man schätzt, dass bis zu 200.000 Kubikmeter gewachsenen Felsgesteins abgetragen, zertrümmert ... und in Gestalt einer Schotterpyramide wieder aufgetürmt wurden. So entstand auf dem künstlichen Plateau hoch oben auf dem Nemrud Dag eine Schotterpyramide mit einem Durchmesser von 150 Metern! Heute ist sie noch fünfzig Meter hoch. Ihr Durchmesser dürfte ursprünglich etwas kleiner, die Höhe kann um einiges größer gewesen sein.

Erdbeben haben dazu beigetragen, dass die Pyramide oben abflachte, die einstige Spitze rutschte wohl im Verlauf der Jahrhunderte nach und nach in alle vier Himmelsrichtungen nach unten. Auch heute noch ersteigen Touristen den künstlichen Berg, obwohl das strengstens verboten ist.

Sie treten Steine los, die nach unten rollen.

29.1. Der „King" und ich. Foto Ilse Pollo

Eine Inschrift vor Ort verkündet stolz, welche Absicht Antiochus verfolgt hat. Ich, der göttliche König, so spricht der Herrscher in der ersten Person, habe dieses Heiligtum erbauen lassen, „*damit dort die äußere Hülle meines bis in das hohe Alter wohlerhaltenen Leibes bis in alle Ewigkeiten ruhen soll, nachdem die gottgeliebte Seele zu den himmlischen Thronen des Zeus emporgestiegen ist".*

Antiochus, der – wie übrigens fast zur gleichen Zeit auch Jesus – den Beinamen „Soter" (Retter, Heiland) trug, scheint an ein leibliches Weiterleben nach dem Tode geglaubt zu haben. Mit seinem Dahinscheiden stieg seine Seele in den Himmel, sein irdischer Leib sollte bis in alle Ewigkeiten erhalten werden. Würden dereinst nach Antiochus Glauben Seele und Leib wieder miteinander vereint ... zu neuem Leben erwachen?

Als Erfinder der klassischen Pyramide gilt Djoser. Sein Grabmonument entstand um 2650 v.Chr. Solche Pyramiden hatten einen großen Nachteil: So wuchtig sie auch gebaut sein mochten, sie waren alles andere als sicher. Die raffinierten Todesfallen, wie wir sie aus Filmen in der Art von „Indiana Jones" kennen, gibt es in der Realität nicht. Alle Pyramiden Ägyptens wurden längst von Grabräubern „geknackt". Weil sie – anders als die Pyramide des Antiochos – massiv und fest gebaut waren, boten sie den bestatteten Pharaonen keinen sicheren Schutz. Findige Grabräuber fanden in Ägypten immer den Gang zum Grab im Inneren und plünderten die letzten Ruhestätten.

Ohne Zweifel wirken die ägyptischen Pyramiden weitaus imposanter, ja majestätischer, als die das Antiochus auf dem Nemrud Berg. Doch während die stolzen Pyramiden am Nil längst geknackt worden sind, entzog sich Antiochus bislang sowohl Grabräubern als auch Archäologen. Aus Sicht von Herrscher Antiochus dürfte der Unterschied zwischen Grabräubern und Archäologen sehr gering sein: beide Gruppen stören auf unliebsame Weise die Totenruhe. Die Vorstellung, vielleicht einmal als Mumie in der Vitrine eines Museums zu landen, dürfte keinem Herrscher aus uralten Zeiten lieb gewesen sein! Als Mumie Grabräubern oder Wissenschaftlern in die Hände zu fallen ... zwischen diesen beiden Schicksalen dürfte es für Pharaonen oder Antiochus kaum eine echte Präferenz gegeben haben!

Eine Pyramide aus Stein ist denkbar einfach zu „knacken": Man muss „nur" den Eingang des Ganges zum Grab finden. Dabei kann man mit brachialer Gewalt vorgehen, etwa wie ein Bergmann einen Tunnel in den Leib einer Pyramide treiben. Oder man schlägt systematisch die äußere Steinschicht ab. Das aber ist bei einer Schotterpyramide nicht möglich. Gräbt man sie an ... rutschen sogleich Steine nach und verschließen wieder, was man eben geöffnet hat. So haben bis heute weder Grabräuber noch Archäologen die Grabstätte des Antiochus entdecken können.

Eine Reise zur Pyramide des Antiochus lohnt sich auf alle Fälle. Meine Empfehlung: Besichtigen Sie zunächst Malatya, die Hauptstadt der anatolischen Provinz gleichen Namens in der Amik-Ebene. Hier siedelten einst die Hethiter. Der Name Malatya geht auf das hethitische „melid", zu Deutsch Honig, zurück.

Von Malatya geht es hoch in die Berge. Nach rund 100 Kilometern erreichen Sie Ihr Etappenziel: Im Dorf Eski Kahta finden Sie Unterkunft. Hier können Sie übernachten, um morgens oder mittags mit geländegängigem Fahrzeug – möglichst einem Jeep – zum Nemrud Dag zu fahren. Nahmen

Sie sich Zeit, um die Atmosphäre auf dem Götterberg zu genießen. Im Schatten der Kolossalköpfe können sie darüber nachdenken, welche Schätze wohl nur wenige Meter von Ihnen entfernt im Inneren der Nemrud-Pyramide ruhen mögen.

Indes: Wen uralte Flüche ängstigen, der sollte auf einen Besuch des Nemrud-Gipfels verzichten. Warnte doch Antiochos eventuelle Besucher auf einer Inschrift – Prof. Dr. Ülgür Gökovali machte mich darauf aufmerksam – nachdrücklich: „*Wenn du diesen Ort versehentlich entweiht hast, so geh' schnell von hinnen! Begib dich in die Einsamkeit! Dort machst du den Frevel ungeschehen! Bist du aber mit Absicht gekommen, so wirst du nimmermehr glücklich sein!*"

Was steckt in der Pyramide des Antiochos? Werden wir das je erfahren? Sollen wir eine Antwort auf diese Frage suchen ... oder Antiochos in Frieden ungestört ruhen lassen? Fragen über Fragen ... Als ich die Statuen auf dem Nemrud Berg verließ, dachte ich bei mir: Ach, könnte ich doch euere Gesichter wie ein Buch lesen ... Die Statuen aber, sie wahrten ihr geheimnisvolles Wissen ...

30. Das Geheimnis der unterirdischen Städte

Vor vielen Jahrmillionen brach die Apokalypse im Gebiet der heutigen Türkei aus. Zwei Vulkane – Erciyes Dagi (3916 Meter) und Hasnan Dagi (3253 Meter) – schleuderten gigantische Lavamassen in den Himmel. Glutheißer flüssiger Brei und Asche ergossen sich aus den Bergen des Todes über die paradiesisch-grüne Landschaft, verbrannten und erstickten alles Leben. Die biblische Hölle, so schien es, tat sich auf. Wie viele Jahre mag es gedauert haben, bis die zähflüssigen Massen aus dem Erdinneren abkühlten und schließlich erstarrten?

Massen von Lava, Schlamm und Asche wurden im Lauf der Zeiten zu Tuffgestein. Sie wurden in jenes natürliche Material verwandelt, aus dem später kuriose, ja fantastische Formationen entstanden. Jahrmillionen vergingen, in denen dieses eher weiche Material den Unbilden des Wetters ausgesetzt war. Hitze und Kälte blieben nicht ohne Wirkung. Sturm und Regen, heiße Trockenheit und eisige Perioden wirkten wie Künstler, die abstrakte Plastiken schaffen wollten. So modellierte „Mutter Natur" die unförmigen erstarrten Schichten zu höchst bizarren Formationen.

Und so fühlt man sich heute in der Region zwischen den Ortschaften Kayseri und Aksaray auf einen fremden, fernen Planeten versetzt. Man könnte hier ohne weiteres einen Film drehen, der auf einer fremden Welt spielt. Die Kulisse wäre ideal: Gigantische steinerne Nadeln reichen in den Himmel. Andere „Wolkenkratzer" erinnern mehr an gewaltige Pilze ... Steinpilze im wahrsten Sinne des Wortes! Wieder andere könnten von termitenartigen Wesen zu mächtigen Türmen aufgeschichtet worden sein. Es sieht so aus, als seien sie wie der legendäre Turm von Babel von einem mächtigen himmlischen Gott wütend zertrümmert worden. Feen-Kamine und Felsenburgen werden die mystisch anmutenden Gebilde genannt.

30.1. Bizarre Felsgebilde. Foto Ilse Pollo

Vermutlich haben schon vor Jahrtausenden findige Menschen vor Ort erkannt, dass sich die bizarren Formationen leicht bearbeiten ließen. Das Steinmaterial ist relativ weich. Mit einfachen Mitteln können Gänge hineingetrieben und höhlenartige Kammern in die natürlichen Türme geschlagen werden.

Schon vor Jahrtausenden mögen Menschen erkannt haben, dass die Wohnungen im Stein geradezu ideal für angenehmes Leben sind. Die Bewohner werden vor den unterschiedlichsten Wetterunbilden geschützt, vor Regen, Schnee und Sturm, aber auch vor der Sonnenglut. Wenn draußen die Sonne gnadenlos vom Himmel brennt ... herrscht in den künstlichen Höhlen in den Steintürmen eine angenehme, wohl temperierte Atmosphäre. Und selbst wenn es draußen bitter kalt sein sollte ... im Inneren lässt es sich aushalten ... und das ohne Heizung und Klimaanlage! Nach und nach werden in heutiger Zeit uralte Höhlenkammern wieder bewohnt. Obdachlose, die es offiziell gar nicht gibt, finden so eine Bleibe. Gern gesehen wird das von den Behörden allerdings nicht. Touristen könnten sich von den Einheimischen gestört fühlen...

Der Beginn der Besiedlungsgeschichte der bizarren Region verliert sich in der Dunkelheit der Vorzeit. Archäologisch nachgewiesen sind erste Spuren menschlicher Behausung um 6500 v.Chr. 1600 erschienen die Hethiter in Kapadokien. Um 800 v.Chr. folgten die Phryger, später die Meder und die Perser. Die Makedonier kamen an die Macht, unterlagen aber den Römern. Im Jahre 17 n.Chr. wurde Kapadokien von Tiberius annektiert.

Im dritten nachchristlichen Jahrhundert war Kapadokien ein mächtiges Zentrum der frühen Christenheit. Mönche hausten in höhlenartigen Wohnungen in den steinernen Naturtürmen. Höhlenkirchen wurden in Kammern im Stein gebaut, mit herrlichen Wandmalereien geschmückt. Im 7. nachchristlichen Jahrhundert setzten Angriffe der Araber ein. Der Islam wurde zur Hauptreligion.

Seit Jahrzehnten ist Kapadokien touristisch erschlossen. Von besonderem Interesse ist allerdings eher die überirdische Welt. Doch während die ohne Zweifel einzigartigen Siedlungen in den

überirdischen bizarren Lava-Formationen zahllose Touristen an-
locken ... interessieren sich weit weniger Besucher für das unterirdische Kapadokien. Die wirklich geheimnisvolle Unterwelt aber
ist es, die einem den Atem verschlägt. Wer sich für Monstermauern, Mythen und Mysterien interessiert... wer gern die mysteriösen Geheimnisse der Vergangenheit besser verstehen möchte, der
sollte in die Unterwelt Kapadokiens hinabsteigen!

Derinkuyu ist eine von zahlreichen unterirdischen Städten
Kapdokiens. Man findet ihren Eingang an der Landstraße Nevse-
hir-Nigde, knapp 55 Kilometer von Nigde entfernt. Acht Kilometer davon entfernt: die Eingänge zu einer weiteren unterirdischen
Stadt, zu Kaymakli. Derinkuyu wurde 1963, Kamyakli 1964 entdeckt. Wie viele unterirdische Städte noch auf die neuzeitliche
Entdeckung warten ... das weiß niemand. Nach manchen Schätzungen sind es Hunderte!

Fakt ist: Der Staat ist an archäologischen Funden der spektaku-
lären Art besonders interessiert. Mysteriöse Stätten locken Touristen an. Und Touristen bringen Devisen ins Land. Außerdem
möchte die Türkei Euroland werden. Eine interessante Vorgeschichte macht ein Land als NeuEuropäer zweifelsohne interessant.

Das staatliche Interesse an der Unterwelt Kapadokiens stößt bei
der einheimischen Bevölkerung nicht nur auf Begeisterung. Viele
Menschen vor Ort sind skeptisch. Sie befürchten, dass Häuser
vom Staat enteignet werden könnten, die zum Beispiel auf einem
Zugang in die Unterwelt stehen. Solche Häuser gibt es in großer
Zahl. Und so verschweigt so mancher Kellerbauer eine unterirdische Entdeckung ... aus Angst, aus dem eigenen Haus vertrieben
zu werden.

Schon vor Jahrhunderten dürfte das wahre Geheimnis von Kapadokien entdeckt worden sein. Häuser wurden gebaut. Um Nahrungsmittel möglichst kühl zu lagern, nutze man Höhlenwohnun-
gen aus uralten Zeiten. Es wurden aber auch Keller in den Boden
gegraben ... in den Stein getrieben. Bei solchen Arbeiten wurden
immer wieder unterirdische Kammern oder Gänge zu unterirdischen Kammern entdeckt.

Wagten sich die Neuentdecker bereits vor Jahrhunderten tief hinab in die scheinbar unergründlichen unterirdischen Städte ... oder hielt sie Angst vor dem Unbekannten zurück? Mancher Bewohner von Derinkuyu soll bei den Gängen in den Leib der Erde an unterirdisches Höllengrauen denken und seine Neugier bezähmen. Andere haben vor höchst realen Gefahren Angst. Wiederholt stieß man beim Bau von Kellerräumen oder beim Ausschachten von Hausfundamenten auf unterirdische Hohlräume, die sich als wahre Höllenschlünde erwiesen ... und zig Meter senkrecht in die Tiefe führten: höchst gefährliche Schächte in die Unterwelt ... Man hatte Luftschächte entdeckt, die tief unter der Erdoberfläche liegende Etagen bewohnbar machten.

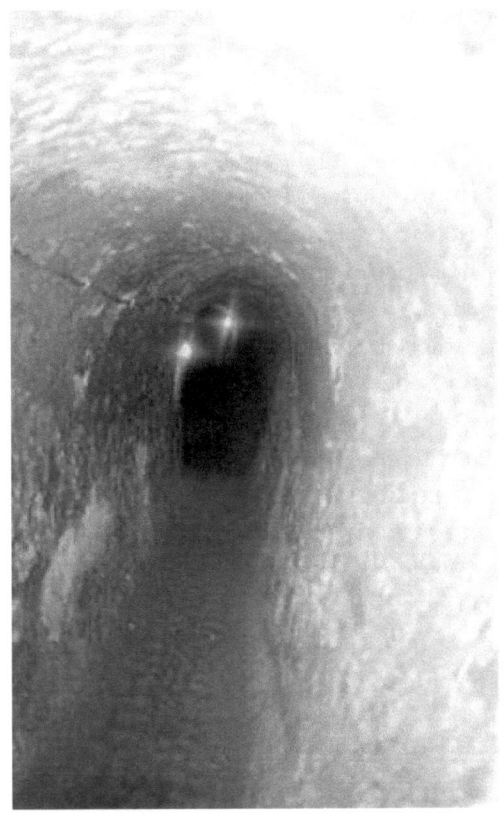

Abb. 30.2 Abstieg in die Unterwelt von Derinkuyu

31. Unterwegs in der Unterwelt

Eben hatte ich noch in der angenehmen Atmosphäre eines dieser skurrilen „Wohntürme" aufgehalten. Die Temperatur war mäßig warm. Das milde Licht hatte den Augen gutgetan. Dann trat ich in gleißende Helligkeit der Außenwelt Kapadokiens. Und schon schwitzte ich unter der sengenden Nachmittagssonne. Was für ein Unterschied!

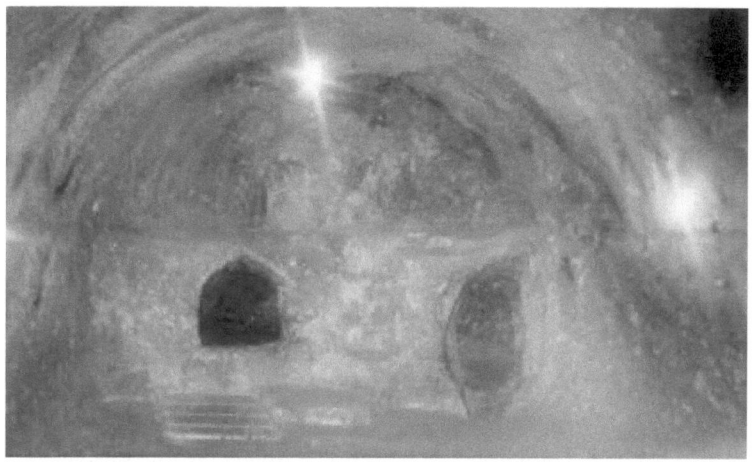

Abb. 31.1 In der Unterwelt von Derinkuyu

Doch kaum habe ich nur einige wenige Schritte in den Eingangstunnel von Derinkuyu getan, hat die Hitze ein Ende. Mich umgibt angenehme, milde Kühle. Ein sanfter Lufthauch weht mir entgegen: aus der unergründlichen Unterwelt der unterirdischen Stadt von Derinkuyu. Es dauert einen Augenblick, bis sich meine Augen auf das angenehm matte Licht umgestellt haben.

Ich gehe einige Schritte weiter. Dunkelheit umfasst mich. Einsame funzelartige Lampen an der Wand und an der Decke helfen nicht besonders. Die trüben Glühbirnen lassen mich meinen Weg eher erahnen als wirklich erkennen. Ich bleibe kurz stehen, dann taste ich mich vorsichtig weiter voran. Staunend stelle ich fest, wie großzügig Tunnel angelegt ist. Es sieht so aus, als habe man mit spielerischer Leichtigkeit große Steinmengen mühelos nach Bergmannsart gebrochen und weggeräumt.

Gut, dass ich eine Grubenlampe am Kopf trage, so sehe ich meinen Weg, so lange mein praktisches Licht nicht versagt. Ich folge dem Hauptgang weiter, biege einmal ab und stehe vor einem massiven Eisengitter. Mit einiger Kraftanstrengung gelingt es mir, das Hindernis zur Seite zu wuchten. Ich krieche hinein. Der Gang ist kaum einen Meter hoch, führt steil abwärts. Ich krabbele weiter. Irgendwann setzt die Grubenlampe an meiner Stirn aus. Vollkommene Dunkelheit umgibt mich. Weiter taste ich mich, krieche langsam nach vorn.

Plötzlich blendet mich Licht, das mir gleißend erscheint. Ich blicke in einen riesigen Raum. Er ist mit zahlreichen Nischen versehen. Im Zentrum liegt so etwas wie ein riesiger „Mühlstein" auf dem Boden. Ich messe nach. Er ist rund, zwei Meter hoch und dreißig Zentimeter dick. Von diesen Kolossen, monströsen runden „Käseleibern" aus Stein, gibt es viele in der unterirdischen Welt. Nach Aussage der Wissenschaft wie der örtlichen Guides dienten sie einst als unüberwindbare Türen. Sie wurden in die Gänge gerollt, um so angreifende Feinde daran zu hindern, in die Welt unter der Erdoberfläche einzudringen.

Diese Türen – sie erinnern an den Stein, der einst Jesu Grab verschlossen haben soll – stellen technische Meisterwerke dar. Sie lassen sich in Aussparungen rechts oder links des Ganges rollen. Sie konnten ebenso leicht zur Seite gerollt wie als unüberwindbares Hindernis in den Gang geschoben werden.

Wieder wage ich mich in einen niedrigen Tunnel. Er ist knapp 1,20 Meter hoch. Wie kann es anders sein: Auch hier erlischt bald meine Grubenlampe. Liegt es am Glühbirnchen oder an den Batterien? Wieder krieche ich in die Dunkelheit, taste mich vorsichtig vor. Plötzlich greife ich ins Leere. Ein Steinchen löst sich, fällt. Angestrengt lausche ich in die absolute Stille. Einen Aufprall höre ich nicht.

Ich nehme die Grubenlampe vom Kopf, rüttele am Gehäuse. Ich schraube das Birnchen aus der Fassung und wieder hinein. Ich wackele an den Batterien. Plötzlich spendet sie wieder erfreulich helles Licht. Ich starre in einen senkrecht abfallenden, scheinbar abgrundtiefen Schacht.

Seltsam: Plötzlich flackert im Schacht in unschätzbarer Tiefe eine müde Glühbirne auf ...

Ein Ende – ein Unten – ist nicht auszumachen. Schließlich zünde ich ein Stückchen Papier an, werfe es in den steinernen Schlund. Tanzend schwebt es flackernd zu Boden. Deutlich sind zahllose Löcher an einer der Wände zu erkennen. Sie sind wie Perlen auf einer Kette aneinandergereiht. Einst sollen sie als „Leitersprossen" gedient haben. Mit ihrer Hilfe hinabzusteigen, darauf verzichte ich aber lieber. Immer noch torkelt das brennende Papier taumelnd tiefer. Nach dreißig, vierzig Metern entschwindet es aus meinem Blickfeld.

Ich kehre lieber um – zum Gang, den ich eben kriechend verlassen hatte. Mein Weg führt mich weiter nach unten. Meinem Gefühl nach befinde ich mich in der dritten Etage unter der Erdoberfläche ... oder ist es schon die vierte? Bei anderen Exkursionen in die Unterwelt machte die sticke Luft Probleme. Hier kann ich ganz normal atmen. Die Luft ist stets erstaunlich frisch. Bis in die tiefsten Etagen soll das so sein. Warum? Wer die unterirdische Stadt angelegt hat, muss ein wahrer Meister seines Fachs gewesen sein.

Bislang wurden in Derinkuyu rund 1.500 kleinere und 52 größere Be- und Entlüftungsschächte gefunden. Sie reichen, so weit hat man das bislang ermitteln können, bis zu 85 Meter tief in die unteren Bereiche der Stadt. Niemand vermag zu sagen, wie viele solche Lüftungsröhren noch der Entdeckung harren.

Die größeren Be- und Entlüftungsschächte hatten noch eine weitere Bedeutung: Sie dienten gleichzeitig als Zugang zu frischem Wasser in der tiefsten Etage, also auch als Brunnen. Wasserversorgung war im Falle einer Belagerung lebensnotwendig!

Niemand vermag zu erklären, wie die kleinen Röhren angelegt wurden. Wurden sie gebohrt? Wenn ja, mit welchen Werkzeugen? Festzustehen scheint, dass nicht alle der Luftzirkulation dienten. Manche waren auch Bestandteil eines komplizierten Kommunikationssystems. Ich habe es getestet. Was etwa sieben Etagen unter der Erdoberfläche gesprochen wurde, war in der ersten Etage immer noch gut zu verstehen.

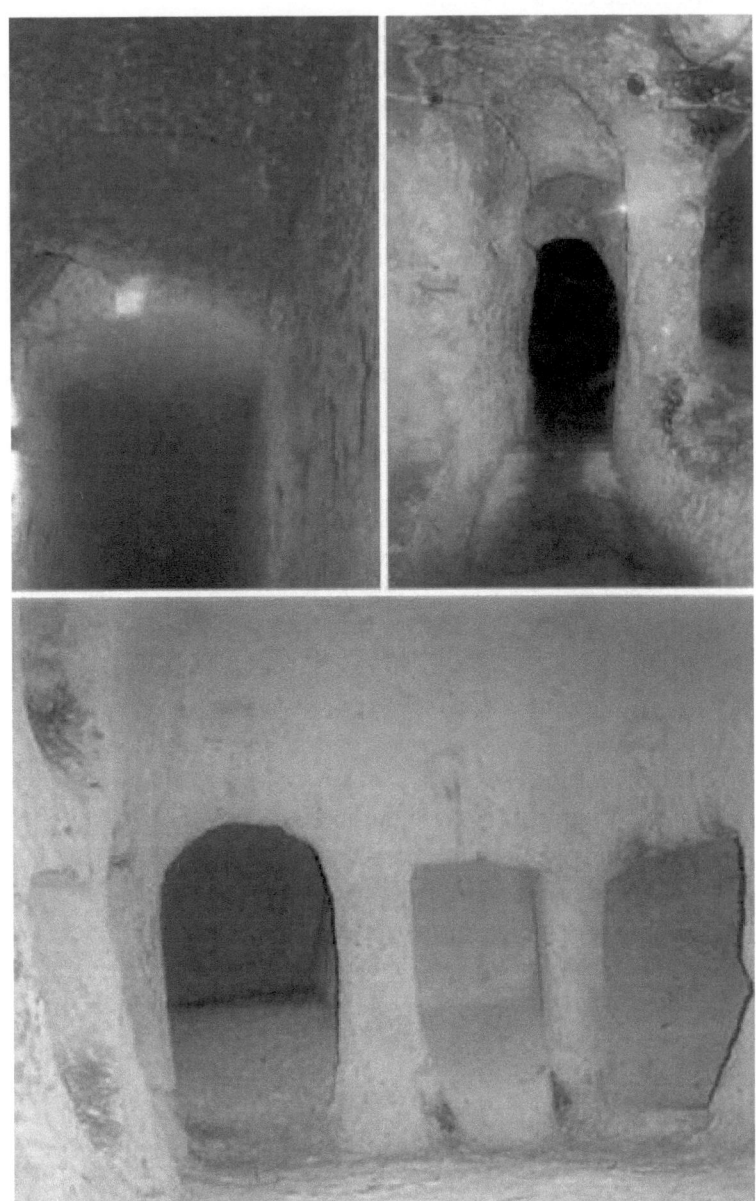

31.2. Eine künstlich geschaffene Unterwelt

Es geht immer steiler nach unten. Immer wieder tauchen in den Stein gemeißelte Treppenstufen auf. Immer wieder komme ich an beiseitegeschobenen wuchtigen, tonnenschweren „Tresortüren" vorbei. Die Bewohner der Stadt unter der Erdoberfläche müssen einst panische Angst vor Angriffen von oben gehabt haben. Vor welchen Feinden haben sie sich versteckt? In der siebten, vielleicht ist es auch die achte Etage unter der Erdoberfläche, breitet sich ein unübersichtlicher saalartiger Raum vor mir aus. Wuchtige Säulen sind aus dem massiven Stein herausgehauen. Die Säulen versperren mir den Blick. Es gelingt mir nur, einen Teil dieses labyrinthartigen Raums zu fotografieren!

Nach einem Plan, den mir ein Einheimischer aufgezeichnet hat, muss ich jetzt wieder nach oben kriechen. Zu Riskant ist der weitere Abstieg.

Nach dem Plan kann ich von hier aus über Treppen nach oben wieder in die dritte Etage gelangen. Dort, in der dritten Etage, soll es einen „Geheimgang" geben. Laut einem einheimischen Forscher ist er immerhin neun Kilometer lang und verbindet unterirdisch die Städte Derinkuyu und Kaymakli.

Angeblich gibt es eine Vielzahl von unterirdischen Städten, zehn, zwölf Stockwerke unter der Erdoberfläche, eine Etage über der anderen. Tausende Räume boten einst zigtausenden, ja Hunderttausenden Menschen Zuflucht. Vor welchem Feind hatten die Menschen Angst?

Wer floh da vor wem – und wann? Einst galt es als anerkannte Lehrmeinung, dass die gewaltigen unterirdischen Anlagen das Werk von frühen Christen aus dem siebten Jahrhundert nach der Zeitenwende seien. Die Christen hätten sie angelegt, um den muslimischen Arabern zu entkommen. Überzeugen konnte diese Erklärung nie!

Stellen wir uns folgende Situation vor: Mitglieder der jungen christlichen Gemeinde in Kapadokien wurden von muslimischen Feinden entdeckt. Sie bangten um ihr Leben. In der Situation der Gefahr sollen die verfolgten Christen eine gigantische unterirdische Stadt angelegt haben ... unter den Augen ihrer Verfolger?

Solch ein riesiges Bauvorhaben hätte wohl eher Jahrzehnte als Jahre gedauert.

Ich will überhaupt nicht bestreiten, dass Christen die unterirdische Stadt von Derinkuyu als Zufluchtstätte nutzten. Christen haben Spuren in der Unterwelt hinterlassen. In den oberen Etagen richteten sie unterirdische Gotteshäuser ein: in Kammern, die sie vorfanden. In anderen Räumen sollen sie, so heißt es, Tote aufgebahrt haben ... in Kammern, die sie vorfanden. Das Werk der Christen sind Derinkuyu und die zahlreichen anderen unterirdischen Welten nicht.

Erbaut wurde das unterirdische Derinkuyu nicht erst so spät und nicht von den Christen, sondern sehr viel früher, also in vorchristlichen Zeiten. Dr. Martin Urban gilt als einer der führenden Experten in Sachen „unterirdische Städte der Türkei". Dr. Urban erforschte bereits in den Jahren von 1960 bis 1970 Kapadokiens Unterwelt.

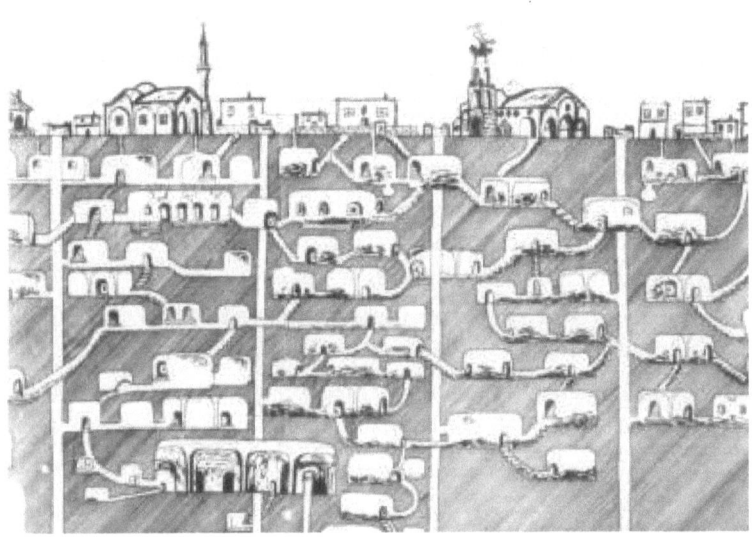

Abb. 31.3 Querschnitt eines Teils der unterirdischen Stadt von Derinkuju. Archiv Langbein

Dr. Urban hält eine Erschaffung in nachchristlichen Zeiten für unmöglich. Er vermutet vielmehr, dass sie bereits um die Wende vom neunten zum achten vorchristlichen Jahrhundert entstanden.

Der türkische Archäologe Dr.Ülgür Gökovali geht von einer „militärischen Verwendung" aus. Er datiert sie noch sehr viel weiter zurück als Dr. Urban, nämlich in die Zeit um 1400 vor Christus. Andere Archäologen, so erfahre ich vor Ort, gehen davon aus, dass die unterirdischen Anlagen mindestens vier Jahrtausende alt sind. Ich behaupte: Es wird sich zeigen, das Derinkuyu noch wesentlich älter ist!

Ich habe mich mit Erich von Däniken vor Ort in einem der unterirdischen Räume tief unter der Erdoberfläche über Derinkuyu unterhalten. Man muss, will man einer Lösung für die Geheimnisse der Vorzeit näherkommen, auch fantastische Erklärungen in Erwägung ziehen. Mein Motto: Keine Angst vor kühnen Gedanken!

32. Vom Himmel hoch?

Das „Ding" sieht aus wie eine Rakete. Vorn läuft es spitz zu, nach hinten wird es breiter. Am Ende sind „Raketendüsen" zu erkennen. Was vom Piloten übriggeblieben ist, passt in den Kontext von bemannter Raumfahrt. In der „Rakete" hockt eine Gestalt. Sie trägt so etwas wie einen Raumanzug. Die Beine sind angewinkelt. Die Hände scheinen so etwas wie eine Steuerapparatur zu bedienen. Der Kopf der Gestalt ist leider abgebrochen. Trug sie so etwas wie einen Raumfahrerhelm? Das könnte sein! Im Brustbereich ist so etwas wie ein „Schlauch" zu erkennen, der womöglich an den „Helm" angeschlossen war.

Das englische Fachblatt „Fortean Times" stellte das Objekt kurz und bündig vor (1): *„Dieses Objekt wurde in der Stadt Toprakkale, in uralten Tagen als Tuspa bekannt, ausgegraben. Es ist 22 Zentimeter lang, hat eine Breite von 7,5 Zentimetern und ist acht Zentimeter hoch. Alter: Geschätzte drei Jahrtausende. Für den heutigen Betrachter scheint es ein Raumfahrzeug für einen Passagier darzustellen. Der Kopf des Piloten fehlt. Manche Wissenschaftler bezweifeln das Alter. Es wird im Museum für Archäologie aufbewahrt, aber nicht ausgestellt."*

In meinem Buch „Bevor die Sintflut kam?" ging ich auf den mysteriösen Fund ein (2) und kommentierte das seltsame Museumsstück: *„Ich möchte den umstrittenen Fund, den ich als einer der ersten Autoren in ›Para‹, Österreich, vorstellte, auch im vorliegenden Buch zur Diskussion stellen: echt oder falsch? Handelt es sich um ein 3.000 Jahre altes Raumschiffmodell? Liegt eine uralte Kopie eines noch älteren Artefakts vor? Oder haben die Skeptiker recht, die eine moderne Fälschung vermuten? Vor voreiligen Schlüssen sei gewarnt."*

32.1. Urzeitliche Rakete oder Fälschung

Bis heute liegt keine wissenschaftliche Studie zum „Raketenmodell" vor. Nicht wirklich gesichert ist, wie das Objekt ins Museum für Archäologie gelangte. Verschiedene Geschichten kursieren. Ein Tourist habe den Fund ins Ausland schmuggeln wollen, heißt es. An der Grenze aber habe man den geheimnisvollen Gegenstand beschlagnahmt. Die Ausfuhr von archäologischen Objekten ist strikt untersagt. Ein Antiquitätenhändler habe die „Rakete" in das „Archäologische Museum von Istanbul" gebracht. Der Mann wollte es offenbar verkaufen. Nachdem sich das „Modell" als Fälschung entpuppt habe, habe der Händler auf die Rückgabe verzichtet.

Wenn die „Rakete" aber eine moderne Fälschung und kein archäologisches Objekt ist ... wieso befindet sie sich dann nach wie vor im archäologischen Museum? Anfang 1997 wurde dem Schriftsteller Zecharia Sitchin im Museum die „Rakete" gezeigt. Sie wurde klammheimlich in einer Schublade aufbewahrt. Im Herbst 1997 wurde sie allerdings, wohl auf Betreiben Sitchins (3) öffentlich in einer Vitrine zur Schau gestellt. Als aber Museumsdirektor Dr. Pasinli – Sitchin weist in seinem Buch „Auf den Spuren der Anunnaki/ Expeditionen in die mythische Vergangenheit des Planeten Erde" darauf hin (4) – von seinem Nachfolger abgelöst wurde ... verschwand die „Rakete" wieder aus der Vitrine. Ob sie irgendwann wieder öffentlich gezeigt werden wird?

Darf man die unterirdischen Städte der Türkei, in der Zig- ja Hunderttausende Zuflucht finden konnten ... mit der „Rakete" aus dem Museum in Verbindung bringen? Mich erinnern die vielen Stockwerke in die Unterwelt gegrabenen Räume an systematisch angelegte Schutzanlagen. Wer in einem der teilweise riesigen unterirdischen Säle saß, vor wem versteckte er sich?

In einem herkömmlichen Krieg waren die unterirdischen Städte weniger Schutz als Falle. Wer sich in der Unterwelt versteckte, hatte keine echte Chance. Nahrungsmittel gab es da unten nicht ... Ackerbau und Viehzucht waren nur an der Erdoberfläche möglich. Feindliche Truppen mussten nur warten ... Die „Unterweltler" würden bald zermürbt aufgeben. Ihre Nahrungsmittelvorräte würden in absehbarer Zeit verbraucht sein. Wasser konnten sie aus ihren Brunnen schöpfen. Die Brunnenschächte führten aber an die Erdoberfläche. Man konnte also das Wasser von oben vergiften.

Feuer, an den Einstiegen zu den Gängen in die Unterwelt gelegt, würden es den Belagerten unmöglich machen, neue Nahrungsmittel zu den Eingeschlossenen zu bringen. Sie konnten nur verhungern ... oder waren den Belagerern auf Gedeih und Verderb ausgeliefert.

Abb. 32.2 unterirdische Städte – Zeichen für antike Raumfahrer?

Die unterirdischen Städte, davon bin ich überzeugt, wurden nicht in kurzer Zeit als Verteidigungsanlage gebaut. Sie entstanden nicht als spontane Reaktion auf einen Angriffskrieg von feindlichen Nachbarn. Wer, wie ich, in einige dieser „Unterwelten" hinabgestiegen ist, der weiß: An diesen gewaltigen Anlagen hat man eher Jahrhunderte als nur Jahrzehnte gearbeitet. Erich von Däniken schreibt in seinem Buch „Beweise/ Lokaltermin in fünf Kontinenten" (5): „Wer einmal in diesen Städten gewesen ist, dem ist klar, dass hier keine schnellen Provisorien entstanden. Hier wurde über Jahrzehnte, vielleicht über Jahrhunderte, geplant und gebaut."

Mit Erich von Däniken habe ich vor Ort in einem der unterirdischen Säle diskutiert. Seine Erklärung mutet auf den ersten Blick fantastisch an ... Stellen wir uns vor: Vor Jahrtausenden kamen

Außerirdische auf die Erde. Sie forderten Gehorsam von den Menschen. Gesetze und Gebote wurden formuliert, nach denen die Menschen zu leben hatten. Wer dagegen verstieß, hatte mit Bestrafung zu rechnen. So lange die Mächtigen noch da waren, konnten Strafaktionen sofort erfolgen ...

Irgendwann verschwanden die kosmischen Besucher wieder, nicht ohne zu verkünden: Wir kommen wieder! Die Aussicht auf die Wiederkehr der Wesen aus dem All mag von den Menschen auch als bedrohlich empfunden worden sein. Wie, so mochten sie überlegt haben, konnte man dem künftigen Strafgericht entgehen? Vielleicht gab es einen Ausweg ... wenn man unterirdische Städte anlegte, in die man sich zurückziehen konnte. Sollte es so möglich sein, sich der göttlichen Strafe zu entziehen? Waren die unterirdischen Städte als Zuflucht gedacht ... um sich vor jenen zu verstecken, die vom Himmel hochkommen würden?

Hatten die Menschen vor Jahrtausenden Angst vor Flugvehikeln, die vom Himmel kamen? Oder wähnten sie sich von himmlischen Gottheiten bedroht? Suchten sie vor realen oder vor imaginären Göttern Zuflucht in der Unterwelt?

Bis heute wissen wir nicht wirklich, wer wann die unterirdischen Städte der Türkei gebaut hat. Bis heute wissen wir nicht wirklich, welchem Zweck sie wirklich dienten. Wer aber einmal aus der Gluthitze Kapadokiens in die so verblüffende Unterwelt jener geheimnisvollen Gefilde gestiegen ist ... der wird seinen Besuch dort nie vergessen.

Ein großer Teil der unterirdischen Welt wurde bis heute nicht wissenschaftlich untersucht. Ein großer Teil der unterirdischen Gänge wurde bis heute nicht erkundet. Wie viele unterirdische Städte mögen noch der Entdeckung harren? Wie viele unterirdische Gänge sind verschüttet und müssen erst noch freigelegt werden?

Manchmal kommt es mir so vor, als sei „die Wissenschaft" nicht wirklich am Geheimnis der unterirdischen Städte interessiert. Könnte es sein, dass sie Entdeckungen zu bieten haben könnten, die dazu zwingen, die Geschichte der Menschheit neu zu schreiben?

Rund vier Jahrzehnte reiste ich zu geheimnisvollen Stätten unseres Planeten. Als besonders faszinierend erwies sich immer wieder die Unterwelt: zum Beispiel die Grabkammer tief unter der Cheops-Pyramide in Ägypten ...

Fußnoten:

(1)   „Fortean Times", Okt./November 1993: „*Is it an ancient space module?*"

(2)   Langbein, Walter-Jörg: „*Bevor die Sintflut kam/ Von Götterbergen und Geisterstädten, von Zyklopenmauern, Monstern und Sauriern*", S. 54 und 55

(3)   Sitchin, Zecharia: „*Auf den Spuren der Anunnaki/ Expeditionen in die mythische Vergangenheit des Planeten Erde*", Rottenburg 2009, S. 37

(4)   ebenda, S. 38

(5)   Däniken, Erich von: „*Beweise/ Lokaltermin in fünf Kontinenten*", Düsseldorf, September 1977, S. 409

33. Das Geheimnis unter der Cheops-Pyramide

Vor der Cheopspyramide thront der mächtige Sphinx, das mysteriöse Fabeltier mit dem Leib eines Löwen und dem Kopf eines Pharaos. „Alle haben Angst vor der Zeit. Die Zeit aber fürchtet sich vor der großen Pyramide!" So lautet ein alter Spruch.

33.1. Die große Pyramide, Foto um 1910

Folgt man dem Historiker Herodot, dann war es Pharao Cheops (25512494), der die „Große Pyramide" hat erbauen lassen. Im Deutschen kommt kein Zweifel auf: Wir sprechen von der „Cheopspyramide". Im Englischen indes heißt das letzte erhaltene der legendären sieben Weltwunder schlicht „the great Pyramid", die „große Pyramide". Und groß ist die nach Cheops benannte Pyramide in der Tat! Mit einer Höhe von 149,59 Metern überragt sie noch das Straßburger Münster. Ihre Grundfläche von 230 mal 230 Metern würde spielend der Peterskirche von Rom, der Pauluskirche von London und der der Westminsterabtei sowie den Domen von Florenz und Mailand ausreichend Platz bieten.

Jahr für Jahr lockt der Wunderbau Millionen von Touristen an. Kaum jemand ahnt, dass das vielleicht größte Geheimnis des mysteriösen Baus tief unter der Erdoberfläche zu finden ist ...

Während heute Herodot allgemein als „Vater der Geschichtsschreibung" anerkannt wird, galt er im Altertum als Lügner. Diodor von Sizilien etwa warf Herodot vor, er habe seinen Lesern statt der Wahrheit unglaubliche Geschichten und Mythen vorgesetzt, indem er ihren Instinkten geschmeichelt habe.

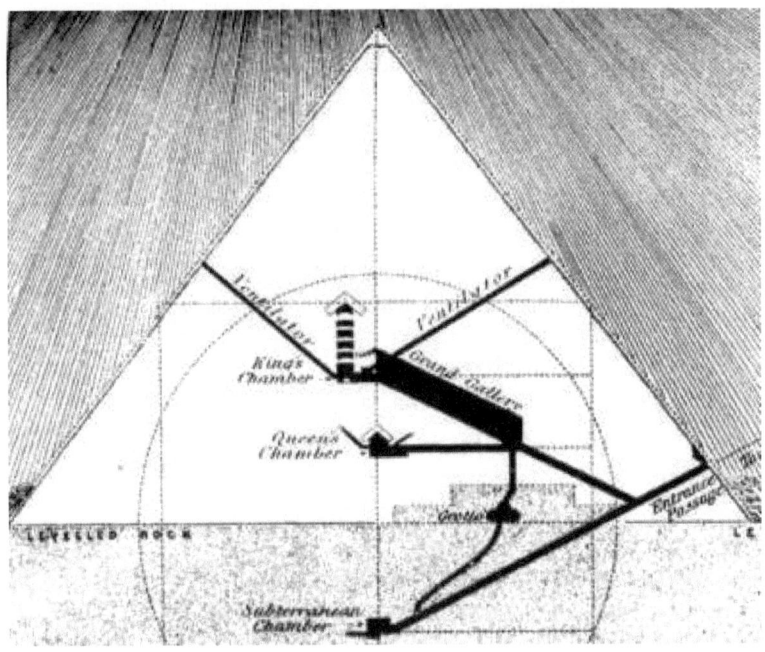

Abb. 33.2 Das Innenleben der Großen Pyramide. Archiv Langbein

Nach Diodor von Sizilien gab ein „Chemmis" den Auftrag für den Bau der vermeintlichen „Cheopspyramide".Cajus Plinius Secundus: lässt die Frage nach dem Bauherrn offen: „*Keiner von ihnen (von den Historikern, Ergänzung durch den Autor) weiß aber die eigentlichen Erbauer anzugeben.*" Der arabische Chronist Al-Makrizi äußert sich in seinem Werk „Hitat" zunächst sehr kritisch: „*Die Leute sind sich über die Zeit ihrer Erbauung nicht einig und haben die verschiedensten Meinungen geäußert, die verkehrt sind."* Dann benennt er einen gewissen „Saurid" als Auftraggeber. Saurid aber war alles andere als ein Zeitgenosse Cheops'.

Es wird geradezu fantastisch bei Al-Makrizi. Der arabische Historiker schreibt: *„Die Ursache der Erbauung der Pyramiden war, dass 300 Jahre vor der Sintflut Saurid folgenden Traum hatte: Die Erde kehrte sich mit ihren Bewohnern um, die Menschen flüchteten in blinder Hast, und die Sterne fielen herab."*

Nach Al-Makrizi wurde die „Cheopspyramide" nicht als Grabdenkmal eines größenwahnsinnigen Pharaos angelegt ... sondern als massiver Tresor. Wir lesen bei Al-Makrizi: *„Daraufhin ließ er (Saurid, der Verfasser) in der westlichen Pyramide dreißig Schatzkammern anlegen. Die wurden angefüllt mit reichen Schätzen, mit Geräten und Bildsäulen aus kostbaren Edelsteinen, mit Geräten aus vortrefflichem Eisen, wie Waffen, die nicht rosten, mit Glas, das sich zusammenfalten lässt, ohne zu zerbrechen, mit seltsamen Talismanen, mit den verschiedenen Arten der einfachen und der zusammengesetzten Heilmittel und mit tödlichen Giften. In der östlichen Pyramide ließ er die verschiedenen Himmelsgewölbe und die Planeten darstellen sowie an Bildern anfertigen, was seine Vorfahren hatten schaffen lassen. Dazu kam Weihrauch, den man den Sternen opferte, und Bücher über diese."*

Fakt ist: Nirgendwo an der „Cheopspyramide" gab es einen Hinweis auf Cheops als den Erbauer. An einem versteckten Ort wurde, so heißt es, der Schriftzug „Cheops" entdeckt: Im Inneren der großen Pyramide, über der „Grabkammer des Königs" wurden beim Bau des Monumentalwerkes vier künstliche Hohlräume angelegt. Jede dieser Kammern ist mit neun gewaltigen, ja monströsen Monolithen abgedeckt. Jeder wiegt etwa 40 Tonnen. Demnach hat jede Decke dieser seltsamen Räume ein Gewicht von 360 Tonnen! Vier solcher Decken bestehen demnach aus 1.440 Tonnen Stein!

Über der höchsten „Entlastungskammer", oberhalb der massiv steinernen Decke, wurde – im Inneren des steinernen Leibs der Pyramide – ein „Spitzdach" aufgetürmt. Es dürfte nochmals 1.200 Tonnen (!!!) wiegen!

Die Entlastungskammern wären wahrscheinlich bis heute unentdeckt geblieben, wäre nicht der Forscher Howard Vyse geradezu versessen darauf gewesen, einen möglichst sensationellen Fund zu machen. Vorher, so schrieb er in sein Tagebuch, könne er doch kaum nach England zurückkehren. Mit brachialer Gewalt – unter Einsatz von Dynamit – drang Vyse in die Entlastungskammern vor ... und fand anno 1837 den Schriftzug Cheops.

Der Orientalist Zecharia Sitchin allerdings behauptet: *„Der Namenszug ist eine plumpe Fälschung!"*

Alles deute, so Sitchin, auf Vyse als den Urheber hin. Sollte also Vyse selbst „Cheops" in der Entlastungskammer gepinselt haben? 1996 berichtete ich über Sitchins Fälschertheorie (1). Sitchin legte 2010 nach und präsentierte Dokumente. Demnach wurde Humphries W. Brewer, er gehörte zum Team von Howard Vyse, entlassen, weil er zum unliebsamen Zeugen geworden war. Zecharia Sitchin (2): *„Er beobachtete Mr. Hill dabei, wie er mit roter Farbe und einem Pinsel in die Pyramide ging; angeblich, um antike Beschriftungen zu übermalen, tatsächlich aber, um neue anzufertigen."*

Nach Al-Makrizi entstand die „Große Pyramide" vor der Sintflut. Ist das eine glaubhafte Aussage oder bloße Fantasterei? Von den Ägyptologen wird gewöhnlich verschwiegen, dass Prof. Dr. Robert Schoch, University von Boston, eine erstaunliche Entdeckung gemacht hat. Der Sphinx weist seltsame Beschädigungen auf, die so gar nicht zu einer Kolossalstatue in der Wüste passen: Sie rühren von erheblichen Wassermassen her. Nach Prof. Schoch gab es vor 10.000 bis 15.000 Jahren sintflutartige Überschwemmungen im Bereich von Sphinx und „großer Pyramide".

Sollte also die „große Pyramide" wirklich nicht von Cheops erbaut worden und sehr viel älter sein als von der Ägyptologie postuliert? Sollte AlMakrizi also recht haben? Sollte das monumentale Bauwerk wirklich nicht als Grabmonument, sondern als gigantischer Tresor für uraltes Wissen gebaut worden sein?

Wo sollte man einen möglichen Eingang zu einem Korridor im Inneren der „großen Pyramide" suchen? Während unzählige Touristen die Kammern der „Königin" und des „Königs" aufsuchten ... wagte ich den Abstieg in die „Unterwelt"... in die „unvollendete

Grabkammer" im gewachsenen Fels ... tief unter der „Cheopspyramide"!

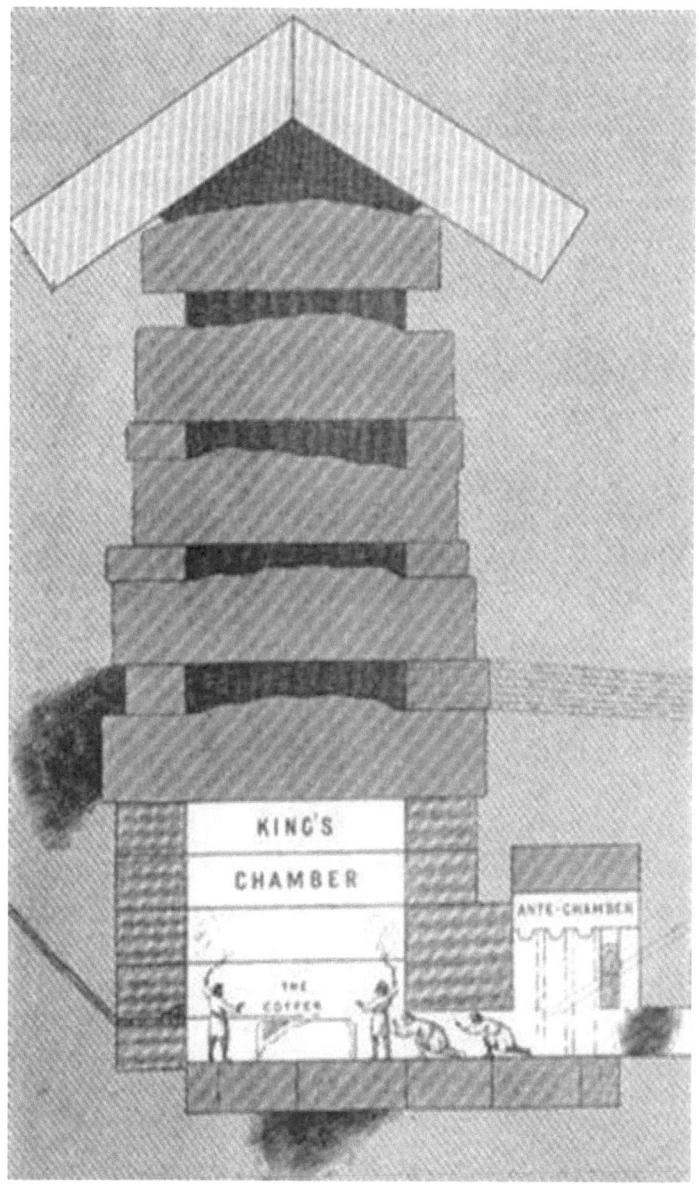

Abb. 33.3 Die Königskammer im Querschnitt. Foto Archiv Langbein

Fußnoten:

(1): Langbein, Walter-Jörg: „Bevor die Sintflut kam/ Von Götterbergen und Geisterstädten, von Zyklopenmauern, Monstern und Sauriern", München 1996

(Siehe S. 27-29: „Plump gefälscht")

(2) Sitchin, Zecharia: „Auf den Spuren alter Mythen/ Neue Expeditionen in die sagenhafte Vergangenheit des Planeten Erde"

(Siehe S. 7- 37: „Der große Pyramiden-Schwindel")

33.4. Gebaut für die Ewigkeit, Foto um 1910

34. In der unvollendeten Grabkammer

„Follow the others ...", fordert mich der Wächter der „großen Pyramide". Ich soll den anderen Pyramidenfreunden folgen. Dann werde ich in die Kammern der Königin und des Königs gelangen. Schnell ... schnell ... Schon ist wieder ein Trupp im Leib der „Großen Pyramide" verschwunden. *„Follow them!"*, wird mir fast barsch befohlen. Nur dann, versichert man mir, werde ich in die Kammern der Königin und des Königs gelangen. Diese Bezeichnungen sind frei erfunden. Welchem Zweck die beiden Kammern in der Pyramide wirklich dienten, das ist nicht überliefert. Ich möchte aber nicht dem Tross der Touristen folgen. Mich interessiert die dritte Grabkammer ...

„Dritte Kammer?" Mehrere Wächter haben sich inzwischen um mich geschart. *„No third chamber exist ..."*, behauptet einer in gutturalem, gebrochenen Englisch. Eine dritte Kammer existiert angeblich nicht. Ich deute nach oben. Deutlich ist der eigentliche Eingang zur Pyramide zu sehen. Er liegt auf der Nordseite des monumentalen Weltwunders, siebzehn Meter über der Grundfläche. Diesen höher gelegenen Eingang will ich benutzen, nicht jenen, durch den sich Hunderttausende Touristen quetschen. Er wurde einst von Grabräubern geschlagen.

Ich mache Anstalten, zum höher gelegenen Eingang zu klettern. Empört zerren die Guides an mir, packen mich an Armen und Beinen. Die Situation ändert sich schlagartig, als ich einige Geldscheine zücke und das Zauberwort *„Bakschisch!"* murmele. Dieses magische Wort und die Scheinchen stimmen die Wächter schlagartig um. Gern sind sie bereit, mit mir nach oben zu klettern. Der Wächter der Wächter am Eingang muss auch noch bestochen werden ... dann ist der Weg für mich frei ... zur „unterirdischen Kammer" („subterranean chamber").

Vor mir liegt ein Gang, der steil in das Innere der Pyramide führt. Die Bezeichnung „Gang" allerdings ist irreführend. Mit einer Höhe von nur 120 Zentimetern und einer Breite von 106 Zentimetern wirkt der Schacht alles andere als einladend. Ein aufrechtes Gehen ist bei dieser geringen Höhe nicht möglich. Kriechend in die Unterwelt der Cheopspyramide vorzudringen, das empfiehlt sich bei der Länge des Weges auch nicht. Also gehe ich in die Knie und quäle mich Schritt für Schritt die 26-Grad-Steigung hinab. Nach fünfundzwanzig Metern brennen meine Beine wie Feuer.

Soll ich aufgeben und den absteigenden Gang verlassen? Ich könnte jetzt in den aufsteigenden Gang wechseln, der zu der Königinnenkammer und der Königskammer führt. Ich schaue weiter nach unten. Es kommt mir so vor, als würde der tiefer führende „Gang" unendlich weit ins Erdinnere führen. Tatsächlich sind es aber „nur" noch etwa 85 weitere Meter.

Vor Anstrengung keuchend quäle ich mich weiter. Ich hatte gehofft, dass es im Inneren der Pyramide kühler ist als unter der Sonne Ägyptens. Die Luft wird muffiger, sie reizt zum schmerzhaften Husten. Mir ist, als würde es immer heißer und heißer. Meine Kleidung klebt mir am Leibe. Plötzlich spüre ich so etwas wie einen leisen, aber frischen Lufthauch. Auf eine „Länge" von nicht ganz zwei Metern ist der „Gang" immerhin stolze 1,85 Meter hoch. Hier soll so etwas wie eine Luftleitung in den absteigenden Gang führen. Kurz setze ich mich hin, dann wanke ich mehr kriechend als stehend weiter.

Endlich geht das Gefälle in die Horizontale über. Watschelnd komme ich weiter, denn nach wie vor ist der „Gang" nur 120 Zentimeter hoch. So heftig inzwischen sämtliche Muskeln in Beinen und Rücken auch schmerzen ... ich kämpfe mich schneller weiter. Ich weiß: nur noch zehn Meter trennen mich von der Kammer unter der „Cheopspyramide".

Endlich kann ich mich aufrichten, recken und strecken ... Fast vierzig Meter unter der Basis der „Cheopspyramide". Irgendwie wirkt der Gedanke beklemmend, dass über mir vor Jahrtausenden ein gigantisches Weltwunder errichtet wurde ... eine gewaltige Last! Gefährlicher allerdings sind die Stromkabel, die hier laienhaft verlegt wurden. Da und dort knistern stark verstaubte Glühbirnen, erzeugen ein flackerndes Licht. Nackter Kupferdraht ist zu erkennen, manchmal sogar isoliert.

Bizarre Steingebilde wachsen aus dem Boden. Sie leuchten gelbrötlich auf im Schein meiner Taschenlampe. „Unvollendet" scheint die Kammer in der Tat zu sein. Sie vermittelt den Eindruck, als habe man vor Jahrtausenden tief unter der „Cheopspyramide" einen Raum in dem gewachsenen Felsen schlagen wollen ... und die Arbeit irgendwann abgebrochen. Warum? Ist es realistisch anzunehmen, dass die Erbauer des Weltwunders der „Cheopspyramide" urplötzlich ihr Konzept änderten?

Seltsam: In der „unvollendeten Grabkammer" findet sich nicht der Hauch von Schutt. Man hat offensichtlich jeden losgemeißelten Felsbrocken durch die qualvolle Röhre ins Freie geschafft. Warum? Hätte man nicht den verbleibenden Schutt in der Kammer belassen, als man die Arbeiten – warum auch immer – abbrach?

Noch seltsamer: „Unvollendete Grabkammer" nennt man diesen mysteriösen Raum, weil die Forschung davon ausgeht, dass hier eine unterirdische Gruft entstehen sollte. Aber für wen? Für den Pharao selbst vielleicht ... oder für seine Gemahlin? Das erscheint mir sehr unwahrscheinlich! Wie wollte man denn den Sarkophag einer hochstehenden Persönlichkeit in den unterirdischen Raum schaffen? Zur Erinnerung: 120 Meter lang, 120 Zentimeter hoch und 106 Zentimeter breit ist der „Gang". Für den halbwegs würdevollen Transport eines Toten war er vollkommen ungeeignet. Einen Leichnam im Sarkophag konnte man schon gar nicht auf diesem Wege in die Gruft schaffen.

Einwand: Sollte der Gang für den Transport etwa des Pharaos im wertvollen Sarkophag später erweitert werden? Warum hat man dann die Wände des engen und niedrigen Ganges weitestgehend erstaunlich glattpoliert? Der Gang sieht ganz und gar nicht nach einem Provisorium aus. Zudem ist der Einwand geradezu unsinnig: Nie und nimmer hätte man die beim Herausmeißeln des unterirdischen Raumes anfallenden Gesteinsmassen durch einen langen, engen und niedrigen Gang ins Freie geschafft ... um dann später den Gang zu erweitern!

Ich konzentriere mich auf mein Messband, krieche am Boden der „unvollendeten Kammer" umher. Ich fertige eine Skizze an, schreibe Zwischenergebnisse auf. Ich addiere Zahlenkolonnen ...

Meine Endergebnisse sind gewiss eher ungenau. Man kann sie aber als Richtwerte akzeptieren. Die „unvollendete Grabkammer" ist vierzehn Meter lang und acht Meter breit. An der höchsten Stelle messe ich 3,50 Meter. Wäre sie vollendet worden ... dann wäre ein imposanter Saal entstanden, tief unter der Cheopspyramide!

Von der unvollendeten Grabkammer führt ... ein weiterer Gang in den massiven Felsen. Ein Eisengitter versperrt den Weg. Ich schraube das Objektiv meines Fotoapparates ab, schiebe Kamera und Fotoapparat durch das Gitter. Hinter dem Gitter schraube ich das Objektiv wieder auf. Der starke Blitz erleuchtet ... einen Gang, der meinem Kompass nach Südosten verläuft. Endet er abrupt? Oder biegt er am „Ende" nach links ab?

Ich spekuliere: Könnte es sein, dass die „unvollendete Grabkammer" gar nicht unvollendet ist, sondern nur so aussieht? Wurde sie von den Planern von Anfang an so konzipiert? Ich versetze mich in die Lage von Grabräubern, die den absteigenden Gang entdeckt haben und ihm gefolgt sind.

Sie schauen sich kurz um und kommen zum Schluss: Hier ist nichts zu holen. Enttäuscht ziehen sie ab. War das die von den Erbauern der Pyramide erwünschte Reaktion? Haben sie unter der Pyramide eine vermeintlich „unvollendete Kammer" angelegt, der deshalb weder Grabräuber noch Archäologen Aufmerksamkeit geschenkt haben? Findet sich irgendwo im Raum unter der Pyramide der versteckte Eingang zu geheimen Gängen, die zu Saurids Schatzkammern führen?

35. Monstermumien im Alten Ägypten?

Der Wiener Archäologe Prof. Hans Schindler-Bellamy hat mich auf das Grabungsfeld von Sakkara aufmerksam gemacht. Seiner Empfehlung folgend fahre ich von Kairo aus mit einem Taxi gen Süden. Es ist früh am Morgen und doch ist die Hitze schon fast unerträglich. Vom Ufer des träge dahinziehenden Nil winken schwer schuftende Bauern freundlich und lachen. Unweit der

Cheopspyramide kippen zwei Männer alte Kühlschränke in den Eingang zu einem alten Grab. Sie werfen einige Müllsäcke hinterher. Die Millionenstadt Kairo wächst an die Pyramiden heran.

Ich weiß: Im-Hotep wirkte um 2.600 v. Chr. als berühmter Architekt und Weisheitslehrer im Alten Ägypten. Er war es, der dem König Djoser die Stufenpyramide von Sakkara entwarf und baute. Er war es, der die älteste Weisheitslehre Ägyptens verfasste. Das umfangreiche Werk ging leider verloren. Enthielt es Hinweise auf das eigentliche Geheimnis von Sakkara? Wusste Im-Hotep, zu welchem Zweck die unterirdischen Anlagen von Sakkara gebaut wurden?

Im Jahre 1850 reiste der französische Wissenschaftler Auguste Mariette (1821-1881) im Auftrag des Louvre nach Kairo. Er war fest entschlossen, Ägyptens rätselhafte Vergangenheit zu erforschen. Er wollte dazu beitragen, dass man bald Ägyptens Vergangenheit wie ein offenes Buch lesen kann. Es musste doch noch eine Vielzahl von aufschlussreichen uralten Texten geben, die von der Wissenschaft noch nicht erfasst worden waren. Bei seiner Suche hoffte Mariette auf die Mithilfe der hohen koptischen Geistlichkeit. Würden ihm die ehrwürdigen Priester altägyptische Papyrus-Texte zur Verfügung stellen, die bislang unter Verschluss gehalten worden waren? Mariette reichte einen Antrag ein und bat um Einsicht in die Archive der Kopten. Lange bekam er keine Antwort, dann vertröstete man ihn. Er bekam zu hören, man müsse erst ausführlich seinen Antrag besprechen. Die Besprechungen zogen sich ohne Ergebnis hin.

Mariette wandte sich der „Cheopspyramide" und der rätselhaften Sphinx zu. Würde er Neues entdecken? Ernsthafte archäologische Ausgrabungen schienen aber nicht möglich zu sein. Neugierige Touristen störten den wissbegierigen Forscher bei der Arbeit. Mariette wollte schon aufgeben und unverrichteter Dinge Ägypten verlassen ... da machte er eine zufällige Entdeckung.

Enttäuscht schlenderte Auguste Mariette gedankenverloren über den Basar von Kairo. Er ging schlecht gelaunt von einem Antiquitätengeschäft zum anderen. Wertloser Plunder wurde leichtgläubigen Touristen angeboten. Doch zwischen billigem Ramsch gab es echte, Jahrtausende alte Antiquitäten. Mariette stieß immer wieder auf Kostbarkeiten: auf echte, wirklich antike Sphingen, auf Miniaturausgaben der großen Sphinx. Die kleinen Sphingen waren keine neuzeitlichen Kopien. Es waren Jahrtausende alte Originale. Sie stammten alle aus der Gegend von Sakkara. Die Sphinx führte Mariette nach Sakkara.

Mariette machte sich mit einer kleinen Karawane auf... in die trostlose Wüste von Sakkara. Würde er dort fündig werden? Die Einöde der glutheißen Wüste war alles andere als einladend. Die berühmte Stufenpyramide von Sakkara war damals noch nicht zu sehen. Sie lag unter Geröll und Wüstensand. Archäologische Entdeckungen schienen nicht auf Ausgräber zu warten. Wo andere Forscher erst gar nicht gesucht hatten, da machte sich Auguste Mariette an die Arbeit. Ziellos grub da und dort im Sand. Er wurde fündig und legte das Haupt einer Sphinx frei.

Unweit dieses mythologischen Fabelwesens aus Stein lag eine unscheinbare Tafel im Staub. Sie trug rätselhafte Hieroglyphen. Auguste Mariette konnte nur ein einziges Wort lesen: „Apis", also „Stier". Auguste Mariette kombinierte: War er auf die Spur des antiken ägyptischen Kults vom „Heiligen Stier" gestoßen? Hatte er jene Stätte gefunden, die bereits der Historiker Strabon (63 vor Christus bis 26 nach Christus) im ersten Kapitel seiner „Erdbeschreibung" schildert?

Bei Strabon heißt es: *„Nahe ist auch Memphis selbst, der Königssitz der Ägypter; denn vom Delta bis zu ihr sind drei Schoien (16,65 Kilometer). Sie enthält an Tempeln zuerst den des Apis, welcher derselbe ist wie Osiris. Hier wird der für einen Gott gehaltene Stier Apis in einer Tempelhalle unterhalten. Auch ein Serapis-Tempel ist daselbst an einem sehr sandigen Orte, so dass vom Winde Sandhügel aufgeworfen werden, von welchen wir die Sphingen teils bis zum Kopfe verschüttet, teils halb bedeckt sahen."*

Auguste Mariette wähnte sich seinem Ziel näher denn je zu sein. Prof. Hans Schindler-Bellamy: *„Mariette hatte die Unterwelt von Sakkara entdeckt. Labyrinthe von gewaltiger Ausdehnung erstre-*

cken sich unter dem Wüstenboden. Das sind komplexe Anlagen ... unterirdische Gänge von vielen Kilometern Länge ... und Räume und Hallen unter dem Wüstenboden!"

Auguste Mariette setzte bedenkenlos Dynamit ein, um mit Gewalt einen Zugang zur Unterwelt von Sakkara zu finden. Er wurde fündig! Am 12. November 1851 tat sich der Boden unter Auguste Mariette im wahrsten Sinne des Wortes auf. Offenbar hatte er ein unterirdisches Gewölbe entdeckt. Die von ihm ausgelöste Detonation riss ein Loch in eine steinerne Decke unter dem Wüstenboden. Auguste Mariette stürzte in die Tiefe. Wie durch ein Wunder blieb er unverletzt. Erst als sich der Staub gelegt und man Mariette eine Fackel gereicht hatte, erkannte er, wo er sich befand: in einer gewaltigen unterirdischen Gruft. Auguste Mariette war überglücklich – und sollte doch so herb enttäuscht werden.

Würde er unvorstellbare Schätze entdecken? Es sah so aus! Nur wenige Meter von ihm war eine majestätische Nische auszumachen. In ihrem Zentrum stand ein wahrhaft gigantischer steinerner Sarg. Der Atem stockte Mariette, als er mit seiner Fackel nähertrat. Kein Deckel lag auf dem steinernen Monstrum. Jemand hatte, das mochte Jahrhunderte oder Jahrtausende her sein, den Deckel auf die Seite gewuchtet. Der Sarkophag war leer. Waren ihm Grabräuber zuvorgekommen?

Was war wohl in so einem riesigen Sarg aus Stein bestattet worden? Der monströse Sarkophag ließ auf kostbare Grabbeigaben hoffen. Warum sonst war er einst mit einer tonnenschweren Platte verschlossen worden? Der Deckel war wann auch immer wieder entfernt worden. Der Sarg selbst war leer. Keine Spur einer Mumie war zu finden... von Grabbeigaben ganz zu schweigen. Waren Mumie und Grabbeigaben von Plünderern geraubt worden? Nach und nach erkundete Mariette die von ihm entdeckte „Unterwelt". Wochenlang vermass er den unterirdischen Saal, in den er gestürzt war. Das Zentralgewölbe allein hatte gewaltige Ausmaße: Es war dreihundert Meter lang, acht Meter hoch und drei Meter breit. Auf beiden Seiten standen monströse Sarkophage. Sie waren alle ... leer!

35.1. Wächter der Pyramide, Foto um 1910

Mehr als eineinhalb Jahrhunderte nach Mariette bin ich bei Sakkara in die Unterwelt gestiegen. Von der glutheißen Wüstenhitze
kam ich in eine muffige Halle unter dem Wüstensand. Meine Taschenlampe tastet sich durch die Dunkelheit. Die Decke aus wuchtigen Steinen mag zehn Meter hoch sein. Ich schreite die Halle ab.

Ich schätze ihre Länge auf dreihundert Meter. Die Breite des Zentralgewölbes messe ich genau aus: vier Meter. Rechts und links stehen monströse Särge in Nischen. Einen messe ich aus:

Er ist 3,85 Meter lang, 2,25 Meter breit und 2,50 Meter hoch. Die steinerne Sarkophagwand ist 43 Zentimeter dick. Verschlossen wurde die beeindruckende Riesenkiste aus Stein mit einem Deckel, 62 Zentimeter dick. Nach vorsichtigen Schätzungen wiegt der Sarg mit Deckel rund einhundert Tonnen!

Jeder der Riesensärge wurde aus einem einzigen Klotz gefertigt ... aus härtestem Granit! Der Steinbruch befindet sich in Assuan ... rund 1.000 Kilometer entfernt! Warum machte man sich vor Jahrtausenden die Mühe, die monströsen Steinsärge 1.000 Kilometer in die Einöde der Wüste zu transportieren? Warum wurde die unheimliche Unterwelt nicht direkt bei Assuan geschaffen?

Stundenlang habe ich die Unterwelt von Sakkara erkundet. Ich habe nur einen winzigen Bruchteil der unterirdischen Gänge und Säle untersuchen können. Viele der Riesensärge sind offensichtlich geplündert worden. Weil die wuchtigen Deckel den Grabräubern oft zu schwer waren, haben sie mit roher Gewalt Löcher in die Seitenwände geschlagen. Was haben sie entdeckt? Was haben sie gestohlen?

36. Das Geheimnis der Heiligen Stiere

Von der Djoser-Pyramide aus blicke ich hinaus in eine steinige Höllenglut von Wüste. Ein einheimischer Guide erklärt mir: „Überall gibt es noch unentdeckte komplexe unterirdische Anlagen ungeahnten Ausmaßes. Immer wieder werden neue Säle unter dem Wüstenboden entdeckt. Es ist schon vorgekommen, dass parkende Busse urplötzlich einbrachen ... und in einem unterirdischen Schlund zu versinken drohten! Zum Glück wurde dabei noch niemand verletzt! Es wurde mit großer Wahrscheinlichkeit erst ein kleiner Teil der unterirdischen Welt entdeckt!"

Prof. Hans Schindler-Bellamy bestätigte: „Einst gab es im Wüstenboden ein Gewirr von zahllosen unterirdischen Gängen, Räumen und Sälen! Da wurde eine Unterwelt erschaffen, von deren Größe wir keine Vorstellung haben!"

Mit der Djoser-Pyramide – der ältesten Pyramide Ägyptens – im Rücken blicke ich hinaus in die rötlich-braune Wüste. Unerbittlich brennt die Sonne vom Himmel. Die trostlose Landschaft wirkt seltsam fremdartig, wie das Szenario eines Science-Fiction-Films „fremder Planet". Ich marschiere über den unwegsamen Wüstenboden. Hier und da lassen sich Mulden erkennen, die auf Grabungen schließen lassen. Dort sind kleine Hügel aufgeschüttet. Manche Erdbewegung scheint noch frisch zu sein. Wird hier illegal nach Schätzen gesucht? Eindeutig künstlich behauene Steinquader liegen im Sand. Stammen sie aus einer der unterirdischen Kammern? Gehörten sie zu einem der wuchtigen Gewölbe? Oder sind es Brocken aus der Djoser-Pyramide?

Hier, in dieser Wüste, hat Auguste Mariette nach dem „Heiligen Stier" gesucht ... Vergeblich. Im Jahr 1857 startete Auguste Mariette (1821-1881) eine zweite Grabungskampagne in der Wüstenei von Sakkara. Massive Sprengladungen erleichterten ihm die

Arbeit wesentlich. Aus heutiger Sicht muss sein Vorgehen als höchst unwissenschaftlich bezeichnet werden. Die gewaltigen Detonationen zerstörten kostbare Spuren in die Vergangenheit.

Mariette war eher ein rücksichtsloser Grabräuber als ein wissenschaftlicher Archäologe. Manche bezeichnen ihn als Dieb. Immerhin: Tausende Fundstücke schaffte er heimlich

Abb. 36.1 Statue von Auguste Mariette

außer Landes. Die Direktion des Louvre war dankbar für die Schätze, ernannte Mariette zum „Kurator der ägyptischen Abteilung". In Ägypten wurde Mariette vom Vizekönig Said Pascha zum „Direktor des Altertümerdienstes" befördert. 1862 wurde ihm der Titel eines „Bey", 1879 der eines „Pascha" verliehen.

Die majestätische Sphinx hatte Mariette nach Sakkara geführt. 134 Sphingen entrissen Mariette und seine Arbeiter dem Wüstensand. Eine Entdeckung folgte auf die andere: Kostbare Schätze kamen ans Tageslicht, Statuen von Falken, Panthern und Göttern. Einen Fund schätzte Auguste

Mariette besonders: Es war ein Stierbildnis. In einem Tempelchen, von der Architektur am ehesten mit einer Kapelle zu vergleichen, ruhte stoisch gelassen eine kunstvoll aus Kalkstein gearbeitete Skulptur eines Apis-Stieres. Der französische Wissenschaftler war überzeugt: Diese Statue weist auf den Kult um den heiligen Stier hin!

Der Apis-Stier wurde schon in der Ersten Dynastie im Tempel des Gottes Ptah (Memphis) angebetet - als das göttliche Symbol für die Fruchtbarkeit. Im Lauf der Zeit stieg der Apis-Stier auf: Er wurde zum himmlischen Boten Ptahs. Schließlich wurde er als die „herrliche Seele" Ptahs auf Erden verehrt. Wenn der „amtierende" Apis-Stier starb, wurde Staatstrauer angeordnet. Erst wenn wieder ein Stier ausfindig gemacht wurde, der die „heiligen Zeichen" des Apis trug, endete die Trauer. Was geschah mit dem toten Stier? Wurde er in einem riesigen Sarkophag beigesetzt?

So hatte der Apis-Stier auszusehen: Er musste makellos schwarz sein. Auf der Stirn musste ein klar umrissenes, weißes Dreieck zu sehen sein. An der Seite musste sich ein weiterer weißer Fleck befinden: in der Gestalt einer Mondsichel.

Der tote Apis-Stier, so ist überliefert, wurde innerhalb von siebzig Tagen mumifiziert und im unterirdischen Serapeum von Sakkara bestattet. Auguste Mariette war davon überzeugt, dass die Riesensärge einst für die Mumien der Apis-Stiere geschaffen worden waren. Die kolossalen Steinsarkophage waren ja auch des toten Apis-Stieres würdig. Galt der doch als Osiris, als Gott der Wiedergeburt. So wie der Nil regelmäßig über seine Ufer trat und dem

Land Fruchtbarkeit schenkte, so war auch Osiris der Gott der ewigen Wiederkehr: der Vegetation, der Wiedergeburt.

Immer wieder entdeckte Auguste Mariette gigantische Steinsärge. Immer wieder schöpfte er Hoffnung, immer wieder wähnte er sich am Ziel. Aber er wurde immer wieder enttäuscht. Grabräuber hatten Löcher in die steinernen Riesenkisten geschlagen ... und vollkommen ausgeplündert. Im Sommer des Jahres 1852 stieß Mariette auf einige unbeschädigte Sarkophage. Seine Freude war verfrüht. Nachdem er die tonnenschweren Deckel zur Seite hatte wuchten lassen, erwiesen sie sich als leer. Seltsam: Warum haben Grabräuber den tonnenschweren Sargdeckel zur Seite geschoben, die Sarkophage völlig leergeräumt und dann wieder sorgsam mit dem wuchtigen Steindeckel verschlossen?

Am 5. September 1852 schien sich endlich die erhoffte Sensation anzubahnen. Vor dem Eingang einer Nische in der unterirdischen Gruft stand eine kostbare vergoldete Statue des göttlichen Osiris. Sie bewachte, davon war Mariette überzeugt, seit Jahrtausenden eine Apis-Mumie. Ganz offensichtlich hatten keine Grabräuber Statue und Sarkophag entdeckt. Sie hätten die wertvolle Götterfigur geraubt und die steinerne Kiste geplündert.

Mariette wähnte sich endlich am Ziel seiner Sehnsüchte. Er vertraute seinem Tagebuch an: *„Auf diese Weise hatte ich Gewissheit, dass vor mir eine Apis-Mumie liegen müsse, und konsequenterweise verdoppelte ich meine Vorsicht.*

Meine erste Sorgfalt galt dem Kopf des Stieres. Aber ich fand keinen. Im Sarkophag lag eine bitume, sehr stinkige Masse, die beim kleinsten Druck zerbröselte. In der stinkigen Masse lag eine Anzahl sehr kleiner Knöchelchen, offenbar schon zersplittert in der Epoche des Begräbnisses. Inmitten des Durcheinanders von Knöchelchen ohne Ordnung und eher zufällig fand ich fünfzehn Figürchen.“

Mit Nachdruck suchte Auguste Mariette nach der Mumie eines „heiligen Stieres" in der Unterwelt von Sakkara. Er fand Monstersarkophage: und die waren entweder vollkommen leer oder sie enthielten ein stinkendes teerartiges Gemisch in das offensichtlich vor Jahrtausenden zerschlagene Knochen gerührt worden waren.

Die archäologische Wissenschaft behauptet: in den Riesensärgen wurden Apisstiere beigesetzt.

Die Ägypter waren Meister der Mumifizierung. Menschen von hohem Rang wurden siebzig Tage lang nach einem komplizierten Verfahren für die Ewigkeit vorbereitet. Zweck der Mumifizierung war es, einen Leichnam möglichst perfekt zu konservieren, um ein Leben nach dem Tode zu ermöglichen.

Was auch immer bei Sakkara bestattet wurde, das sollte nicht auferstehen. Man hat keine Mumie konserviert. Man hat vielmehr Lebewesen zerstückelt, mit einer teerartigen Masse vermengt und den ekelerregenden Brei in tonnenschweren Steinsarkophagen verwahrt und mit tonnenschweren Steindeckeln verschlossen. Was auch immer auf diese Weise entsorgt wurde, es sollte auf keinen Fall zu neuem Leben erwachen. Was auch immer in die gewaltigen Monstersärge wie in Tresore gesperrt wurde ... hat es einst Angst und Schrecken verbreitet?

Der heilige Apis-Stier wurde – wie ein Pharao – siebzig Tage lang mumifiziert: das gilt als anerkannte Lehrmeinung. 70 Tage lang war der Sirius von Ägypten aus nicht zu sehen. Siebzig Tage lang hielt er sich sozusagen im Totenreich auf, um dann wieder zu erscheinen ... aufzuerstehen! 70 Tage der Mumifizierung hatten symbolische Bedeutung: So wie Sirius nach siebzig Tagen ins Reich der Lebenden zurückkehrt, so sollte auch der mumifizierte Tote dereinst zu neuem Leben erwachen.

Seltsam: Die Apis-Stiere galten als Sinnbild der Wiedergeburt. Warum wollte man ausgerechnet eine Auferstehung dieser heiligen Tiere verhindern? Ist es nicht geradezu paradox, dass das Fleisch gewordene Symbol der Wiedergeburt und des neu erstehenden Lebens ... selbst nicht wiedergeboren werden sollte? Ob die alten Ägypter warum auch immer Angst gehabt haben vor dem Apis-Stier? Wollten sie deshalb eine Wiederkehr des Apis-Stiers unbedingt verhindern? Haben sie aus Angst die Leichname der Apis-Stiere zerstückelt, mit einer breiigen Masse verrührt und für immer in tresorartigen Sarkophagen weggesperrt? Sollte etwas Monströses nie mehr ins Reich der Lebenden zurückkehren?

Wenn wir glauben, man könne die uralte Vergangenheit Ägyptens wie ein offenes Buch von der ersten bis zur letzten Seite lesen ... dann ist das ein Irrtum! Noch so manches Geheimnis wartet darauf, gelöst zu werden.

36.2 Durch diese Tür geht es zu den Monstersärgen

37. Die verlorene Stadt in den Anden

Ein Besuch in Machu Picchu ist eine Reise in die Vergangenheit: in die Bergwelt der peruanischen Anden. Erbaut hat die geheimnisvolle Stadt, so heißt es, Pachacútec Yupanqui. Der legendäre Herrscher der Inka gilt als der eigentliche Vater des großen Inkareiches. Er war es, der den Sonnengott Inti ins Zentrum des offiziellen Glaubens rückte. Aber war Pachacútec Yupanqui (Regierungszeit 1438-1471) wirklich der Architekt von Machu Picchu? Ließ er um 1450 die verlorene Stadt der Anden 400 Meter über dem Rio Urubamba erbauen?

Wichtiger ist die Frage, ob Machu Picchu zu Inkazeiten aus dem Nichts entstand oder auf Fundamenten einer weit älteren Kultstätte errichtet wurde. Nach wie vor gilt Hiram Bingham als „Entdecker" der mysteriösen Stätte. Entdeckt hat er sie aber nicht, sondern ausgeplündert. Bingham hat Vilabamba und Machu Picchu heimgesucht und 200 Kisten mit kostbaren Goldobjekten und anderen archäologischen Preziosen auf 60 Mulis über Bolivien außer Landes schaffen lassen.

173 Mumien „entdeckte" Bingham in Machu Picchu. 150 davon waren Frauen. Welche Kostbarkeiten mögen den Toten mit auf die Reise ins Jenseits gegeben worden sein? Wir wissen es nicht. Hiram Bingham ließ sich zwar weltweit als großen Forscher feiern.. in den Augen vieler Peruaner war er aber eher ein erfolgreicher Dieb. Bis zum heutigen Tag wartet man in Peru vergeblich auf die Rückgabe der Kostbarkeiten, die Bingham außer Landes schaffen ließ. Sie dürften sich noch heute im Besitz der renommierten Yale Universität befinden. Bingham hinterließ keinerlei Aufzeichnungen seiner Funde. So dürfte der Nachweis, was nun alles in der Ruinenstadt gefunden und ins Ausland geschafft wurde, mehr als schwierig sein!

Wie Hiram Bingham Machu Picchu „entdeckte" ist inzwischen hinlänglich bekannt! Fakt ist: Als Mr. Bingham am 24. Juli 1911 die majestätischen Stadtmauern bestaunte, da prangte bereits eine eingeritzte Inschrift im moosbewachsenen Stein: „Augustin Lizarraga, Enrique Palma und Gabino Sanches – 1901". Jene drei

Herren hatten zu Beginn des 20. Jahrhunderts nach archäologischen Schätzen gesucht, die sich versilbern ließen. Sie fanden immerhin eine gut erhaltene Mumie, die sie wegschleppten.

Abb. 37.1 Autor Langbein und Machu Picchu. Foto Willi Dünnenberger

Augustin Lizarraga, der 1901 seinen Namen auf einer der steinernen Wände in Machu Picchu verewigte, führte 1894 Don Luis Bejar in das Gemäuer. Und eben jener Augustin Lizarraga gehörte 1911 zum Team von Mr. Bingham. Und der ließ sich zu Unrecht bombastisch als der „Entdecker" einer „vergessenen" Stadt feiern. „Verlassen" war Machu Picchu anno 1901 übrigens nicht. Inka-Nachkomme Anacleto Alvarez hatte die heute weltberühmten Terrassen gepachtet. Übrigens: Schon drei Jahrhunderte zuvor gehörte die Stadt ganz offiziell einem gewissen Don Martin de Concha.

Machu Picchu liegt auf einem Bergrücken, der von unbekannten Meistern vollkommen umgestaltet worden ist. Gewaltige Stein- und Erdmassen müssen unter Aufbietung unvorstellbarer Kräfte bewegt worden sein. Und doch scheinen sich die Bauten und Terrassen dem mächtigen Berg anzuschmiegen. Am Eingang zur Stadt misst man eine Höhe von 2.370 Metern, an der höchst gelegenen Terrasse immer eine Höhe von 2.530 Metern.

Unbekannte Baumeister waren es wohl, die lange vor den Inkas, das ursprüngliche Heiligtum errichteten. Sie hinterließen den Inkas einen massiv umgeformten Bergrücken und riesenhafte Steinkolosse. Auf diese monolithischen Ungetüme setzten die Inkas Jahrhunderte später ihre Mäuerchen aus kleinen Steinen.

Es kommt mir so vor, als hätten die Erbauer der Inka-Stadt Machu Picchu ungeheueren Respekt vor ihren Vorgängern gehabt. Sie passten ihre „Neubauten" millimetergenau den uralten Fundamenten an. Sahen sie sich als Erben einer uralten Tradition? Wie auch immer: Die Inkas selbst haben nie riesige Steinkolosse zurechtgemeißelt und eingesetzt, sondern stets übernommen und als Fundament verwendet.

Von den Megalithbaumeistern des „Ur-Machu Picchu" aus Vorinkazeiten dürften monströse Steinskulpturen stammen, deren Sinn und Zweck wir nicht kennen. Es werden „Erklärungen" in die Welt gesetzt, die sich – bei Licht betrachtet – als reine Fantasiegebilde erweisen. So heißt es, dass auf einem sauber zugehauenen Stein einst Mumien zum Trocknen auf ihre spätere Bestattung warteten. Diese Spekulation entbehrt jeder Grundlage.

Hiram Bingham taufte eine mysteriöse Steinhöhle mit intensiver Steinbearbeitung „Mausoleum der Könige". Bingham stützte sich bei dieser Titulierung auf die Tatsache, dass im Inneren zwei Mumien gefunden wurden, die von edler Herkunft gewesen sein müssen. Wertvolle Stoffe umhüllten die sterblichen Überreste, denen man wertvolle Beigaben aus Gold und Silber für die Reise ins Jenseits mitgegeben hatte.

Binghams These ist allerdings mehr als fragwürdig. Es gibt keinen Beweis dafür, dass zu Zeiten der Inkas je „Könige" in Machu Picchu residierten. Mumifiziert wurden überwiegend Frauen. Sollte es sich etwa um „Tempeljungfrauen" eines Sonnenkults, gehandelt haben?

Der „Intiwantana" wurde aus einem einzigen Granitblock gemeißelt. Er wird als „*Sonnenstein*" bezeichnet. Sein Name lässt sich mit „*Ort, an dem die Sonne gebunden ist*" übersetzen. Nach Aufzeichnungen des Inka-Chronisten Poma de Ayla diente der eigenartige Stein der Beobachtung des Sonnenlaufs. Auch soll er dazu benutzt worden sein, Planetenbahnen zu bestimmen und wichtige Sternbilder zu beobachten. Angeblich standen auf der Plattform einst vier Säulen, deren Schatten den Intiwantana zu einer Art Sonnenuhr machten.

Unklar ist, ob das steinerne Messinstrument von den Inkas gebaut oder bereits vorgefunden wurde. Vielleicht wurde es ja von den Meistern der Steinmetzkunst übernommen, deren erstaunliche Fähigkeiten uns noch heute in Erstaunen versetzen. Über welche Erkenntnisse astronomischer Art mögen sie verfügt haben? Leider liegen keinerlei schriftliche Aufzeichnungen aus jenen Tagen vor.

Die sorgsame astronomische Beobachtung deutet auf sakrale Bedeutung von Sternen und Planeten hin. Der ewige Kreislauf von Sonne, Mond und Sternen war so etwas wie das Sinnbild uralter Religion. Ewiges Leben war fester Bestandteil ältester Religionen: die ewige Wiederkehr von natürlichen Abläufen wie Aussaat und Ernte, von Frühling, Sommer, Herbst und Winter schenkte den Menschen Zuversicht und Trost.

Bei Dreharbeiten für den Werbespot einer Brauerei wurde das Zeugnis uralter Wissenschaften leider beschädigt ... trauriger Beleg für die Missachtung uralter Kulturen. Betuchte Kulturbanausen ließen sich übrigens gern mit dem Hubschrauber direkt nach Machu Picchu fliegen. Dafür nahmen sie es in Kauf, dass durch Druckwellen uraltes Mauerwerk zum Einsturz gebracht wurde ... Rucksacktouristen sind nicht unbedingt rücksichtsvoller. Durch Lagerfeuerchen in Mayaruinen, die in schwer unzugänglichen Gefilden um Machu Picchu zu finden sind, wird immer noch erheblicher Schaden verursacht.

Die Spanier haben bei ihrem Verwüstungszug durch Südamerika vor Jahrhunderten Machu Picchu nicht entdeckt. Sie hätten die geheimnisvolle Ruinenstadt sicher vollkommen zerstört.

Irgendwann wurde von Meistern der Steinmetzkunst so etwas wie das „Ur-Machu Picchu" gebaut. Die Inkas übernahmen die wuchtigen Ruinen.

Irgendwann wurde die Stadt verlassen und „verloren"!

Abb. 37.2 Machu Picchu

38. Mit der Bahn in die Vergangenheit

In unserer schnelllebigen Zeit werden auch die großen Rätsel der Vergangenheit gern im Sauseschritt absolviert. Nach einer Bustour durch Cusco wird ein Abstecher zur Monstermauer von Sacsayhuamán gewagt. Oft spulen gelangweilte Guides ihr einstudiertes Informationsprogramm ab. Rasch werden einige Fotos gemacht und schon geht es weiter.

Gewaltige Schätze fielen im 16. Jahrhundert den raubenden und plündernden Spaniern in die Hände. Unvorstellbare Mengen an Gold wurden als Lösegeld für den letzten Inka Túpac Amarú gefordert. Aus dem gesamten Inkareich setzten sich schwer beladene Karawanen in Bewegung. Gewaltige Reichtümer wurden nach Cusco geschafft. Allen Versprechungen zum Trotz wurde aber der Inka-Herrscher dann doch nach einem absurden Schauprozess zum Tode verurteilt und ermordet.

Die Spanier, Vertreter des „zivilisierten Abendlandes", hatten keinen Sinn für die Goldschmiedearbeiten der Inka. Sie schmolzen herrlichste Kunstwerke ein, gossen sie in Barren. Nicht unerhebliche Schätze konnten aber vor den spanischen Barbaren gerettet werden. Sie wurden, so lautet die Überlieferung, in entfernte und kaum zugängliche Bergregionen geschafft. In den legendären Orten Huilcabamba und Vilacabamba sollen sie versteckt worden sein. Vergeblich suchten die Spanier danach. Sie folterten zahllose Inka grausam zu Tode, erfuhren aber nicht, so sich die geheimen Schatzverstecke befanden. Auch Hiram Bingham suchte vergeblich. Auch wenn er den bis heute vermissten Inkaschatz nicht fand, soll er dennoch Kostbarkeiten von erheblichem Wert außer Landes geschafft haben.

Von Cusco aus geht es im Morgengrauen mit der Eisenbahn nach Machu Picchu. Wenn man Glück hat, kann man die ganze Strecke im Zug zurücklegen. Manchmal muss man die erste Etappe mit dem Bus fahren. Zunächst passiert man die Elendsviertel von Cusco. Zum Skelett abgemagerte Hunde wanken durch die Slums. Erwachsene, Kinder und Jugendliche schuften. Selbst Kleinkinder schleppen schwere Lasten. Thilo Sarrazin hat

Recht: Im Vergleich zu den Armen von Cusco sind die „Armen"
in Deutschland steinreich. Doch während manche „Arme" in
Deutschland ihr unerträgliches Los bejammern ... scheinen die
materiell wirklich Armen von Cusco stolz auf ihrer Hände harte
Arbeit zu sein.

Der Zug quält sich durch eine grandiose Landschaft in die
Höhe. Was für ein krasser Gegensatz bietet sich dem Reisenden:
zwischen dem schlammigen Grau von Cusco und dem üppigen
Grün der subtropischen Gefilde. Wir nähern uns den Ausläufern
des Amazonasgebietes.

Unterwegs legt der Zug eine kurze Pause ein. Die kleine „Station" markiert den höchsten Punkt der Zugstrecke: 4.319 Meter
über dem Meer! Weiter geht's: über den Urubamba. Wir erreichen
Ollantaytambo. Hier enden alle Straßen. Von hier an ist der Zug
das einzige Verkehrsmittel. Nach etwa vierstündiger Fahrt kommen wir in „Aqua Calientes" an. Der Name des Dorfes weist auf
die heißen Quellen hin.

Abb. 38.1 Höchster Punkt der Eisenbahnfahrt ... 4.319 Meter!

In „Aqua Calientes" kann man höchst preiswerte kleine Hotels finden. Von hier aus sind es nur noch etwa acht Kilometer bis zu den Ruinen von Machu Picchu. Busse schaffen Touristengruppen über eine geradezu lebensgefährlich anmutende Serpentinenstraße zur verlorenen Stadt und wenige Stunden später wieder zurück. Touristenströme drängen sich durch den schmalen Eingang am Kartenhäuschen vorbei und ergießen sich über das Areal von Machu Picchu. Jeder der bis zu 1.500 täglichen Besucher ärgert sich über die anderen 1.499 Touristen, die jedes Foto durch ihre bloße Anwesenheit verderben.

Wer den Zauber von Machu Picchu erleben möchte, hat nur eine Chance: Man nimmt sich ein Zimmer im „Hotel Machu Picchu Ruinas", das direkt am Eingang der mysteriösen Stadt liegt. Dann kann man schon vor 10 Uhr morgens in die rätselhafte Anlage gehen, bevor der erste Bus ankommt. Nach 15 Uhr, wenn der letzte Bus ins Tal gefahren ist, dann wird es wieder still und man ist nahezu alleine.

Im Herbst 1992 war ich mit drei Freunden vor Ort. Insider warnten: Im Sommer waren die Rebellenführer der „Tupac Amaru" und des „Leuchtenden Pfades" Victor Polay Campos und Abimael Guzman verhaftet worden. Am 10. August 1995 wurden sie vor einem Militärgericht zu lebenslanger Haft verurteilt. Drohten nun Anschläge auf beliebte Ziele wie Machu Picchu? Damit müsse gerechnet werden, hieß es. Derartige Meldungen schreckten offenbar viele potenzielle Reisende ab. So waren meine drei Freunde und ich die einzigen Gäste im „Hotel Machu Picchu Ruinas". Gegen Abend fuhren die Angestellten des Hotels ins Tal. Angeblich blieb ein Nachtwächter bei uns. Ich muss zugeben: Etwas mulmig war mir damals schon!

Immer wieder hat es mich in den vergangenen Jahrzehnten nach Machu Picchu gezogen. Ich erinnere mich noch sehr gut: Vor meinem ersten Besuch habe ich dickleibige Bücher über die verlorene Stadt gelesen und detailreiche Pläne der Anlage studiert. Vor Ort aber verstand ich, dass die meisten der vermeintlich wissenschaftlichen Erkenntnisse reine Fantasiegebilde sind. „Palast der

Prinzessin" heißt ein großes Haus, „königlicher Palast" ein anderes. Bezeichnungen wie „Heiliger Platz", „Sonnenfeld" und „Heiliger Felsen", „Viertel der Handwerker" und „Palast der Sonnenjungfrauen" täuschen aber nur Wissen vor. In Wirklichkeit liegt über Machu Picchu der Schleier des Rätselhaften. Wenn wir ehrlich sind, müssen wir zugeben, dass wir so gut wie nichts über Machu Picchu wissen.

Die präzise formulierten Bezeichnungen werden von eifrigen Guides mit inbrünstiger Überzeugung vorgetragen. In Wirklichkeit weiß aber niemand, ob zum Beispiel im „Gefängnisviertel" jemals ein einziger Häftling eine Strafe abbüßen musste. Niemand vermag zu sagen, ob es je so etwas wie eine Haftanstalt in Machu Picchu gegeben hat.

Imposant ist auch der „Tempel der drei Fenster". Drei aus gewaltigen Steinquadern kunstvoll gestaltete Fenster sind bis in unsere Tage erhalten geblieben. Bei Sonnenaufgang soll einst das Innere des „Tempels" in geheimnisvolles Licht getaucht worden sein. Heute ist fast nur noch eine massive Steinfassade erhalten. Ob allerdings die drei Fenster je zu einem „Tempel" gehörten, das weiß niemand. Leider gibt es keine schriftlichen Aufzeichnungen der Erbauer und der Bewohner der Stadt.

Abb. 38.2 Tempel der drei Fenster in Machu Picchu

Nichtwissen mag Vertretern der Schulwissenschaften ein Gräuel sein. Dennoch: Vergessen wir die zahlreichen Fantasienamen. Begnügen wir uns mit der Gewissheit, dass wir so gut wie nichts wissen. Eingeweiht in die Mysterien von Machu Picchu war einst die Amauta, ein Gremium aus adeligen Philosophen und Wissenschaftlern der Inka-Zeit. Noch im 16. Jahrhundert lebte deren uraltes Wissen: als eine alte Form der Esoterik. Den Spaniern wurde dieser Schatz niemals offenbart.

Der spanische Soldat Miguel Rufino, so überliefert es die Chronik von Don Antonio Altamirano (verstorben im Jahr 1556), befreite die Inkaprinzessin Accla Gualca aus den Klauen seiner christlichen Landsleute. Er befürchtete, und das ohne Zweifel zurecht, dass man sie foltern würde, um ihr die Geheimnisse ihres Volkes zu entlocken. Dabei ging es nicht um esoterisches Wissen, sondern ganz konkret um Schatzverstecke. Die Spanier waren in ihren Methoden alles andere als zimperlich.

Miguel Rufino und Accka Gualca entkamen den spanischen Häschern. Sie schlugen sich auf strapaziösesten Wegen bis nach Machu Picchu durch. Vor der Amauta von Machu Picchu mussten beide schwören, das Geheimnis der heiligen Stadt zu wahren. Miguel Rufino hat die wirkliche Bedeutung von Machu Picchu gekannt. Er war der einzige Spanier, der die Stadt in den Anden besuchen durfte, als dort noch stolze Inka residierten. Miguel Rufino hielt seinen Schwur. Angewidert von der Grausamkeit seiner goldgierigen Landsleute kämpfte er für die Inkas. Er wurde waffentechnischer Berater des Inka Manco. Beim Versuch, die Spanier wieder aus der Stadt Cusco zu vertreiben, fiel Miguel Rufino im Gefecht.

Martin Fieber schreibt in seinem bemerkenswerten Buch „Machu Picchu" (1): *„Das wahre Machu Picchu sind aber nicht die 200 Gebäude, die vielen Tausend Treppenstufen oder die heiligen Megalithe... Das wahre Machu Picchu, die Seele der Stadt in den Wolken, ist für unsere Augen unsichtbar. Aber nicht für unser Herz."*

Machu Picchu ist eine geheimnisvolle Stadt. Und sie ist ein Symbol: Fern der plündernden Spanier überlebte hoch in den Anden eine friedliche kleine Gemeinde von Inkas. Sie hatten sich in

eine „unwirtliche" Region zurückgezogen. Sie trieben keinen
Raubbau an der Natur, sie lebten mit ihr. In Machu Picchu wurden überwiegend Mumien von Frauen gefunden. Sollte dies auf
eine matriarchalische Religion hinweisen? Angeblich wurde
Pachamama - „Mutter Erde" - in Machu Picchu verehrt. Uralte
matriarchalische Glaubenssysteme verehrten Muttergottheiten
häufig in unterirdischen Höhlen ...

In der Nähe des „Heiligen Felsens" haben argentinische Stu-
denten ein unterirdisches Labyrinth entdeckt. Es wurde von Archäologen erkundet und zugemauert. (2) Bei einem meiner Besuche in Machu Picchu kletterte ich unter einer Absperrung
hindurch und quetschte mich in einen Felsspalt. Er verlief schräg
nach unten, wurde offenbar breiter. Bevor ich ihn aber weiter erkunden konnte, beorderten mich zwei recht unwirsch aussehende
Aufpasser zurück ... Trotz intensiver Recherchen über Jahre, auch
in Cusco und Lima, konnte ich keine wissenschaftliche Publikation über die unterirdischen Gänge von Machu Picchu ausfindig
machen. Wartet das eigentliche Geheimnis von Machu Picchu ...
in der Unterwelt?

Fußnoten:

(1)   Fieber, Martin: „Machu Picchu/ Die Stadt des Friedens", Bad Sal-
zuflen 2003, Klappentext

(2)   Schmidt, Kai Ferreira: „Peru Bolivien", Markgröningen, 2. vollständig überarbeitete und erweiterte Auflage 6/ 2000, S. 271

39. Das Geheimnis der Glimmerkammer

Endlich habe ich die Gipfelplattform der Mondpyramide erreicht. Stufe für Stufe habe ich mich über die schier endlose
Treppe an der Frontseite von Plattform zu Plattform hochge-
kämpft. Die Luft ist dünn. Jeder Schritt fällt schwer– in 2200 Meter
über Normalnull. Von der Millionenmetropole Mexico City
scheint ein beißender Geruch herüber zu wehen. Das wäre kein
Wunder angesichts der extremen Luftverschmutzung, die die Riesenstadt erzeugt.

*Abb. 39.1 Die Hüterin der Glimmerkammer öffnet die schweren Metalltüren
zur Glimmerkammer*

Endlich stehe ich auf der „plataforma adosaba", auf der abschließenden Plattform, 65 Meter über der staubigen „Straße der
Toten". Ich bin außer Atem, setze mich erschöpft und schwitzend
auf den harten Stein. Ich weiß:
1906 hat Leopoldo Batres das gewaltige Bauwerk freigelegt. Er
hat die Pyramide ausgegraben, lag sie doch unter einem wenig
ansehnlichen Hügel.

Als der spanische Eroberer Hernando Cortez am 8. November 1519 im Hochtal von Mexico City auftauchte, lag die einst so stolze Mondpyramide längst unter einem über viele Jahrhunderte hinweg von der Natur angehäuften Berg. Cortez zog achtlos am verborgenen Monument vorbei. Ihn und seine räuberische Bande von Plünderern zog es in die Metropole Tenochtitlan, auf mehreren Inseln im westlichen Teil des Texcoco-Sees gelegen. Selbst Hernando Cortez zollte der Riesenstadt, die zu ihren Glanzzeiten Hunderttausenden von Menschen eine Heimat bot, seine Bewunderung. Er berichtete Kaiser Karl V.: *„Alle Straßen sind der Länge nach von Kanälen durchzogen, so dass zwischen ihnen eine Wasserverbindung besteht Über diese Kanäle, von denen einige sehr breit sind, führen Brücken."*

Bernal Diaz del Castillo: *„Wir staunten und sagten, das gliche den Wundern, von denen im Amadis, dem berühmten Ritterroman, berichtet wird, denn diese riesigen Türme und Pyramiden und Gebäude im Wasser waren alle aus Stein gebaut. Einige unserer Soldaten fragten sich daher, ob das, was sie sahen, nicht ein Traumbild sei.*

Hier hausten also die „barbarischen Azteken", denen sich die „zivilisierten Europäer" so überlegen fühlten. Allerdings lebten sie weitaus kultivierter als die Christenheit im fernen Europa. Während der europäische Hofadel von Körperhygiene wenig hielt und üble Gerüche mit Parfüms übertünchte, verließen sich selbst die „einfachen Bewohner" von Tenochtitlan auf die reinigende Wirkung von Dampfbädern.

Als anno 1600 Girodano Bruno in Rom grausam gefoltert und als „Ketzer" verbrannt wurde, blühte auf einem riesigen Areal (rund 1.000 Hektar groß) die moderne Metropole der Azteken. Selbst die kleinen, einstöckigen Häuser hatten alle einen geräumigen Innenhof, wo Gemüse und Blumen angebaut wurden. Elendsviertel wie in Europa waren unbekannt. Vier Hauptbezirke gab es: den „Ort der Blumenblüte", den Tempelbezirk mit seinen fantastischen Monumenten, die „Region der Mücken" und die „Wohnstätte der Reiher".

Abb. 39.2 Autor Langbein durfte kurz ein Stück Glimmerplatte entnehmen. Foto
Ingeborg Diekmann

Die hochstehende Kultur, die erstaunliche Zivilisation der Azteken interessierte die goldgierigen Spanier überhaupt nicht. In einem blutigen Kampf eroberten sie dank ihrer überlegenen Waffen
die einstige Metropole. Sie ermordeten die Bewohner in einem un-
beschreiblichen Blutbad und plünderten die Stadt. Sie verwüste-
ten Tenochtitlan gründlich. Sie zerstörten eine Kultur So erlosch
eine Stadt, die jener der europäischen Hauptstädte überlegen war.

Ausgrabungen archäologischer Art sind heute so gut wie unmöglich. Die Millionenstadt Mexico-City beansprucht wie ein gie-
riger, ständig wachsender Krake die einst so bedeutsame Region.
Gewaltige Slums überziehen wie ein Geschwür das Land, dessen
Geschichte von echter Zivilisation zeugte. Zivilisiertes Verhalten
kann man den marodierenden Eroberern nicht nachsagen.

Von der Sonnenpyramide aus blicke ich auf die „Straße der Toten". Sie war einst die zentrale Achse, die durch die Stadt Teotihuacán führte. Vermutlich bestand erst der vier Kilometer lange
und 45 Meter breite Sakralweg. Die Stadt Teotihuacán wurde später rechts und links davon errichtet. Die Azteken waren nicht die

Bauherren der monumentalen Gebäude. Sie fanden sie bereits vor, schrieben sie mythischen Göttern aus uralten Zeiten zu. Einst sollen sich hier – während der mythischen „Nachtzeit" Gottheiten versammelt und über die Menschen beraten haben.

In Teotihuacán dürften einst Hunderttausende gelebt haben: in einer am Reißbrett entwickelten Riesenmetropole, die sich einst über 20 (oder mehr!) Quadratkilometer erstreckte. Der Rio San Juan floss durch die Stadt, aber nicht in seinem natürlichen Bett. Er wurde kunstvoll kanalisiert und den Wünschen der Stadtarchitekten angepasst.

Von der einst so stolzen Stadt ist so gut wie nichts übrig geblieben ... nur die „Straße der Toten", flankiert von steinernen Plattformen und massiven Gebäuden. Fakt ist: Der Name „Straße der Toten" wurde von den Nachkommen der Azteken ersonnen, als Teotihuacán längst verschwunden war. Damals waren die Pyramiden und Gebäude rechts und links der Straße nur noch als „natürliche" Hügel zu erkennen. Auch die Namen „Sonnen-" und „Mondpyramide" stammen nicht von den Erbauern dieser rätselhaften Denkmäler. Wie sie einst hießen ... das ist unbekannt.

Erst im Verlauf der letzten 100 Jahre wurden die Überreste der „Straße der Toten" ausgegraben und vermessen. Hugh Harleston kam zu einem verblüffenden, kühn anmutenden Ergebnis.

Seiner Überzeugung nach handelte es sich bei der Straße mit ihren Gebäuden und Pyramiden um ein erstaunlich exaktes Modell unseres Sonnensystems! Im „Teotihuacán-Modell" beträgt die Entfernung Sonne-Erde 96 Einheiten, Merkur hat einen Abstand von 36, Venus einen von 72 und Mars einen Abstand von 144 Einheiten! Doch damit nicht genug: Auch der Asteroidengürtel ist im Modell zu finden: als künstlich angelegter Kanal.

Planet Saturn soll einst auch durch ein Gebäude gekennzeichnet worden sein ... im Modell. Es wurde dem Zufahrtsweg für Touristen geopfert und abgetragen. Mehr als erstaunlich ist, dass auch die Planeten Uranus, Neptun und Pluto den Erbauern von Teotihuacán bekannt gewesen sein müssen. Dabei wurden diese drei Sonnentrabanten erst in den Jahren 1781, 1846 und 1930 entdeckt!

Sollte also die „Straße der Toten" als „Straße der Sonne und ihrer Planeten" angelegt worden sein? War sie einst ein sakraler Weg, eine Art Pilgerweg einer vergessenen Religion der Astronomie? Martin Lehman schrieb in der Fachzeitschrift „Discover" (1): „Unsereins steht fassungslos vor den mathematischen Tatsachen, welche die Erbauer von Teotihuacán angewandt haben. Doch führt uns dieses Beispiel wieder vor Augen, wie wenig wir von unserer Vergangenheit wirklich wissen."

Angeblich war die „Sonnenpyramide" einer Muttergöttin geweiht. Sollte also die „Straße der Toten" ursprünglich von den Vertretern eines matriarchalischen Kults errichtet worden sein, zu Ehren einer ... der ... Muttergöttin? Wesentliches Kennzeichen von sakraler Verehrung der Urgöttin war die ewige Wiederkehr, war der ewige Kreislauf des Lebens. Im Mittelpunkt stand nicht der Gläubige als Individuum, der auf sein persönliches Weiterleben nach dem Tod hoffte. „Ewiges Leben" wurde nicht egozentrisch gesehen. Nicht der einzelne Mensch hatte ein ewiges Leben als Individuum. Unsterblich und ewig war das Leben selbst ... wie die Natur.

Frühling, Sommer, Herbst und Winter kehren im ewigen Kreislauf des Lebens wieder. Auf den Frühling mit seinem Wachstum der Pflanzen folgen der Sommer (der die Ernte reifen lässt), der Herbst (also Vorbote des Todes) und der alles zum Erstarren bringende Winter. Der Winter aber ist nicht das Ende. Nach der Wintersonnwende (im Christentum zum Geburtstag Jesu entfremdet) folgt wieder der Frühling, die Wiedergeburt der Pflanzen ... des Lebens!

(2) Fußnoten:

(1): Lehmann, Martin: *„Teotihuacán, Zahlen und Fakten eines Rätsels"*, „Discover", 1994/2

(2): Langbein, Walter-Jörg: *„Eine kurze Geschichte von Gott/ Von der Vorzeit bis heute"*, Berlin November 2007

40. In der ›Glimmerkammer‹

Dieser Beitrag enthält Fotos, die im Inneren der geheimnisvollen „Glimmerkammer" aufgenommen wurden. Diese Fotos sind eine echte Sensation. Die „Straße der Toten" ist mit ihren Pyramiden eine der bekanntesten archäologischen Stätten unseres Planeten. Die „Glimmerkammer" ist in der Öffentlichkeit so gut wie unbekannt. (Fotos vom Inneren der „Glimmerkammer" wurden erstmals auf dem Blog „www.ein-buch-lesen.com" gezeigt und boten damit eine echte Weltpremiere!)

Abb. 40.1 Unterwegs auf der „Straße der Toten" zur Glimmerkammer

Hektisches Treiben herrscht auf der „Straße der Toten". Busse spucken Touristen aus, die im Sauseschritt bis zur Mondpyramide eilen. Emsige Guides spulen das auswendig gelernte Wissen ab. Hastig steigen die abgehetzten Besucher wieder in ihre Busse, Ziel: weitere Attraktionen. Ob sie noch die Maria von Guadeloupe besuchen? Oder geht's zum Flughafen, um zur nächsten Station im nächsten Land zu entschwinden? Viele Touristen nehmen sich etwas mehr Zeit. Sie besteigen sogar die beiden Pyramiden. In luftiger Höhe erfahren sie in Kurzform von ihren Führern, was in den

Lehrbüchern über die „Straße der Toten" zu finden ist. Dass aber die gelehrten Wissenschaftler oftmals nur spekulieren und nur so tun, als seien alle Unklarheiten beseitigt, ahnen sie nicht.

Zahlreiche Grüppchen von Schülern beleben die „Straße der Toten". Sie strahlen eine glückliche Heiterkeit aus. Mit Kassettenrekorder, Blöcken und Stiften bewaffnet befragen sie die Touristen. In jeder Gruppe der emsigen Schüler gibt es mindestens einen, der gut Englisch spricht.

Immer wieder wird die Frage gestellt: *„Was wissen Sie von den Pyramiden?"* Ja ... was? Millionen von Menschen marschieren die „Straße der Toten" entlang. Am eigentlichen Geheimnis gehen sie achtlos vorbei. Auf der rechten Seite, etwa einen Kilometer vor der „Sonnenpyramide", ist ein kleines Blechschild angebracht. „Mica" steht darauf, zu Deutsch „Glimmer". Im Verlauf verschiedener Reisen nach Mexiko habe ich immer wieder die „Straße der Toten" besucht. Immer wieder habe ich jeden greifbaren Führer oder Wächter nach der „Glimmerkammer" gefragt. Immer wieder bekam ich ein Achselzucken als „Antwort". Ich kenne inzwischen den Weg ... bin ihn schon manches Mal gegangen ... Jedes Mal wurde ich von einem Zerberus männlichen oder weiblichen Geschlechts gestellt. Mir wurde mit deutlichen Gesten klargemacht: *„Du hast hier nichts zu suchen."*

Abb. 40.2 Der eigentliche Eingang zur Glimmerkammer

Der Eingang zur „Glimmerkammer" ist weiträumig mit Stacheldraht gesichert. Ein dickes Bakschisch lässt auch dieses Hindernis bedeutungslos werden. Und ein noch üppigeres Bakschisch ermöglicht sogar ... einen kurzen Besuch in der „Glimmerkammer" selbst. Leider wirkt der mysteriöse Raum wenig anziehend ... dank moderner Restaurierungsmaßnahmen, die mehr zerstört als erhalten haben. Da wurde eine Betondecke eingezogen, die von Betonpfeilern gestützt wird. Die „Reparaturmaßnahmen" geschahen gewiss in bester Absicht. Offenbar drohten Decke und Wände einzustürzen. Sie mussten gesichert werden ... keine Frage. Aber wäre das nicht auch etwas behutsamer möglich gewesen?

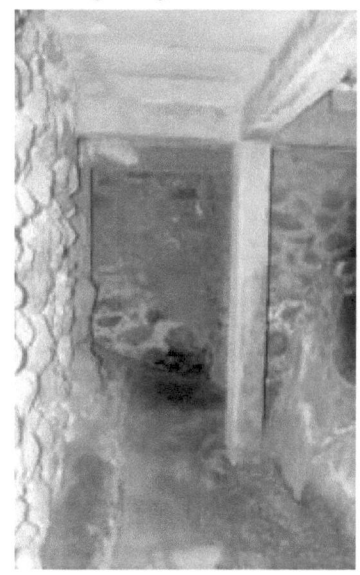

Es ist gefährlich, sich in diesem seltsamen Raum aufzuhalten, der eher einem Korridor gleicht ... ohne erkennbaren Zweck. Oder verbergen Betonwände, was ungebetene Gäste nicht sehen sollen? Nichts weist heute mehr darauf hin, was einst in diesem Raum geschah ... Was aber ist dann so bedeutsam an der „Glimmerkammer"?

Abb. 40.3 In der Glimmerkammer

Zwei wuchtige Eisenplatten, mit mittelalterlich wirkenden Schlössern gesichert, verbergen das Geheimnis der „Glimmerkammer". Ein Bakschisch lässt den richtigen Wächter den richtigen Schlüssel finden ... und schon werden die beiden Metallklappen zurückgewuchtet.

Wenig Licht fällt in die Tiefe. Nach einiger Zeit erkennt man etwa einen halben Meter unter der Klappe Glimmer ... Ich beuge mich nach unten ... und hole vorsichtig einen Klumpen Glimmer ans Tageslicht. Der Wächter blickt diskret zur Seite. Ich beuge mich in die Öffnung, leuchte mit meiner Taschenlampe umher ... überall glimmert es. Der Schein der Lampe wird reflektiert ... Glimmer, soweit das Auge reicht. Welchen Zweck erfüllt der Glimmer? Woher stammt er?

Abb. 40.4 Glimmerschicht zur Isolation

Abb. 40.5 Blick auf die Glimmerfläche

Man kann Glimmer als Verzierung einsetzen, keine Frage. Aber warum hat man großflächig einen unterirdischen Raum von oben mit Glimmer abgedeckt? Etwa zehn Zentimeter dick ist die Glimmerschicht, stelle ich fest. Das Mauerwerk darunter – die Decke der „Glimmerkammer" – soll einen halben Meter stark sein. Glimmer, eingebettet zwischen zwei dicken Steinschichten, kann nicht als Schmuck gedient haben ... Man konnte die Glimmerschicht ja nicht sehen. Welchem Zweck diente sie dann?

Dreißig Meter lang ist die mit Glimmer abgedeckte Fläche. Ein kundiger Guide erklärt mir: *„Die sorgsam ausgelegte Glimmerfläche liegt unter einer wuchtigen Steinmauer von mindestens einem halben Meter Dicke. Wie groß das Areal ist, das so isoliert wurde ... wissen wir nicht. Weitere Grabungen sind erforderlich ..."* Die erforderlichen Grabungen aber, sind alles andere als einfach. Man muss sich durch harten Stein arbeiten.

Glimmer hat wirklich erstaunliche Eigenschaften. Glimmer ist extrem hitzefest (bis zu 800 Grad!), extreme Temperaturschwankungen erträgt Glimmer mit Gelassenheit, genauso wie die meisten Säuren! Glimmer ist hervorragend geeignet als elektrisches Isolationsmaterial.

Zu Beginn des dritten nachchristlichen Jahrtausends sehen wir die technischen Aspekte von Glimmer, zum Beispiel als Isolator. Welchen Schutz sollte die Glimmerschicht vor zwei (oder mehr) Jahrtausenden bieten? Wurde Glimmer vor zwei Jahrtausenden nicht als Schutz im technischen Sinne verstanden?

Natürlich müssen auch und gerade im Bereich der „Straße der Toten" Grabungen, so versicherte mir immer wieder, erst noch genehmigt werden.

Das geschieht im konkreten Fall aber zögerlich. Seltsam: Die schlauchartige „Glimmerkammer" ist sehr viel kleiner als die bisher bekannte Glimmerfläche. Oder anders ausgedrückt: Die Decke ist sehr viel größer als der Raum darunter!

Erich von Däniken schrieb in seinem Buch *„Der Tag an dem die Götter kamen"* (1): *„Mir ist in dieser Glimmerstory die Geheimniskrämerei verdächtig. Eisenplatten. Vorhängeschlösser. Die meisten der Wächter haben keine blasse Ahnung ... Man komme mir, bitte, nicht mit* *der fadenscheinigen Erklärung, man müsse diese Kostbarkeit vor den Touristen schützen! Dazu wären zwei Wächter im Schichtdienst ausreichend. In Chichén-Itzá dürfen Touristen im Gänsemarsch in das Innere der Pyramide kriechen, um den steinernen Jaguar zu bewundern. Man könnte – wenn gar so kostbar – schusssichere Panzerglasscheiben vor die Wände stellen. Oder sollen hier nur lästige Fragestellungen abgewimmelt werden?"*

Welche Ausmaße die durch Glimmer isolierte Fläche hat, das vermag niemand zu sagen. Sollte es neben der bekannten „Glimmerkammer" weitere Räume geben, die noch unzugänglich sind? Seit Jahren gibt es konkrete Hinweise auf eine weitläufige „Unterwelt" unter der „Straße der Toten", die vor mindestens 1.800 Jahren verschlossen wurde. Sie soll mit den Pyramiden in Verbindung stehen.

Fürsten- oder Herrschergräber werden vermutet, womöglich ausgestattet mit unvorstellbaren Schätzen und Kostbarkeiten. Hat die „Glimmerkammer" etwas mit unterirdischen Grüften zu tun, die seit rund zwei Jahrtausenden unentdeckt geblieben sind? Sollte die Glimmerschicht Schutz bieten, wovor auch immer?

An einer Seite der „Glimmerkammer" gab es einen massiven natürlichen (?) Einbruch von Gesteinsmassen. Die moderne Betondecke endet an einer abschließenden Wand? Steht da – hinter den Brocken – wirklich eine gemauerte Wand? Endet hier wirklich der Raum? Oder setzt er sich hinter den Steinbrocken unterschiedlicher Größe fort? Wer (oder was) ließ das Geröll den Raum an einer Seite verschließen? Sollen neugierige Besucher daran gehindert werden, weiter vorzudringen?

Manches deutet auf eine unmittelbar bevorstehende Sensation hin: Ein vor mindestens 1.800 Jahren verschlossener Gang soll geöffnet worden sein. Werden Herrscher aus uralten Zeiten mit kostbaren Grabbeigaben gefunden werden? Werden wir auch über Funde informiert werden, die nicht in das Geschichtsbild der Schulwissenschaften passen? Zweifel sind angebracht. Könnten die Funde doch beweisen, dass die Geschichte der Pyramidenbauer viel weiter in die Vergangenheit zurückreicht als die Schulwissenschaft für statthaft hält!

Sollte der Name „Straße der Toten" doch kein Fantasieausdruck sein, sondern auf Gräber von Herrschern aus uralten Zeiten hinweisen?

Abb. 40.6 Der Raum UNTER der Glimmerschicht

Abb. 40.7 Der Raum ist einsturzgefährdet

Fußnote:

(1) Däniken, Erich von: *„Der Tag an dem die Götter kamen"*, München 1984, S. 255 u. 256

41. Die Pyramide und eine Schlange aus Licht

Der altehrwürdige Name Chichen Itza wird von „humorvollen" Touristen gern zu „Chicken Pizza" verballhornt. Er lässt sich mit „Am Rand der Quelle von Itzá" übersetzen. Im Jahre 455 christlicher Zeitrechnung, so heißt es, haben die Itzá die Quellen entdeckt, die dem mystischen Ort ihren Namen gaben.

Etwa 300 Meter nördlich von Chichen Itza lockt ein unheimlicher „Brunnen der Opfer" Touristen wie Einheimische an. Wie entstand der „Cenote de los Sacrificos"? Darüber gehen die Meinungen auseinander. Brach ein unterirdischer Hohlreim ein, so dass sich ein Schlund auftat? Oder schlug ein Himmelskörper ein, der das kreisrunde Loch schuf?

Wie auch immer: Die scharf umrandete Wunde der Erde füllte sich mit Wasser. Sahen sie die Mayas als einen Eingang in die Unterwelt an? Zu Beginn des 20. Jahrhunderts kaufte der ehrenwerte Konsul und Hobbyarchäologe Eduard Thompson die Grundstücke an den Grenzen der Stadt Chichen Itza. Dafür bezahlte er einen Spottpreis: 75 US-Dollar. Was Eduard Thompson beabsichtigte, wurde schnell klar. Es ging ihm nicht um die Suche nach wissenschaftlicher Erkenntnis, sondern um Plünderei! Sofort wurde mit der methodischeren Untersuchung begonnen. Der Ausdruck Räuberei ist wohl eher angebracht.

Einer der großen Pioniere der Erforschung Chichen Itzas war Augustus Le Plongeon (1826-1908), der Comte de Coqueville. Der leidenschaftliche Wissenschaftler war alles andere als ein ahnungsloser Hobbyforscher, der am Schreibtisch fantasiereiche Thesen austüftelte. Plongeon war ein Archäologe der alten Schule. Er suchte vor Ort nach Hinweisen auf die Geschichte der Mayas. Zwölf Jahre verbrachte er zum Teil unter spartanischsten Bedingungen in Mexiko. Allein fünf Jahre davon hauste er in den Ruinen der Maya-Metropole Chichen Itza. Der tschechische Maya-Experte Miloslav Stingl würdigte den wissenschaftlichen Querdenker so: „*Wir verdanken ihm die erste wirklich archäologische*

Erforschung des gesamten Stadtareals (gemeint ist: Chichen Itza). Vergessene Pyramiden und Tempel befreite er von ihrer grünen Selvahülle (Urwald)."

Abb. 41.1 Von dieser Kukulkan- Pyramide   steigt die Schlange aus Licht ...

Abb. 41.2 ... vom Tempel hoch oben ...

Abb. 41.3 ... zum Schlangenkopf am Fuß der Pyramide

In den Jahren 1904 bis 1907 wurden Taucher hinab in den Cenote geschickt. Sie wurden rasch und immer wieder fündig. Neben etwa fünfzig Skeletten wurden Tausende wertvoller Objekte geborgen. Offenbar war der Brunnen einst genutzt worden, um den Göttern Opfer zu bringen: kostbare Kunstobjekte und Menschen. Gingen die Menschen freiwillig in den Tod, etwa um die Götter in Dürrezeiten gewogen zu machen und Regen zu schenken? Wie dem auch sei: Zahllose Kostbarkeiten wurden im Schlamm am Boden des Cenote gefunden und – verbotenerweise – per Geheimkurier in die USA geschafft. Thompsons Diebstähle fielen auf, trotz seiner hohen Position als Konsul musste er das Land verlassen.

Im Verlauf der letzten vierzig Jahre besuchte ich wiederholt die mysteriöse Ruinenstadt von Chichen Itza. So manches Mal schlenderte ich durch die parkähnliche Anlage, die die einstige Größe der Stätte allenfalls nur noch erahnen lässt.

Im Verlauf der letzten vier Jahrzehnte bereiste ich die Welt von Ägypten bis zu den Neuen Hebriden. Nirgendwo auf der Welt faszinierte mich eine Botschaft aus uralten Zeiten wie die der Schlange aus Licht. Jahr für Jahr steigt in Chichen Itza ein himmlisches Wesen auf die Erde herab. Jahr für Jahr kann so etwas wie ein Film beobachtet werden, den geniale Baumeister der Mayas vor vielen Jahrhunderten schufen. Für die Menschen der Zukunft? Für uns? Jahr für Jahr lockt das uralte Spiel aus Licht und Schatten Zigtausende in seinen Bann.

Immer wieder schlenderte ich zum „Tempel der Krieger" („Templo de los Guerros"). Von einer gewaltigen Vorhalle sind nur 60 martialische Säulen erhalten. Sauber gearbeitete Flachreliefs lassen die meisten von ihnen als realistische Darstellungen von Kriegern erkennen. Viele von ihnen sind bewaffnet, mit Speerschleudern und Wurfspießen. Andere sind mit gebogenen Stöcken ausgerüstet. Damit konnten geschickte Krieger feindliche Wurfgeschosse abwehren. Gegen Attacken mit messerscharfen Steinklingen gespickte Keulen konnten sie allerdings nichts ausrichten.

Abb. 41.4 Die Schlange aus Licht

Einst waren die bis an die Zähne bewaffneten Gestalten bunt bemalt. Bis auf kleine Farbreste ist davon nichts mehr erhalten. Einst trugen die starken Männer aus Stein das Dach einer Vorhalle. Alle oder einige? Wie mag das Dach ausgesehen haben? Wie groß mag es gewesen sein? Welchem Zweck mag es gedient haben? Versammelten sich hier die Gläubigen, bevor sie den Tempel betreten durften?

Von besonderer Bedeutung war für den „Tempel der Krieger" eine geheimnisvolle Steinplastik, „Chak Mool" genannt. Der Maya-Forscher Agustus Le Plangeon gab im Jahr 1875 der mysteriösen Figur diesen Namen. Wie sie bei den Mayas hieß, das wissen wir nicht. Ein menschliches Wesen liegt da rücklings. Die Beine sind angewinkelt, die Ellenbogen in den Grund gestemmt. Auf der Brust trug Chac Mool (zu Deutsch etwa „Roter Jaguar" oder „Großer Jaguar") so etwas wie ein Gefäß.

Es ist reine Horrorfantasie, wenn behauptet wird, menschliche Herzen seien in diesem Gefäß als Opfer dargebracht worden. Vorsicht: Wir dürfen nicht in das „Denken" der spanischen Mordplünderer verfallen, die ihr grausiges Vorgehen mit Hinweisen auf die angeblich so primitiven Mayas begründen wollten. Es ging ihnen aber nicht um das Auslöschen einer vermeintlich primitiven Kultur, sondern um primitive Gier nach Gold und Reichtum!

Fußnote:
(1) Wunderlich, Hans Georg: *„Die Steinzeit ist noch nicht zu Ende"*, Reinbek bei Hamburg 1977, S. 184

42. Die Schlange, die vom Himmel steigt

Sie ist für mich eine der schönsten Pyramiden der Welt: „Castillo" nannten sie die Spanier, geweiht war sie dem Gott Kukulkan. Die heute sichtbare Pyramide wurde über eine ältere gebaut. Die „Urpyramide" steckt wie ein Kern in der „neuen".

Der plündernde „Eroberer" Francisco de Montejo baute sein Lager im Zentrum der einst gewaltigen Metropole. Einst war die Mayastadt mindestens fünfundzwanzig Quadratkilometer groß. Sie ist heute weitestgehend vom Erdboden verschwunden. Weite Teile müssen noch rekonstruiert werden. Wo mögen sich noch Fundamente im Erdreich verborgen finden? Die Spanier haben gewaltig gewütet und unermesslich kostbare Kulturgüter verwüstet und zerstört.

„Heidnischer Glaube" war den Vertretern des christlichen Abendlandes ein Gräuel. Dabei dürften die meist des Lesens unkundigen Europäer, die gen Mittel- und Südamerika zogen, wohl kaum wirklich fromm und gottesgläubig gewesen sein! Man muss es immer wieder wiederholen: Zeugnisse der uralten Kulturen Zentralamerikas wurden rücksichtslos vernichtet. Kultstätten wurden verwüstet, fortschrittliche Siedlungen abgefackelt, Menschen wurden gefoltert und ermordet.

Prof. Dr. Hans Georg Wunderlich (1928-1974) bringt es in seinem Standardwerk *„Die Steinzeit ist noch nicht zu Ende"*(1) auf den Punkt: *„Kolumbus, Cortés, Pizarro und wie sie alle hießen, sie waren nach heutigen Vorstellungen bestenfalls Abenteurer, in der Mehrzahl aber tatsächlich nichts anderes als brutale Erpresser und Killer. Nach Prof. Wunderlich waren „die Konquistadoren durchweg goldgierige Massenmörder – und das waren sie wirklich".*

Der Kulturphilosoph Egon Friedell (1878-1938) kritisiert mit Recht die Arroganz der Spanier. In seinem geradezu legendären Werk *„Kulturgeschichte der Neuzeit"* (2) schreibt er: *„Als Hernando Cortez im Jahre 1519 den Boden Mexikos betrat, fand er eine hoch entwickelte, ja überentwickelte Kultur vor, die der europäischen weit überlegen war; als Weißer und Katholik, verblendet durch den doppelten Größenwahn seiner Religion und seiner Rasse, vermochte er sich jedoch*

*nicht zu dem Gedanken erheben, dass Wesen von anderer Weltanschau-
ung und Hautfarbe ihm auch nur ebenbürtig waren. Es ist tragisch und
grotesk, mit welchem Dünkel diese Spanier, Angehörige der brutalsten,
abergläubischsten und ungebildetsten Nation ihres Weltteils, eine Kultur betrachteten, der Grundlage sie nicht einmal ahnen konnten."*

Die Kukulkan-Pyramide beeindruckt nicht durch monumentale Wuchtigkeit, sondern durch schlichte Eleganz und Leichtigkeit. Was mögen die Priesterarchitekten dem sakralen Bauwerk
der Mayas an Wissen anvertraut haben? Haben wir schon das im
Stein verewigte Wissen vollständig entschlüsselt? Das wage ich zu
bezweifeln. Fakt ist: Das Bauwerk des Kukulkan besteht aus neun
Plattformen. Vier Treppen führen nach oben zum Kukulkan-Tem-
pel. Insgesamt sind es 364 Stufen. Eine 365. Stufe gewährt Zutritt
zum Tempel, zwei Säulen säumen den Eingang. Gefiederte
Schlangen sind zu erkennen.

Jede Treppenstufe steht für einen Tag. 365 Treppenstufen ent-
sprechen exakt der Dauer eines Jahres von 365 Tagen. Die Mayas
waren geradezu besessene Astronomen. Sie beobachteten die Planeten und Sterne. Über Jahrhunderte hinweg notierten sie die Ergebnisse ihrer präzisen Beobachtungen. Sie erkannten das Gesetz
der ewigen Wiederkehr. Die Zeit, das wussten die Mayas – und
das war die Grundaussage ihrer Philosophie – besteht aus sich
ewig wiederholenden Zyklen: seit Anbeginn des Universums drehen sie sich wie die Räder eines genial entworfenen Mechanismus.

Die Mayas haben ohne Zweifel ihre Erkenntnisse in unzähligen
Codices verewigt. Die aber wurden von den barbarischen Eroberern mit Enthusiasmus gesammelt und in gewaltigen Feuern verbrannt. Erhalten geblieben ist ein astronomisches Werk in Stein:
die Pyramide des Kukulkan! Alle Jahre wieder bietet sie so etwas
wie einen Film, eine „Lichtshow"mit der Präzision eines Uhr-
werks: Immer am 21. März kriecht Gott Kukulkan als Schlange
aus Licht vom Himmel herab und verschwindet am 21.September
wieder ins Himmelreich.

Damit dieses Phänomen Jahr für Jahr pünktlich zu den Sonn-
wendfeiern am 21. März und am 21. September sichtbar werden

konnte, waren umfangreichste Berechnungen und präzise Entwürfe erforderlich. Die Kukulkan-Pyramide musste millimetergenau platziert werden, sonst würde nicht seit Jahrhunderten Sonnenlicht und Schatten eine Schlange vom Himmel steigen und wieder entschwinden lassen.

Ich habe diesen „Film" mit einigen Tausend anderen Besuchern am 21. März gesehen. Schon am Morgen hatte ich mich eingefunden. Erst gut anderthalb Stunden vor dem Sonnenuntergang beginnt es: die Sonne leuchtet die dem Westen zugeneigte Pyramidenfläche an. Wie unzählige Kegel von Taschenlampen projizieren die Sonnenstrahlen Licht auf die nördliche Pyramidenfront. Dreiecke aus Licht entstehen, wandern von der Spitze der Pyramide nach unten. Ein Schlangenkopf taucht aus dem Schatten auf ...

Deutlich ist der Leib der zur Erde kriechende Schlange zu erkennen, von der Schwanzspitze bis zum geöffneten Maul. Die Schlange vollendet ihre Reise: aus dem All zur Erde. Dies geschieht alljährlich am 21. März. Und alljährlich am 21. September kehrt sie wieder in die unendlichen Weiten des Alls zurück, Worte vermögen den Zauber nicht wirklich zutreffend zu beschreiben. Es ist ein Mysterium aus Stein, Licht und Schatten, wie vor den Augen des Betrachters eine Schlange aus Licht entsteht, die sich mit ihrem mächtigen Kopf aus massivem Stein am Boden vereint.

Astronomische Kenntnisse waren Voraussetzung ebenso wie perfekte Baukunst. Und Astronomen der Extraklasse waren sie, die Mayas. Über viele Jahrhunderte beobachteten sie Sterne und Planeten. Sie verfügten in Chichen Itza über ein perfektes Observatorium.

In Chichen Itza gab es auch eine „Kirche" der Stern- und Planetenforscher. Das Kultgebäude heißt heute „Caracol", zu Deutsch „Schneckenhaus" oder „Schneckenturm". Wie es bei den Mayas hieß, das weiß heute niemand mehr zu sagen. Deutlich ist der Zweck des Bauwerks zu erkennen: Es war ein Observatorium. Der Name ist leicht erklärt: Im Inneren führt eine Wendeltreppe bis zur höchsten Stufe. Schon aus einiger Distanz fällt die ungewöhnliche Kuppel des astronomisch-sakralen Denkmals auf.

Auf drei Stufen erhebt sich das Gebäude an der idealen Stelle in der Stadt. Die Maya-Astronomen hatten den perfekten Blick auf die Venus, die sie studierten. Auch Sonnenbeobachtungen wurden mit wissenschaftlicher Akribie durchgeführt. Leider nagte der Zahn der Zeit über die Jahrhunderte am „Caracol", der aber nichts von seiner majestätischen Aura eingebüßt hat. Leider lässt sich die Ruine nicht mehr exakt genug rekonstruieren. So kann so manches Maß von astronomischer Bedeutung nicht mehr erkannt werden. Und die Manuskripte der Astronomen, die es gegeben haben muss, wurden wohl von den Spaniern mit Eifer verbrannt. Oder ruhen sie noch irgendwo in geheimen Verstecken, die die Plünderer übersehen haben?

Trotzdem muss man auch heute über die Präzision der Baumeister der Mayas staunen. Der Grundriss des Caracol hat ein Seitenverhältnis von 5 zu 8. Auf den ersten Blick erscheint das nicht weiter ungewöhnlich zu sein. Doch entspricht diese Relation exakt dem Verhältnis der Umlaufzeiten von Erde und Venus, 365 zu 584. Wie viele astronomische Daten mögen wohl einst in das Maya-Observatorium eingeflossen sein? Fest steht:

Durch kleine Fensterchen und Luken wurden wichtige Sterne angepeilt. Planeten wurden beobachtet. Ergebnisse wurden notiert. Die Mayas wollten dem Geheimnis des Universums auf die Spur kommen. Sie wollten eruieren, nach welchem Plan sich Sterne und Planeten bewegen.

Die Mayas verfügten über enormes astronomisches Wissen. Sie versuchten Gesetzmäßigkeiten im Zusammenspiel der kosmischen Körper zu erkennen. Hinter den Planeten und Sternen vermuteten sie einen intelligenten Plan.

Zurück zur Pyramide von Kukulkan und der Schlange aus Licht. Das Phänomen lockt auch heute noch Tausende von Maya-Nachkommen, aber auch Touristen, an. Die Schlange, geformt aus Licht und Schatten, wandert von der obersten Tempelplattform nach unten. Sie ringelt sich die steilen Pyramidenstufen hinab und kehrt auch wieder nach oben zurück.

Wer sich einen guten Platz ergattern möchte, sollte schon frühmorgens bei der Kukulkan-Pyramide erscheinen. Denn bald schon setzt der Massenansturm ein. Das weitläufige Areal wird förmlich von Menschen überflutet, sehr zum Ärger der katholischen Kirche! Wird doch auf diese Weise – unwissentlich oder nicht – ein uralter Kult der Mayas, die Anbetung der Schlange, die vom Himmel kommt, fortgeführt. Es empfiehlt sich, sich möglichst nah bei den Ruinen eine Unterkunft zu suchen. Auf diese Weise kann man schon frühmorgens die Ruinenanlage betreten, ohne störende Besuchermassen Pyramide, Observatorium, Tempel und Opferbrunnen auf sich wirken lassen.

Im *„Buch der Jaguar-Priester"* heißt es: *„Sie (die Götter, Ergänzung des Verfassers) stiegen von der Straße der Sterne hernieder. Sie sprachen die magische Sprache der Sterne des Himmels. Ihr Zeichen ist unsere Gewissheit, dass sie vom Himmel kamen. Und wenn sie wieder herniedersteigen, dann werden sie neu ordnen, was sie einst schufen."*

Nach Jahrzehnten des Forschens bin ich davon überzeugt: Die Mayas sahen den Ablauf der Geschichte des Universums als ewige Wiederkehr von Zeit-Zyklen. Sie rechneten in astronomischen Zahlen. Sie überblickten wahre Zeitmeere, die sich kein Mensch vorstellen kann. Sie maßen Zeitenläufe nach Milliarden von Jahren. Für die Mayas folgten einander Weltuntergang und Neuanfang immer wieder aufs Neue. Kulturen wurden geboren, Kulturen blühten zu höchstem Niveau, um wieder zu versinken. Doch jedem Ende wohnte bei den Mayas ein Neuanfang inne.

Am 21.12. 2012 endete vermutlich ein großer Zeitzyklus im System der Mayas. Ein Ende der Welt war für diesen Termin nicht prognostiziert. Irgendwann in der Zukunft sollen nach den Mayas die Götter zur Erde zurückkehren.

Fußnoten:

(1)   Wunderlich, Hans Georg: *„Die Steinzeit ist noch nicht zu Ende"*, Reinbek bei Hamburg 1977, S. 184

(2)   Zitiert von Wunderlich, Hans Georg: *„Die Steinzeit ist noch nicht zu Ende"*, Reinbek bei Hamburg 1977, S.186

43. Das Geheimnis der fliegenden Männer

Auf einem meiner Rundgänge durch die weitläufige Anlage
von Chichen Itza zeigte mir ein tüchtiger Guide eine seltsame, ver-
waschene Gravur. „Das ist eine der legendären Himmelsschlangen, die einst zur Erde herabstiegen. Göttliche Besucher waren
das." Dann verwies er mich auf eine uralte Zeremonie, die nur einen Steinwurf entfernt von der Kukulkan-Pyramide zur Auffüh-
rung komme: der Flug der Voladores.

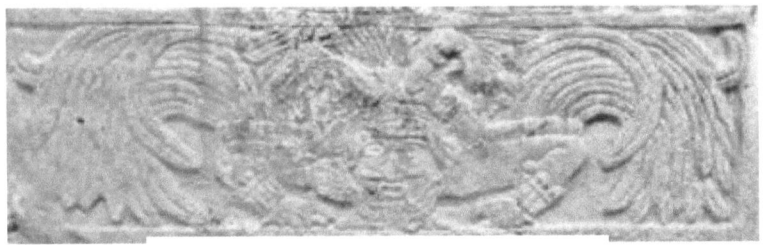

Abb. 43.1 Ein „Herabsteigender" in Stein

Zum ersten Mal erlebte ich die „fliegenden Männer", die geheimnisvollen „Vogelmenschen", im Sommer 1964 vor dem Pavil-
lon von Mexico auf der Weltausstellung in New York. Ich war damals neun Jahre alt und staunte über eine wagemutige
Demonstration von tollkühnen Akrobaten. Seither ist mehr als ein
halbes Jahrhundert verstrichen, aber ich erinnere mich sehr genau
an die unglaubliche Darbietung:
Ein Indio kletterte behände auf einen etwa fünfzig Meter hohen
Mast. Dort oben war ein hölzernes quadratisches Viereck angebracht. Es ruhte offenbar auf einem Lager und konnte sich wie ein
Rad auf der Spitze des Mastes drehen. Der erste Indio erklomm
den Mast. Seine vier Kollegen umkreisten ihn am Boden. Dabei
vollführten sie stets einen bestimmten Bewegungsablauf, der sich
endlose Male zu wiederholen schien.
Die Männer gingen tänzelnd, sich immer wieder in kurzen Pau-
sen verbeugend, um den Mast. Sie blickten, den Kopf weit in den
Nacken geworfen, gen Himmel. Suchten sie etwas? Oben auf der
Spitze spielte der erste Indio auf einer kleinen Flöte. Er stampfte

mit den Füßen, bewegte sich im Kreis. Mit spielerischer Leichtigkeit erklommen nun die vier Indios die Höhe. Oben angekommen, schlangen sie jeweils ein Seil um ihr rechtes Fußgelenk und hielten kurz inne.

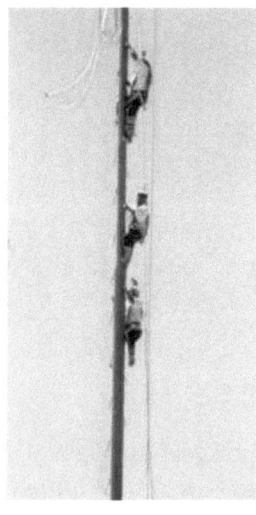

Ihr Kollege auf der kleinen Plattform tanzte immer schneller. Die Vier stürzten sich kopfüber in die Tiefe. Nun begann der Tanz der fliegenden Männer. Die Vier streckten ihre Arme weit aus, wie beschwörend, umkreisten dabei den Mast, sich auf weiter werdenden Kreisen gleichmäßig zur Erde bewegend. Ein Aufatmen ging durch die Menge, als die Männer den Flug vollendet hatten. Allein schon wie die kopfüber hängenden stolzen Nachkommen der Mayas nach der letzten Runde wieder auf die Beine kamen erforderte akrobatische Fähigkeiten!

Abb. 43.2 Die Voladores steigen empor ...

Abb. 43.3 Die Voladores sind oben angekommen ... Foto: Ingeborg Diekmann

Abb. 43.4 ... und stürzen sich kopfüber in die Tiefe

Ich erinnere mich noch gut an die prächtige Kleidung der Voladores: rote Hose, weißes Hemd, rote Schärpe um die Schultern, dazu ein edler Federschmuck auf dem Kopf. So sehr mich die Leistung der Voladores auch beeindruckte, so beschlich mich auch ein seltsames Gefühl der Betroffenheit. Da standen wir Nachfahren jener wüsten Eroberer, die die hochstehenden Kulturen Zentral- und Südamerikas ausgelöscht hatten. Und die Nachfahren der Mayas führten zu unserer Erbauung Tänze auf.

Würde Winnetou, der von mir so verehrte Häuptling der Apachen, aus der Fantasiewelt Karl Mays, so für Touristen tanzen? War das mutige Treiben mit der Würde eines uralten Kulturvolkes zu vereinbaren? Im Verlauf der letzten vier Jahrzehnte habe ich die Voladores immer wieder gesehen: in Mexico City zum Beispiel, auch in Tulum, direkt an der Karibikküste Mexikos gelegen. In Details unterschieden sich die Darbietungen. Manchmal spielten die „fliegenden Männer" bei ihrem sausenden Weg nach unten auch noch Flöte. Aber egal wie hoch der Mast auch war, immer benötigten die vier Männer je dreizehn Umrundungen des Masts bis sie am Boden ankamen. Dreizehn Umdrehungen pro Mann, das ergibt – bei vier Voladores – exakt 52 Umdrehungen.

„Vor rund fünf Jahrhunderten entstand der Kult der Voladores!", habe ich in einer vielzitierten Internetquelle gelesen. Was für ein Unsinn: Die Spanier tauchten Ende des 15. Jahrhunderts in Mexiko auf, also vor rund 500 Jahren. Der „Tanz der fliegenden Männer" aber ist sehr viel älter. Er wurde lange vor der Zeit der spanischen Eroberer zelebriert, als Mittelamerika noch nicht „christlich zivilisiert" von den Europäern ausgeraubt worden war.

Der Kult der Voladores hat mit den alten Göttern zu tun, zum Beispiel mit Quetzalcoatl, dem „Morgenstern". „Quetzalcoatl" lässt sich mit „Grünfederschlange" übersetzen. Quetzalcoatl war nicht die vom Christentum verteufelte Schlange aus dem Paradies-Mythos. Quetzalcoatl wurde nicht von einem Gott zum Herumkriechen verurteilt wie das Reptil der Bibel. Quetzalcoatl war selbst göttlich ... und wird mit einer heiligen, fliegenden Schlange in Verbindung gebracht. Prof. Hans Schindler-Bellamy, Erforscher südamerikanischer Mysterien uralter Kulturen, im Interview: *„Quetzalcoatl alias Kukulkan war die fliegende Schlange."*

Seltsam: die biblische Schlange wurde verteufelt. Sie bot den Menschen Wissen an. In der christlichen Glaubenswelt wird der Teufel mit Luzifer gleichgesetzt, also mit Venus. Quetzalcoatl wird ebenfalls mit der Venus identifiziert, zusätzlich mit der fliegenden Schlange!

Manchen Abend habe ich in den Ruinen von Chichen Itza verbracht und zu Füßen der Pyramide des Kukulkan über die Götter Süd- und Zentralamerikas nachgedacht. Immer wieder wurde mir bewusst, dass – wie zum Beispiel in der europäischen Mythologie – Götter in unterschiedlichen Regionen unterschiedliche Namen tragen. Es waren aber die gleichen Götter, die nur anders tituliert wurden. Manches Mal habe ich diesem geheimnisvollen Ritus beigewohnt. Zu Beginn umtanzen die Voladores den Pfahl, blicken suchend gen Himmel. Dann steigen sie empor und fliegen wie die mythologischen Schlangen zur Erde herab. Erinnern uns die Voladores an den Besuch von „Göttern" aus himmlischen Gefilden? Warteten die Mayas auf die Rückkehr dieser Götter? Offensichtlich! Die Azteken rechneten mit der Rückkehr der Mächtigen. Das wurde ihnen zum Verhängnis. Hielten sie doch zunächst die marodierenden Spanier für Götter, denen man sich als Mensch nicht widersetzen konnte!

Quetzalcoatl, der Gott mit der „fliegenden Schlange", wurde bei den Azteken verehrt. Die Mayas kannten ihn auch, sie nannten ihn Kukulkan. In anderen Gefilden, in den Anden, lautete sein Name Viracocha. Viracocha (alias Quetzalcoatl alias Kukulkan) war ein Kulturbringer, der in grauer Vorzeit den Menschen Wissen schenkte. Den Mayas soll er die Geheimnisse ihres komplexen Kalenders, der mit Jahrmilliarden rechnet, anvertraut haben. Als Viracocha kam er in der mythischen Zeit der Finsternis in die mysteriöse Stadt Tiahuanaco (1).

Harold Osborne hat sich intensiv mit der verwirrenden Götterwelt Mittel- und Südamerikas beschäftigt. Sein Werk über die Mythologie Südamerikas ist leider nur in englischer Sprache erhältlich. Ausführlich wird auf göttliche Himmelsschlangen hingewiesen, die den Menschen Kultur schenkten (2). Viracocha alias Kukulkan brachte den Menschen „*die Geschenke des Lichts und der Zivilisation*" (3). Auch der verteufelte Luzifer („Lichtbringer") brachte den Menschen diese Gabe.

Die Ursprünge des Kultes um die „fliegenden Männer", die „Vogelmenschen" verliert sich in uralten Zeiten. Bis heute wird der uralte Ritus zelebriert, sehr zum Ärger der christlichen Kirche. Nachdem der alte Brauch nicht verboten werden konnte, wurde er christianisiert. Mag sein, dass die ersten „Voladores" in Tajin (etwa 300 Kilometer nordöstlich von MexicoCity gelegen) durch die Luft tanzten. Hier siedelten schon vor 6.000 Jahren Menschen. Von der riesigen Kultstadt ist bis heute erst ein Zehntel erforscht.

In Tajin wird der „Voladores-Ritus" mit besonderer Inbrunst zelebriert. Die spanischen Eroberer sahen ihn als reinen Wettkampf an, ohne religiöse Bedeutung. Nur deshalb schritten sie nicht gegen den alten Brauch ein. Die Missionare der katholischen Kirche hatten tatenlos zugesehen, wie die Kultur Mittelamerikas zerstört, wie gemordet und geplündert wurde. Angesichts der „Voladores" entdeckten sie ihr Sorge um das Wohlergehen der

Mayas. Sie wollten es den Voladores verbieten, sich von ihrem hohen Mast in die Tiefe zu stürzen. Das sei doch zu gefährlich. In Wirklichkeit wollten sie die Erinnerung an uraltes heidnisches Wissen tilgen. Der Kult erwies sich aber als stärker und überlebte bis in unsere Tage.

Anstatt zu verbieten, wird nun von der katholischen Kirche der Kult in christliche Bahnen gelenkt. Alljährlich zum Fronleichnamsfest schweben die Voladores zu Boden. Gefeiert wird die leibhaftige Gegenwart Jesu in der Oblate und im Wein. Vergessen ist längst der wirkliche Ursprung der „Voladores", so wie die Bedeutung von „Fronleichnam" auch im christlichen Abendland nur noch einer Minderheit bekannt ist.

Ich frage mich: Werden wir je die Wahrheit über die Schlangengötter, die vom Himmel herabstiegen und in den Kosmos zurückkehrten, erfahren?

Fußnoten:

(1)   Tiahuanaco, Bolivien, gehört zu den mysteriösesten Orten unseres Planeten. Monstersteine unvorstellbarer Größe wurden dort wie Bauklötzchen verbaut. Ich werde in „Fantastische Realitäten" noch über meine Besuche in der Ruinenstadt berichten!

(2) Osborne, Harold: South American Mythology; London 1968

(3) Osborne, Harold: South American Mythology; London 1968, S. 74

44. Tulum - Tempel im Paradies

Nirgendwo habe ich das Meer so paradiesisch blau, den Sandstrand so weiß und den Nachthimmel so sternenklar gesehen wie hier. Nirgendwo laden rätselhafte Gemäuer mit geheimnisvollen Darstellungen von Göttern so zum Nachdenken ein wie hier. Nirgendwo in der realen Welt der sieben Meere fühlt man sich so sehr in die Filmkulissen der fantastischen Welt vom „Fluch der Karibik" versetzt wie hier. Kapitän Jack Sparrow könnte jeden Moment mit seiner Mannschaft landen, so scheint es, und versuchen, die steilen Klippen zu überwinden. Wird die steinerne Festung erobert werden können?

Abb. 44.1 El Castillo von Tulum. Foto: Ingeborg Diekmann

Am 4. März des Jahres 1517 sichteten hier Francisco Hernandez de Cordoba und seine Spießgesellen, die den übelsten Piraten der Karibik an Grausamkeit gewiss nicht nachstanden, nach langer Seefahrt Land. Am 4. März gingen die Spanier an Land. Sie wurden von den mexikanischen Indios kriegerisch empfangen. Ein Hagel von Pfeilen und Speeren prasselte auf die fremden Eindringlinge nieder. Die Spanier aber verfügten über Feuerwaffen. Baumwollpanzer und hölzerne Schilde taugten da nicht als

Schutz. Fünfzehn mexikanische Indios wurden erschossen, zwei gefangen genommen. Die Spanier nahmen die geheimnisvolle Stadt auf den Klippen ohne weitere Probleme ein. Sie staunten über die „großen Häuser aus Stein und Kalk". Sie nannten die alte Festung „das große Kairo".

„Tulum", die Festung, hieß einst „Zama", „Stadt der Morgenröte". Wann mag sie gegründet worden sein? In uralten Zeiten war „Zama" so etwas wie eine Pilgerstadt. Von hier aus traten die Anhänger der Göttin IxChel die letzte Etappe ihrer Reise an: zur Insel Cozumel, um dort zur Göttin zu beten. Ix-Chel scheint eine der Urgöttinnen aus der Zeit des Matriarchats gewesen zu sein. Sie war eine Fruchtbarkeitsgöttin, zuständig für Aussaat und Ernte, Leben und Tod. Ix-Chel war Erd- und Mondgöttin, wie so viele ihrer Vorgängerinnen überall auf der Welt. Ix-Chel schenkte den Menschen die Heilkunst, plagte sie aber auch mit Krankheiten.

Ix-Chel, auch „Göttin des Werdens" genannt, wurde mit der Schlange in Verbindung gebracht. Sollten Götter wie Kukulkan die Schlange der Göttin übernommen haben? Wurde Ix-Chel nur auf dem Eiland Cozumel verehrt, oder auch in Tulum? Wir wissen es nicht. Fest steht: „Tulum" bedeutet so viel wie „Festung" oder „Verschanzung". Der Name ist mehr als passend: Tulum war einst von einer fast sieben Hundert Meter langen, vier Meter hohen und drei Meter dicken Mauer umschlossen. Nur zum Meer hin war sie offen. Doch unmittelbar hinter dem stolzen „Kastell" fällt eine steinerne Klippe steil zum Meer ab.

Zu meinem Befremden erkennt ein weit verbreiteter Reiseführer (1) in Tulum, deren Ruinen durch schlichte Schönheit bestechen, eine von „Dekadenz geprägte Architektur". Dekadent, so will mir scheinen, sind eher Touristenhorden, die immer wieder in die majestätische Ruinenstadt einfallen. Die Rede ist vorwiegend von amerikanischen Pauschaltouristen, die besonders preiswerte Touren von den USA aus unternehmen, mit *„All you can eat and drink"*-Angeboten! So viel essen und trinken wie man will, und das zu einem günstigen Pauschalpreis, das lockt nicht unbedingt nur Menschen an, die sich für die altehrwürdigen Ruinen von Tulum interessieren.

Abb. 44.2 Der Tempel des Herabsteigenden Gottes

Tulum, der Tempel im Paradies, wird von Experten als „postklassisch" eingestuft. Die „dekadente Architektur" (was immer das sein mag) weise, so heißt es, auf das 12. oder 13. Jahrhundert hin. Auf einer Stele wurde allerdings das Datum 564 entdeckt. Stammt also Tulum schon aus dem sechsten Jahrhundert? Kritiker wenden ein, besagte Stele sei von den Mayas aus einer älteren Siedlung nach Tulum geschafft worden. Wann auch immer die Besiedlung durch die Mayas erfolgte, wann entstand das ursprüngliche Tulum, als Pendant zur Insel der Göttin?

Vor zwei Jahrtausenden siedelten die erste Mayas auf Cozumel. In der klassischen Periode (300 bis 900 n.Chr.) war die Insel so etwas wie das Mekka der Mayas. Die gläubige Maya-Frau absolvierte mindestens einmal im Leben eine Pilgerreise zur Göttin. Millionen von Maya-Frauen sollen im Verlauf der Jahrhunderte nach Cozumel gekommen sein, bis Hernan Cortes anno 1519 auftauchte und die Maya-Kultur zerstörte. Allerdings werden auch heute noch auf Cozumel, der einst heiligen Insel der Schwalben, der Göttin kleine Opfergaben dargeboten, der christlichen Geistlichkeit zum Verdruss!

In der „weißen Mayastadt" Tulum finden sich keine sichtbaren Hinweise mehr auf die Göttin, wohl aber auf einen mysteriösen Gott. Wir kennen seinen Namen nicht mehr. In der Mythologie der Mayas wird er als „herabstürzender Gott" oder „herabsteigender Gott" umschrieben. War damit „Ah Mucen Cab" gemeint, der göttliche „Honigsammler"? „Ah Muzencab", wie das mächtige himmlische Wesen auch genannt wurde, war in der Mythenwelt der Mayas ein Bienengott. Und in den heiligen Überlieferungen der Mayas war er ein „herabstürzender Gott". Die „Chilam Balam"-Bücher preisen ihn als einen der Weltschöpfer. Einer der Tempel von Tulum war ihm, dem „herabstürzenden Gott", geweiht.

Es mutet kurios an: Ein mächtiger Gott ... als „Honigsammler"? In der Maya-Sprache bedeutet das Wirt „Honig" zugleich auch „Welt". War dann der göttliche „Honigsammler" ein mächtiger, kosmischer Weltensammler? Wie auch immer: Offenbar stiegen in der Glaubenswelt der Mayas Götter vom Himmel herab. Im „Tempel im Paradies" wurden sie verehrt, diese kosmischen Wesen. Man findet sie immer wieder in Tulum. Die Abbildungen ähneln einander sehr: Immer wird die Gottheit mit dem Kopf nach unten und gespreizten Beinen nach oben dargestellt.

Mit einiger Fantasie erkennt man einen „Vogelschwanz" und „Flügel" an den Armen.

Das zentrale Gebäude von Tulum, der „Templo de los Frescos" (der „Freskentempel") hat an zentraler Stelle die beschädigten Reste eines solchen Gottes aufzuweisen. Auch am „Castillo" wurde er in Stuck verewigt, der „herabstürzende Gott". War es ein einzelner Gott oder gehörten mehrere Gottheiten der geheimnisvollen Gruppe der Himmlischen an, die zur Erde herabkamen?

Fußnote:

(1) „Knaurs Kulturführer in Farbe/ Mittelamerika/ Die Welt der Maya", Lizenzausgabe München 1996, S. 293

45.Luzifer der Südsee

Es war ein ruhiger Herbstabend in den direkt am Karibikstrand gelegenen Ruinen von Tulum. Die Busse der Touristen waren abgefahren, die mysteriöse Anlage von Tulum war fast menschenleer. Ich kam mit einem amerikanischen Geistlichen ins Gespräch. Seine Vorfahren, bettelarme Weber aus Sachsen, hatten verzweifelt die Heimat verlassen und waren nach Michigan ausgewandert. Dort lebte er in einer kleinen dörflichen Gemeinde am Michigansee als Geistlicher.

„Es sind die Trümmer Babylons!", fauchte der ältliche Geistliche und machte mit beiden Armen weit ausladende Bewegungen. „Hier versuchten die Menschen ihren sündhaften Turm zu bauen." Mit zitternden Fingern holte er eine zerfledderte Bibel aus seinem verschwitzten Jackett und zitierte Kapitel 11 des Buches Genesis:

„Es hatte aber alle Welt einerlei Zunge und Sprache. Da sie nun zogen gen Morgen, fanden sie ein ebenes Land im Lande Sinear, und wohnten daselbst. Und sie sprachen untereinander: Wohlauf, lass uns Ziegel streichen und brennen! Und nahmen Ziegel zu Stein und Erdharz zu Kalk und sprachen: ›Wohlauf, lasst uns eine Stadt und einen Turm bauen, des Spitze bis an den Himmel reiche, dass wir uns einen Namen machen, denn wir werden sonst zerstreut in alle Länder!‹"

Meine heftigen Zweifel ließ der sich in Rage redende Gottesmann nicht gelten. Der Turm zu Babel, so warf ich ein, stand doch in biblischen Landen und nicht im mexikanischen Tulum. Wütend ergriff mich der Gottesmann und führte mich zu den Resten des babylonischen Turms zu Tulum.

Abb. 45.1 Wie in Babylon steht oben auf der Pyramide ein Tempel

„Diese Treppenstufen stiegen einst die Menschen empor, zu sündigem Treiben hoch oben im satanischen Tempel!", schrie der Geistliche. Wieder zitierte er wutschnaubend aus dem Kapitel 11 des Ersten Buch Mose: *„Da fuhr der Herr hernieder, dass er sähe die Stadt und den Turm, die die Menschenkinder bauten."* Gott zerstörte den Turm und verwirrte die Menschen, heißt es in der Bibel. Sie verstanden einander nicht mehr, redeten nicht mehr in einer gemeinsamen, sondern in vielen Sprachen.

Die von der Bibel angebotene sprachliche Erklärung ist allerdings vollkommen falsch: Babel hat mit dem hebräischen „balal", zu Deutsch „verwirren", nichts zu tun. Der Name Babel verweist auf eine recht unbiblische Geschichte. „Babel" leitet sich eindeutig vom Babylonisch-Sumerischen „bab-ili" her. „Bab-ili" geißt zu Deutsch „Tor der Götter". Das reale Vorbild für den biblischen Bericht vom Turmbau zu Babel ist der babylonische Zikurrat. Zikkurats waren mehrstufige Türme. Ähnlich wie die ältesten Pyramiden dienten sie vermutlich als Ersatz für heilige Berge. Wer die höchsten Gipfel der Berge erklomm, der fühlte sich den kosmischen Göttern näher.

Rund zwei Jahrtausende vor Christus entstand das reale Vorbild für den biblischen Turm, der „Etemenanki". Er ragte in Babylon direkt beim Tempel des Gottes Marduk hoch in den Himmel. Ganz oben gab es einen Tempel. In diesem Gotteshaus wurde die „Heilige Hochzeit" zelebriert.

Die Priesterin erklomm den Turm gen Himmel, die „Gottheit" kam vom Himmel herab und wartete im Heiligtum auf seine Partnerin. Gemeinsam zelebrierten sie dann die „Heilige Hochzeit" im Tempel.

Abb. 45.2 Der Turmbau zu Babel. Rekonstruktion. Archiv Langbein

Allerdings war es nicht der leibhaftige Gott selbst, der ins Brautgemach kam, sondern ein Stellvertreter. Babylonische Städte waren Stadtstaaten, die von einem Priesterkönig geleitet wurden. Der Priesterkönig und die Oberpriesterin vollbrachten die „heilige Hochzeit". Zwei Menschen aus Fleisch und Blut schlüpften in die Rolle von Göttern. Aus Sicht der Jahwepriester war das Blasphemie: Menschen, die sich für die Zeit des Rituals als Götter fühlten. Wenn das keine Gotteslästerung war! Es durfte nur einen Gott, nämlich Jahwe, geben! Und kein Mensch durfte sich wie ein Gott aufführen!

Die „Heilige Hochzeit" gehörte schon vor vielen Jahrtausenden zum Jahreswechsel wie heutige Sylvesterfeiern mit Sekt und Feuerwerk. Der heilige Sex – Hurerei in den Augen der frommen Jahwe-Anhänger – sollte für ein weiteres Jahr Fruchtbarkeit gewähren: für Land und Leute. Mensch und Tier sollten sich weiter fortpflanzen können und ausreichend Nachwuchs haben. Mutter Erde sollte wieder genügend Nahrung für Mensch und Tier hervorbringen. Das ewige Rad des Lebens sollte sich wieder ein Jahr lang weiterdrehen.

Dieser heilige Ritus wurde nicht in Babylon „erfunden". Er wurde wohl schon Jahrtausende früher importiert auf heiligen Bergen zelebriert, deren hohe Gipfel dem Himmel näher waren als der Erde. Die Stufenpyramiden im babylonisch-assyrischen Bereich dürften Nachbildungen der heiligen Berge gewesen sein, errichtet von den Nachkommen der einstigen Ahnen, die aus einem bergreichen Land nach Babylon kamen.

Im heiligen Gemach des Tempels auf dem „Turm zu Babel" feierten der Priesterkönig und die Oberpriesterin das Ritual der „Heiligen Hochzeit": der Priesterkönig in Vertretung von Gott Marduk, die Oberpriesterin für die Göttin Ischtar. Sollte es weltweit so etwas wie einen Urkult von einem herabsteigenden Gott gegeben haben?

Wütend stapfte der empörte Geistliche davon. So abstrus seine Behauptungen auch zu sein schienen, kann es nicht sein, dass sich in Tulum etwas Ähnliches abspielte? Wurde in sakralen Räumen von Tulum so etwas wie die „heilige Hochzeit" zwischen dem mächtigen „herabsteigenden Gott" und der Göttin des Lebens Ix-Chel vollführt? Wurden im „Ur-Tulum" lange bevor die Mayas kamen ein uralter Ritus zelebriert, der das Fortbestehen des Lebens auf Planet Erde gewähren sollte?

Wie sich die Bilder gleichen. Beginnen wir mit der Bibel: Bei Jesaja (1) heißt es über den Sturz des Königs von Babylon: *„Wie bist du vom Himmel gefallen, du schöner Morgenstern!"* Jesus sagte nach Lukas (2): *„Ich sah den Satan vom Himmel fallen wie einen Blitz."* Die biblische Tradition machte aus dem König von Babylon und dem Teufel, der vom Himmel stürzte, einfach den Oberteufel Satan. In

Tulum begegnet uns immer wieder plastisch dargestellt der „herabstürzende Gott", der auch als „Abendstern" und „Blitz" gedeutet wird. In den Augen der christlichen Geistlichkeit war der „herabsteigende Gott" von Tulum der böse Luzifer.

Wurde in Tulum ein Kult vollzogen, in dessen Mittelpunkt ein „herabsteigender Gott" stand? Sollte dieser Kult, den Fortbestand des Lebens auf dem Planeten Erde gewährleisten, den Unbilden der Trockenzeit zum Trotz?

Wir wissen wenig über Tulum. Wo Wissen fehlt, wird auch von Wissenschaftlern viel spekuliert. Schriftliche Dokumente der Mayas mag es einst gegeben haben. Sie können uns keine Auskunft mehr über Tulum erteilen, wurden doch die Codices der Mayas von der katholischen Geistlichkeit gezielt gesucht und verbrannt. Stumm sind die Gemäuer von Tulum. Die Stucksskulpturen der herabsteigenden Götter sind oft übel zugerichtet und hüten uralte Geheimnisse. Werden wir sie jemals verstehen?

Wenn man Glück hat, kann man im Tulum beobachten, wie eine Taube vom Himmel steigt und sich auf einem der Tempel niederlässt. Vielleicht landet sie gar auf einer Götter-Skulptur. In der christlichen Welt wurde aus der Schwalbe eine Taube. Die Taube soll den „Heiligen Geist" darstellen, der allerdings ursprünglich weiblich war. Schon im Alten Testament ist er – „ruach" heißt er da – weiblich. Die Taube wurde aus älteren Kulten übernommen. Ursprünglich war die Taube das Symbol der „sündigen" Göttin Venus.

Fußnoten:

(1)   Der Prophet Jesaja Kapitel 14, Vers 12

(2)   Das Evangelium nach Lukas Kapitel 10, Vers 18

Abb. 45.3 Er steigt herab … oder er fällt …

46. Terra Mysteriosa:
Platos Höhlengleichnis und Nasca ist überall

Liebe Leserinnen, liebe Leser!

Howard Philips Lovecraft (*1890; †1937) postuliert: „*Unser Verstand arbeitet nur mit dem, was er wirklich erfährt.*" Wirklich? Ich glaube vielmehr, dass unser Verstand vorgibt, ja vorschreibt, was wir wahrnehmen dürfen und was nicht. Was scheinbar unvernünftig oder zu fantastisch ist, das wird blockiert und nicht zur Kenntnis genommen, weil nicht sein kann, was nicht sein darf.

Plato beschrieb vor zweieinhalb Jahrtausenden in einem Gleichnis Menschen als Gefangene in einer Höhle. Sie sind gefesselt und können die Höhle nicht verlassen. Sie müssen auf die Höhlenwand starren. Sie sehen nicht die Wirklichkeit, sondern nur was ihnen als Schattenspiel vorgeführt wird.

Heidi Stahl hat auf Santorin einige faszinierende Schattenbilder fotografiert. Ihre Aufnahmen zeigen Schatten von der Wirklichkeit, nicht die Realität selbst. Ihre Fotos machen neugierig auf die wirklich reale Wirklichkeit.

Uns werden zu Beginn des dritten Jahrtausends auch „Schattenspiele" gezeigt: von Wissenschaftlern und Journalisten, die uns vorgaukeln, was angeblich real ist und was nicht. Die Wirklichkeit aber ist aber oft viel fantastischer als man uns glauben lassen will!

Wie schrieb schon Samuel Johnson (*1709; †1784)? „*Der Sinn des Reisens besteht darin, die Vorstellungen mit der Wirklichkeit auszugleichen, und anstatt zu denken, wie die Dinge sein könnten, sie so zu sehen, wie sie sind.*" Wir wollen die Dinge, so fantastisch sie auch sein mögen, sehen wie sie wirklich sind!

Erich von Däniken (*14.4.1935) fordert uns auf, Kurs auf die Erforschung der uralten Geheimnisse der Welt zu nehmen. „Terra Mysteriosa" hat eine Vielzahl von lohnenswerten Zielen beschrieben, auf die wir Kurs nehmen sollten!

Es lohnt sich, keine Angst vor kühnen Gedanken zu haben! Denken wir selbst und lassen wir uns nicht vorschreiben, was wir

46.1 u. 46.2. Schattenbild (Akrotiri)
Foto Heidi Stahl

denken sollen. Wir denken selbst und lassen uns nicht vorgeben, was wir sehen dürfen und was nicht!

Suchen Sie mit! Wir werden mehr finden als Sie für möglich halten.

Wenn Sie riesige in den Boden gescharrte „Bahnen" sehen möchten, dann können Sie nach Peru reisen und die Hochebene von Nasca überfliegen. Sie können aber auch die Kanaren besuchen und bronzezeitliche Scharrbilder erkunden.

„Almogaren", seriös-wissenschaftliche Fachpublikation des „Institutum Canarium", berichtet in der neuesten Ausgabe 56/2025 (S. 40) in der Zusammenfassung: *„Scharrbilder sind eine Form der Geoglyphen. Wir kennen sie bereits durch ihre riesige Ausprägung in Südamerika: die berühmten Bodenbearbeitungen von Nazca in*

Peru. Sie werden als kultisch eingestuft, es bleiben aber noch viele Fragen offen. Auf Fuerteventura wurde nun ebenfalls ein größeres Beispiel dieser Art entdeckt."

46.3. Riesenscharrzeichnung Fuerteventura. Foto google earth

Das Scharrbild von Fuerteventura hat riesige Ausmaße und würde sehr gut zu den peruanischen Riesenscharrbildern passen! Es ist in der gleichen Technik erstellt worden, auch vergleichbar mit den Riesenpferden Englands. „Almogaren" gibt präzise Maße an: *„Ausdehnung 400 Meter, Umfang 1.154 Meter, Fläche 68.234 Quadratmeter, stark konisch, symmetrisch, Grundlinie und oberste Grenzlinie parallel."*

Innerhalb der beeindruckenden breiten Bahn (Schicht 1) gibt es ein weiteres schmaleres Scharrbild, eine weitere Bahn (Schicht 2): *„Ausdehnung ca. 395 Meter, in der Zusammenschau mit Schicht 1 ein schlankes vierseitiges Parallelogramm mit leichter Neigung nach rechts."*

Was hat das zu bedeuten: Eine riesige Scharrbildbahn, auf der sich eine zweite, schmalere Bahn befindet? Und links daneben erstreckt sich eine schmale „Kultlinie" mit einer Länge von 653 m! Ein Weg für Sportler, Pilger oder Priester war diese lange Linie jedenfalls nicht, verläuft sie doch unbeirrt über eine Plateaukante hinweg und stürzt einen steilen Hang hinab. Die Linie ist aus großer Höhe gut zu erkennen.

Ganz ähnliche Bahnen und Linien wurden auf der Hochebene von Nasca in den Boden gescharrt. Aber nicht nur dort. Mir scheint, es gibt sie überall. Almogaren (56/2022, Seite 40) zählt auf, wo sie überall anzutreffen sind:

„Naher Osten, Mediterranea, Zentral-Asien, syrisch-jordanisch-arabisches Hinterland inklusive Wüsten und natürlich die Sahara, um nur einige Bereiche zu nennen." Und wo noch?

Alphonse Bertillon (*1853; † 1914), Kriminalist und Anthropologe, stellte fest: *„Man kann nur sehen, worauf man seine Aufmerksamkeit richtet, und man richtet seine Aufmerksamkeit nur auf Dinge, die bereits einen Platz im Bewusstsein einnehmen."*

Wir werden das, was Terra Mysteria ausmacht, aufmerksam studieren! Und wir werden die fantastische Realität erkennen, überall!

Weserbergland, 14.4.2025

Ihr Walter-Jörg Langbein

WALTER-JÖRG LANGBEIN

Walter-Jörg Langbein, geboren am 16.08.1954 im oberfränkischen Michelau, studierte nach dem Abitur evangelische Theologie. 1979 wurde Langbein freiberuflicher Schriftsteller und hat seither rund 50 national und international erfolgreiche Sachbücher verfasst. Die renommierte „Dr.-A.-Hedri-Stiftung" zeichnete ihn 2000 mit dem „Preis für Exopsychologie" aus. Heute lebt er mit seiner Frau im lippischen Weserbergland.

Seit drei Jahrzehnten bereist Langbein die Welt. Er legt hunderttausende Kilometer zurück, stets auf der Suche nach den großen Geheimnissen der Geschichte – von Ägypten bis Mikronesien, von der Türkei bis zu den Neuen Hebriden, von Malta bis zur Osterinsel, von Ecuador bis Chile.

In den vergangenen Jahren widmete sich Langbein in seinen Buchpublikationen wieder verstärkt biblischen Themen. Aufsehen erregten Bestseller wie *„Das Sakrileg und die Heiligen Frauen"* und der Folgeband *„Maria Magdalena"*. Bei Langen-Müller erschienen seine Standardwerke *„Das Sphinx-Syndrom"*, *„Bevor die Sintflut kam"*, *„Das Lexikon der biblischen Irrtümer"* und *„Das Lexikon der Irrtümer des Neuen Testaments"*.

Mit *„Die Brot und Wein"* wendete sich Langbein einem bislang vernachlässigten Aspekt der *„Heiligen Schrift"* zu. Die Bibel enthält eine Fülle von Hinweisen auf eine gesunde Ernährung und Lebensweise. 2009 erschien pünktlich zu Langbeins 30-jährigem Autorenjubiläum, sein 30. Buch im Herbig-Verlag: *„2012 – Endzeit und Neubeginn/ Die wahre Botschaft der Mayas"*.

Langbein ist Mitbegründer der Autorengemeinschaft „Ein Buch lesen". Jeden Sonntag erscheint auf der stetig wachsenden Seite dieser Gruppe eine Folge von Langbeins Serie „*Monstermauern, Mythen und Mysterien*". Der Schriftsteller berichtet über seine Reisen zu den großen Mysterien dieser Welt. Bisher sind schon über 300 Folgen erschienen.

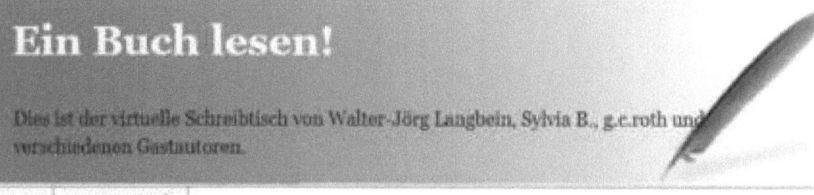

www.ein-buch-lesen.com